공정무역의 힘
Business Unusual

공정무역의 힘

지은이 | Fair Trade Advocacy Office(FLO, WFTO, NEWS!, EFTA)
옮긴이 | 한국공정무역연합
펴낸이 | 김성실
기획편집 | 이소영 · 박성훈 · 김하현 · 김성은 · 김선미
마케팅 | 곽홍규 · 김남숙
인쇄 | 삼광프린팅
제책 | 바다제책

초판 1쇄 발행 | 2010년 3월 10일
초판 2쇄 발행 | 2013년 10월 21일

펴낸곳 | 시대의창
출판등록 | 제10-1756호(1999. 5. 11)
주소 | 121-816 서울시 마포구 연희로 19-1 4층
전화 | 편집부 (02) 335-6125, 영업부 (02) 335-6121
팩스 | (02) 325-5607
이메일 | sidaebooks@hanmail.net

ISBN 978-89-5940-174-1 (03300)

ⓒ 시대의창, 2010, Printed in Korea.

책값은 뒤표지에 있습니다.
잘못된 책은 바꾸어 드립니다.

Business Unusual-Successes and Challenges of Fair Trade
by Fair Trade Advocacy Office(FLO, WFTO, NEWS!, EFTA)
Copyright ⓒ 2006 Fair Trade Advocacy Office(FLO, WFTO, NEWS!, EFTA)
All rights reserved.
Authorized translation from English language edition published by Fair Trade Advocacy Office.

Korean Translation Copyright ⓒ 2010 by Korea Fair Trade Association
Korean edition is published by Window of Times in arrangement with Fair Trade Advocacy Office through Korea Fair Trade Association
이 책의 한국어판 저작권은 Fair Trade Advocacy Office와의 독점계약으로 한국공정무역연합에 있습니다. 저작권법에 따라 한국 내에서 보호를 받는 저작물이므로 무단전재와 복제를 금합니다.

소비자와 생산자와 기업 모두에게 좋은

공정무역의 힘

Fair Trade Advocacy Office 지음 | 한국공정무역연합 옮김

시대의창

쇼핑은 정치다. 돈을 낸다는 것은 표를 행사하는 것이다.

– 보노Bono(록그룹 U2 리더)

윤리적 지침에 대해 최소한의 기준도 충족하지 못한 상품들은 밀수품으로 간주하고 이들이 국제교역 통로를 오염시키는 것을 허용해서는 안 된다.

– 프랭클린 D. 루즈벨트Franklin Delano Roosevelt(미국 전 대통령)

공정무역 60년

공정무역은 1946년 텐사우전드빌리지Ten Thousand Villages(전 Self Help Crafts)가 푸에르토리코에서 바느질 수공예품을 구입하면서 시작되었다. 그때부터 공정무역은 세계 각지에서 독립적으로, 서로 다른 지역의 비슷한 움직임은 인지하지 못한 채 시작되었다. 세계는 원조가 아닌 (공정)무역을 위해 준비된 듯했다.

60년이 지난 지금 우리는 공정무역이 서로 협력하고 조정하는 전 지구적 운동이 되어 있는 것을 목격할 수 있다. 이 책은 그 훌륭한 예다. 이 책은 전 세계 공정무역활동을 아우르며, 특히 유럽을 중심으로 활동하는 단체인 국제공정무역인증기구Fairtrade Labelling Organizations International, FLO와 국제공정무역연합International Fair Trade Association, IFAT, 유럽월드숍네트워크Network of European Worldshops, NEWS!와 유럽공정무역연합European Fair Trade Association, EFTA에 의해 출판되었고 1995년, 1998년 그리고 2001년에 발간된 《EFTA 공정무역 연감Fair Trade Yearbook》의 속편이다. 우리는 이 협력작을 성공적으로 출판하게 된 것을 매우 자랑스럽게 생각하며 앞으로 세계 전역의 공정무역활동을 더 많이 담아 책으로 나오길 바란다. 공정무역은 두 가지 목적을 동시에 추구한다.

- 생산과 무역을 통해 개발도상국 소규모 생산자와 가난한 노동자들의 삶이 나아질 수 있는 기회를 제공한다.
- 국제무역 시스템과 민간기업이 좀더 공정해지고 지속적인 개발에 협조하도록 영향력을 행사한다.

공정무역운동은 바람직한 모델을 제시하고 정부·국제기구·비즈니스에 압력을 행사함으로써 이 목적을 추구한다. 동시에 이 운동은 공정무역을 실제로 실행함으로써 공정한 무역활동과 무역을 통해 개발에 대한 기여가 가능하다는 것을 증명하고자 한다.

중요한 이슈로 부상한 공정무역

이미 100만 명 이상의 생산자가 공정무역활동에 참여하고 있으며, 다른 수백 만의 생산자도 그들의 상품이 공정한 조건으로 팔리기를 원하고 있다. 또 더욱 많은 수의 소비자가 그들의 소비행위가 생산자·농민·노동자의 삶에 중요한 영향을 미친다는 것을 인식하기 시작했다.

2005년 공정무역 제품의 판매 총액은 10억 유로 정도로 국제무역 총액과 비교했을 때 여전히 미미하다. 그러나 소비자의 수요가 늘어가면서 유럽에만 약 200개 정도의 수입업체와 3천여 개 이상의 월드숍Worldshop이 있을 정도로, 공정무역은 세계경제활동 중 가장 급격한 성장세를 보이고 있다(2008년 공정무역 제품의 판매 총액은 28억 9천 유로_옮긴이).

일부 국가에서는 커피, 바나나, 차 같은 대표적인 공정무역 상품의 시장점유율이 5퍼센트를 넘어섰다. 2005년에는 스위스 바나나의 두 개 중 한 개는 공정무역으로 거래되었다. 대부분의 유럽국가에서 공정무역 상품들이 슈퍼마켓에 진열되어 있는 것을 볼 수 있고 더 많은 회사가 공정하게 거래된 상품을 판매하기 시작했다.

공정무역은 남반구-북반구(이후 남-북) 관계에만 한정된 것이 아니다. 더 많은 남-남 무역이 이루어지고 있으며, 공정하게 거래되는 수공예품과 식품이 현재 케냐와 에콰도르, 네팔과 나이지리아 등 많은 생산국에서 판매되고 있다. 공정무역은 틈새시장을 벗어나 새로운 도전을 이끌고 있다. 소비자는 그들이 선호하는 상품이 계속해서 높은 질을 유지하고 그 상품들을 지속적으로 구입할 수 있기를 바란다. 월드숍이 현대화·전문화될 필요가 있고 공정무역 모니터링 시스템은 대규모 소매업체의 요구와 소규모 생산자들의 요구를 적절히 조정해 균형을 맞춰줄 수 있어야 한다.

유럽의회 European Parliament, EP는 최근 유럽 차원에서 공정무역에 대한 지원을 강화할 것을 요구하는 법안을 통과시켰다. 일부 국가에서는, 윤리적 소비를 하자는 요구가 공정무역이라는 용어 사용과 공정무역단체 Fair Trade Organisations, FTO 기준을 규정하는 입법절차를 이끌어내기도 했다.

이 책에서는 공정무역이 성공하기 위한 요건과 새로운 도전과제에 대해 논의하고자 한다. 이 책은 공정무역 관점에서 보는 무역에 대해 쓰였고 공정무역에 참여하고 있는 경제주체들의 경험에 기반을 두고 남반구와 북반구 사이의 공정무역에 대한 최신정보를 제공한다. 이 책은 두 부분으로 구성되어 있다.

첫 번째 부분에서는 공정무역 소개, 국제무역, 생산자, 소비자, 민간

기업 등 공정무역에 관한 일반적인 사항들을 5개 장으로 다루었고, 두 번째 부분은 공정무역의 대표적인 사례인 수공예품, 커피, 쌀, 면화·면직물 같은 특정 상품에 초점을 맞추어 4개 장으로 다루었다.

이 책이 나오기까지 수고해준 많은 분들이 있다. 벨기에 브뤼셀에 있는 페어트레이드 어드보카시 사무소Fair Trade Advocacy Office의 코디네이터 아냐 오스터하우스, 네 개 공정무역 네트워크의 대표들로 구성된 편집위원회, 그리고 공정무역의 성과와 앞으로의 도전과제에 대한 이 흥미로운 책의 탄생을 가능하도록 해준 저자들께 깊은 감사를 드린다.

이 책은 소비자, 학생, 언론인, 정책결정자 그리고 공정무역에 관심을 가지고 있는 모든 분을 위해 쓰였다. 즉 당신을 위한 책이다. 첫 페이지를 펼쳐 든 당신이 마지막 장까지 즐겁게 읽어가길 바란다.

FLO, IFAT, NEWS!, EFTA를 대표해서
말리케 코켄Marlike Kocken(EFTA 매니저)

옮긴이의 말

이 책 《공정무역의 힘》(원제: Business Unusual)은 한국공정무역연합의 공부모임 참가자들이 한 장씩 맡아 번역해서 발표하고 토론한 학습서다. 공정무역의 이론적 토대 위에 다양한 사례로 실용성을 갖추고 있어 공정무역에 관심을 갖는 많은 사람들이 읽어보면 좋겠다는 생각이 들어 한국어 번역서를 내게 되었다.

번역은 박규섭(고려대 환경생태공학부 학생), 박애리(이화여대 경영대학원생), 양진아(메디피스 해외사업팀장), 오진향(전 SOPOONG 직원), 유현지(이화여대 국제대학원생), 이경규(고려대 국제대학원생), 이상우(고려대 국제대학원생), 이주영(이화여대 국제대학원생), 현진선(동국대 국제경영학부 졸업생) 등이 함께 했다. 이들 가운데 오진향은 이 책의 판권구입에서부터 번역원고를 모으고 정리하여 출판사에 넘기기까지 많은 역할을 했다. 이밖에도 한국공정무역연합의 인턴 직원과 자원봉사자들이 번역된 글을 수정 보완하거나 교정하는 데 도움을 주었다. 이들 모두의 노고에 감사를 표한다.

이 책은 FLO, WFTO(책이 나올 당시에는 IFAT), NEWS!, EFTA 등 네 개

 단체에서 함께 만든 페어트레이드 어드보카시 사무소에서 2006년 출간된 이후 아직 개정판이 나오지 않았다. 공정무역은 최근 수 년 사이에 시장이 커지고 많은 변화를 가져오고 있다. 따라서 통계수치 같이 달라진 내용은 객관적으로 확인 가능한 범위에서 옮긴이가 보완하여 최신정보를 실으려고 노력했다. 하지만 공정무역이 추구하는 정신이나 가치는 시대를 뛰어넘는 것임으로 이 책 전반에 걸쳐 서술된 내용은 본질에 있어서는 아무런 변화가 없음을 밝힌다.

이 책이 한국의 독자들에게 널리 읽혀 한국사회에 공정무역이 올바르게 뿌리내리고 널리 퍼지게 하는 데 기여하기를 기대한다.

옮긴이를 대표해서
박창순 (한국공정무역연합 대표)

| 머리말 · 5
| 옮긴이의 말 · 9

1장
공정무역이란 무엇인가 · 17

공정무역이 진정으로 추구하는 것은 무엇인가 · 20 / 공정무역의 정의는 무엇인가 · 21 / 국제 공정무역운동은 어떻게 조직되었을까 · 23 / 공정무역 마크를 넘어 · 29 / 공정무역을 위한 단일품질관리제도 · 32 / 공정무역 생산자 · 32 / 생산자에서 소비자까지, 또다른 거래방식 · 36 / 캠페인 활동과 인식증대, 공정무역을 하기 위해 꼭 필요한 일 · 38 / 공정무역, 단순히 북반구와 남반구 사이의 거래인가 · 40 / 공정무역 제품은 더 비싼가 · 43 / 공정무역이 생산자들의 삶을 윤택하게 할까 · 44

2장
국제무역의 모순과 그에 대한 공정무역의 대답 · 55

국제무역 구조의 문제점은 무엇인가 · 57 / 달콤한 언어는 가혹한 현실을 감춘다 · 58 / 모두를 위한 윈윈 게임인기 · 60 / 무역자유화의 동력 · 62 / 왜 농산품가격은 낮을까 · 63 / 시장은 왜 가난한 사람들을 도울 수 없는가 · 66 / 공정무역이 정책 결정에 줄 수 있는 교훈 · 67 / 결론 · 78

3장
상품을 만들어내는 사람들 · 89

공정무역 생산자들은 누구인가 · 89 / 음식에서 축구공까지, 다양한 공정무역 상품들 · 92 / 생산자는 어떻게 조직되는가 · 92 / 공정무역 생산자들은 어디에 살고 어디에서 일하나 · 96 / 생산자를 위한 공정무역의 이점, 공정하고 안정적인 가격을 받는다 · 99 / 생산자를 위한 공정무역의 이점, 공정한 가격 그 이상의 가치 · 101 / 어떻게 공정무역 생산자가 될 수 있을까 · 106 / 이 다음에 오는 것은 · 109 / 결론 · 112

4장
의식 있는 소비자가 필요한 때 · 117

공정무역 마케팅 대상으로서의 소비자 · 122 / 공정무역 마케팅의 네 기둥 · 127 / 독자적인 발판 마련하기 · 129 / 변화의 바람 · 131 / 공정무역 캠페인 대상으로서의 소비자 · 136 / 모두가 알고 있을 법한 캠페인 · 140 / 요약과 전망 · 141

5장
기업관행을 변화시켜 바닥을 향한 경쟁을 멈추는 방법 · 147

사례연구: 점점 증가하는 바나나산업의 노동착취 · 149 / 소비자와 기업의 반응, 기업의 사회적 책임 이니셔티브 · 153 / 기업과 산업계의 행동강령 · 155 / 행동강령을 넘어 공정무역이 등장할 차례 · 160 / 공정무역에 대한 기업들의 반응 · 166 / 결론 · 171

6장
면화와 면직물, 목숨을 구하다 · 181

세계 섬유산업 · 181 / 생산자의 실상 · 185 / 면화와 면직물에서의 공정무역 · 190 / 면화 공정무역 인증 · 194 / 면화 공정무역의 기회와 과제 · 195

7장
커피 생산자들에게 공정한 몫 찾아주기 · 205

세계 커피시장 · 207 / 커피농장에서 소비자로 이어지는 커피의 가치사슬 · 213 / 공정무역 시장 · 219 / 커피산업에서 공정무역의 전망과 도전 · 228

8장
창의력을 중시하는 수공예품 · 239

희망의 수공예품 · 239 / 수공예품의 공정무역은 어떻게 시작되었나 · 244 / 또다른 종류의 무역관계 · 245 / 디자인은 성공을 위한 필수요소지만… · 246 / 디자인권 침해의 위협 · 248 / 파는 방법 · 249 / 공정무역 수공예품 마크가 시장의 성장에 도움이 될까 · 253 / 무역의 장애물 · 254 / 지역시장 개발하기 · 257 / 수공예품 생산자가 공정무역에서 얻는 이익 · 259 / 수공예품 공정무역의 미래는 · 261

9장
쌀은 생명이다 · 267

쌀, 인류를 위한 영양소 · 267 / 사실과 숫자들 · 268 / 공정무역의 반응 · 278 / 전망 · 293

| 맺는말 · 296

| 약어 · 300

| 용어사전 · 302

| 국제 공정무역 네트워크 정보 · 306

*일러두기

본문에 IFAT로 표기된 국제공정무역연합은 2009년부터 세계공정무역기구 World Fair Trade Organization, WFTO로 명칭이 바뀌었다. 본문에는 원서에서 표기한 그대로 IFAT로 표기했다.

1장

공정무역이란 무엇인가

캐롤 윌스 Carol Wills cwills@oxfordhr.co.uk

캐롤 윌스는 1997~2005년까지 IFAT의 사무총장이었고,
현재 IFAT의 명예회원이다.

> 공정무역 체계는 소비자가 개발도상국 사람들의 삶에 긍정적인 영향을 줄 수 있는 확실한 방법이다. 공정무역 제품을 선호하는 것은 더 공정한 세상을 만들기 위한, 작지만 중요한 선택이다.
>
> ─ 타르야 할로넨Tarja Halonen(핀란드 대통령)

공정무역, 자유무역, 대안무역, 무역정의. '공정무역을 하자' '빈곤을 역사책 속으로' '존엄한 생산품Made in dignity'. 이 모든 용어와 표현은 어떤 관련이 있을까? 공정무역은 자유로운가? 자유무역은 공정한가? 무엇이 대안적이라는 것인가?

공정하다는 것과 자유라는 것부터 정리하자. 이른바 자유무역은 절대 공정하지 않다. 적어도 현재는 말이다. 자유무역이라고 자유로운 것도 아니다. 농업정책을 보라. 관세장벽은 여전히 높고, 부국들은 자국 쌀이나 설탕, 면 생산과정에 많은 보조금을 지원한 후에 잉여 생산량은 세계시장에서 매우 낮은 가격으로 처리해버린다.

공정무역은 빈곤 극복을 목적으로 하는 무역에 대한 대안적인 접근이다. 앞에서 언급한 용어와 표현은 사실 모두 연결되어 있다. 역사적으로 공정무역단체는 스스로를 대안무역단체라고 불렀고, '공정'이라는 단어는 이제 갖가지 사업에 달리 사용되고 있기 때문에 어떤 기관은 여전히 '대안무역기구'라는 이름을 선호하고 있다.

무역정의, 공정무역을 하자, 빈곤을 역사책 속으로, 라는 이름의 캠페인은 가난한 사람들 그리고 가난한 국가를 위해 자유무역 원칙이 좀 더 공정해지도록 하는 것을 목표로 한다. 벨기에에서 사용된 공정무역 브랜드 '존엄한 생산품'은 공정무역이 지향하는 바를 함축적으로 표현하고 있다.

공정무역이란 용어는 1985년 2월 런던에서 개최되어 영국과 많은 제3세계 국가의 조합들이 참가한 '무역과 기술회의'에서 마이클 배럿 브라운Michael Barrat Brown[1]이 처음 썼다. 마이클 배럿 브라운은 "우리는 불공정한 무역에 지쳤습니다. 이제는 공정무역을 할 때입니다"라고 말했고, 그후 대안무역운동 쪽에서 공정무역이란 표현을 재빨리 사용하면서 전 세계로 아주 빠르게 퍼져 나갔다.

21세기 초반 조사에 따르면, 아프리카·아시아·중남미에 거주하는 500만 명이 공정무역의 혜택을 받고 있다. 수혜대상은 소규모 자작농과 조합을 구성하고 있는 생산자와 농민, 차나 기타 농작물을 재배하는 중소 규모 사업체의 근로자뿐 아니라 생산자 가족과 지역사회까지 포함된다. 공정무역 생산자들은 양질의 제품을 개발해 소비자에게 판매하기 위해 유럽과 북아메리카, 호주, 뉴질랜드 그리고 일본 수입업체와 협력하고 있다.

유럽에서만 3천여 개의 월드숍과 5만 5천여 개의 슈퍼마켓을 포함하여 약 7만 9천여 개의 공정무역 제품 판매점이 있으며, 1천여 명의 직원과 10만 명 이상의 자원봉사자들이 공정무역 단체에서 활동하고 있다. 2005년 집계된 공정무역 전체 매출액은 10억 유로 이상으로 매년 20~30퍼센트의 성장률을 보이고 있다.

공정무역은 자유무역에 비해 상대적으로 경제 규모는 작지만 그러나 전 세계에 두터운 지지세력이 있고, 이 세력은 급속하게 증가하고 있다. 영국 인구의 50퍼센트가 공정무역 마크에 대해 알고 있으며, 프랑스 인구의 74퍼센트 이상이 공정무역의 개념에 대해서 이해하고 있다[2](전 세계에 4천여 개의 월드숍과 12만 2500여 개의 슈퍼마켓에서 2700여 명의 직원들이 일하고 있으며, 공정무역 제품 매출액은 해마다 늘어 2007년 23억 8천 유로에 달했다. 영국 인구의 70퍼센트, 프랑스 인구의 81퍼센트가 공정무역에 대해 이해하고 있다_옮긴이[3]).

공정무역 관계자들은 빈곤과 불평등에 관심이 많다. 생산자가 존엄성과 상호존중을 바탕으로 공정하게 대우받으면서 당면한 많은 장애

멕시코 치아파스 지역 라셀바협동조합의 여성노동자들이 유기농 커피콩을 가공하고 있다
(출처: WRI Features).

를 극복할 수 있도록 도움을 받는다면, 그들은 무역을 통해 좀더 나은 삶을 살 수 있을 것이다. 공정무역 관계자들은 유통의 시작선상에 있는 소농들이, 우리의 삶을 편안하고 즐겁게 만들어주는 식탁의 음식과 그밖의 모든 재화를 구입하는 비용의 불균형적인 분배에 대한 부담을 떠안고 있다고 생각한다.

빈곤과 불평등에 관심이 있는 사람들은 지구의 생존이 '지속가능한 개발'에 달려 있다고 생각한다. 지속가능한 개발은 환경·사회·경제적 요소를 통합하는 것이며, "개발이란 다음 세대가 살아가는 데 필요한 자원을 훼손하지 않으면서 현재의 필요를 충족시키는 것"[4]을 의미한다. 공정무역 관계자들은 농민과 장인에게 곡물을 생산하고 처리하는 방법을 교육하고 소비자가 사고 싶어하는 제품을 만들 수 있도록 지원하면서, 그들과 협력하는 것이 지속가능한 개발에 기여하는 것이라고 생각한다. 이러한 제품들은 환경을 파괴하지 않으면서 생산자의 노동에 정당한 대가를 제공한다.

공정무역이 진정으로 추구하는 것은 무엇인가

공정무역은 1946년 미국 펜실베이니아 아크론의 메노파교 중앙위원회 자원봉사자였던 에드나 루스 Edna Ruth가 가난한 푸에르토리코 여인들과 협력해 그들이 만든 자수 면제품을 가져다 교회에서 판매하면서 시작되었다. 이러한 판매가 계속되면서 지금의 텐사우전드빌리지가 설립되었다.[5] 그후 공정무역은 노동의 공정한 대가를 받는 사람들이 만든 질 좋고 다양한 제품을 소비자에게 공급하고, 공급망을 통해 소규모 생산자가 더 많은 권한을 가질 수 있도록 함으로써 세상을 변화시키는 진정한 힘이 되었다. 공정무역은 세계무역기구WTO가 더욱더 공정한 무역규칙을 만들고, 기업에서 더 책임감을 가지고 활동할 수 있도록 압력을 가한다.

공정무역의 정의는 무엇인가[6]

공정무역은 대화와 투명성, 상호존중에 입각해 보다 공정한 국제무역을 추구하는 무역협력이다. 특히 제3세계의 소외된 생산자와 노동자에게 더 나은 무역조건을 제공하고 그들의 권리를 보장해줌으로써 지속가능한 개발에 기여한다. (소비자의 지지를 받고 있는) 공정무역단체들은 생산자 지원, 공정무역에 대한 인식 증진, 기존 국제무역 규정과 관례를 변화시키기 위한 캠페인 활동에 적극적으로 참여한다.

이 정의의 핵심 원칙은 공정무역이 주체들의 진심이 담긴 약속과 책임감, 투명성을 가지고 있어야 한다는 것이다. 공정무역단체는 협조적이며 열린 마음으로 일하고 서로를 정중히 대한다. 공정무역단체는 제품에 대한 공정한 값을 치르고, 생산자와 노동자가 정당한 대가를 받는지 보증하는 일에 전념해야 한다. 공정무역단체는 원료를 구입할 때 선지불을 하고, 지속적인 상거래를 뒷받침하며 안정적인 무역관계를 확립한다. 또 시장접근을 보다 쉽게 할 수 있도록 정보와 함께 기술적인 지원을 해준다. 공정무역단체는 커피, 차, 코코아, 쌀 같은 제품 구입과정에서, 최대한 생산자에게 혜택이 돌아갈 수 있도록 가능한 한 원산지에서 가공하고자 한다. 예를 들어, 수공예품의 경우는 100퍼센트 생산지에서 만들어진다. 국제무역체제의 변화를 이끌어내기 위해 캠페인 활동을 벌이는 것은 공정무역 윤리를 위해 매우 중요한 일이다. 공정무역단체는 무역 불평등을 널리 알리고 기존 국제무역 관행에 이의를 제기하기도 한다.

공정무역과 유기농을 결합하는 것은 농산품에 가치를 높이는 중요한 방법 중 하나다. 이것은 농민 소득을 증대시킬 뿐 아니라 비료·농약의 구입 비용을 낮추고, 비료나 농약 사용에 의한 부작용을 최소화할 수 있다. 공정무역에서 환경보호는 매우 중요하다. 환경에 대한 존중 없이 지속가능한 개발은 불가능하다. 공정무역단체는 재료 원산지·포장재·제품을 유통하는 방법과 불필요한 쓰레기를 처리하는 방법에도 주의를 기울인다.

또 작업장에서 남녀평등을 장려하고, 여성의 요구를 맞추기 위해 각별히 신경을 쓴다. 특히 가족이나 지역사회에서 아동을 경제적인 착취로부터 보호하고, 생산과정에서 아동노동을 감시하는 시스템을 설치한다. 공정무역단체는 유엔 아동권리협약과 아동고용에 대한 국내법을 준수하고 있다. 공정무역은 생산자와 노동자가 취약한 입장에서 벗어나 안정적이고 자족할 수 있는 위치로 이동할 수 있도록 하는 개발과정이다.

물론 공정무역이 모두 완벽한 것은 아니다. 시스템은 그것을 준비하고 실행하는 사람의 역량만큼 작동하게 마련이다. 그런 면에서 인간은 불완전하다. 그래서 공정무역 모니터링 시스템은 공정무역 기준을 충족시키지 못하는 경우를 찾아내고 개선하는 데 목표를 둔다. 어려움과 갈등이 발생할 때, 공정무역단체는 이러한 문제를 중재와 대화를 통해 극복하고 있다.

공정무역은 한마디로 다음과 같은 활동을 의미한다.

- 지속가능한 생산과 생활을 위한 공정한 가격 지불
- 생산자조직을 위한 시장접근과 생산에 대한 지원
- 생산자와 생산자조직에 권한부여와 역량을 강화
- 생산자가 요구하는 경우 비용 선지급
- 공급망 전체에 걸친 경로추적 가능성과 투명성
- 생산자와 장기적이고 안정적인 관계
- 국제노동기구ILO 8개의 핵심 조약을 존중하는 근로조건(자세한 내용은 5장 참조)
- 환경과 인간을 보호하고, 여성과 아동의 권리를 존중하며, 경제 사회적 개발을 촉진하는 전통 생산방식을 존중함
- 공정무역 생산방식, 무역관계, 공정무역의 의의와 목표 및 기존 국제무역 규정의 부정의에 대한 인식증대 활동
- 이러한 기준을 준수하는지에 대한 평가와 모니터링
- 공정무역 활동의 영향평가

국제 공정무역운동은 어떻게 조직되었을까

세계적 수준의 공정무역운동은 5개 국제협의체에 의해 조직되었다.

- 국제공정무역연합International Fair Trade Association, IFAT(2009년부터 세계 공정무역기구WFTO로 바뀜_옮긴이)는 약 70개 회원국으로 구성된 국

제 공정무역 네트워크다. 무역이 환경파괴를 일으키지 않으면서 가난한 사람들의 생계를 향상시켜야 한다는 믿음을 가진 생산자, 수출업자, 수입업자, 소매상이 회원으로 참가하고 있다.

- 유럽공정무역연합European Fair Trade Association, EFTA은 9개 유럽국가의 11개 주요 공정무역 수입업체의 연합이다. EFTA의 목표는 공정무역을 지지하며 장려하기 위해 회원들이 협력하고, 통합하도록 돕는 것이다.

- 유럽월드숍네트워크Network of European Worldshops, NEWS!도 국제적인 협회 중 하나다. NEWS!는 13개 유럽국가의 15개 월드숍 연합으로 구성된 네트워크다. 유럽의 2500여 개의 월드숍은 무역정의를 위한 캠페인 활동과 공정하게 거래된 제품 판매를 위해 수백 명의 직원과 10만 명 이상의 자원봉사자[7]로 운영되고 있다(2007년 집계로는 3200여 개의 월드숍에서 2100명 이상의 직원과 10만 명 이상의 자원봉자자로 운영되고 있다_옮긴이).

- 국제공정무역인증기구Fairtrade Labelling Organizations International, FLO는 국제적으로 공정무역 기준을 정립하고 인증하는 기관이다. FLO는 두 개의 기관으로 이루어져 있는데, 하나는 다양한 이해관계자들이 함께 공정무역 기준을 검토하고 개발하며 생산자들을 지원하는 FLO협회FLO e.v.와 생산·무역·제조·유통과정에서 공정무역 기준을 충족시키는지 검증하는 FLO인증유한책임회사FLO Certification GmbH로 이루어진다. FLO는 15개 유럽국가, 일본, 미국, 캐나다, 호주, 뉴질랜드, 멕시코를 포함한 21개국에서 공정무역 인증 이니셔티브를 담당하는 네트워크다(24개국에서 19개 인증기관이 인증업무를 하고 있다(2009 FLO 웹사이트

www.fairtrade.net).

- 공정무역연합Fair Trade Federation, FTF은 미국을 기반으로 하는 국제적인 공정무역 네트워크다. 전 세계 농민과 경제적으로 불이익을 받는 장인들을 위해 고용 기회와 정당한 대가를 제공한다는 명확한 태도를 가진 공정무역 도매상, 소매상과 생산자로 이루어진 연합체다.

유럽에 기반을 둔 국제적인 단체인 FLO, IFAT, NEWS!, EFTA는 FINE이라는 이름으로 함께 일하고 있다. 2004년에는 유럽과 더불어 국제적으로 각 단체와 공동으로 공정무역에 대한 홍보, 교육, 캠페인 등을 조정하고 연계해주는 페어트레이드 어드보카시 사무소Fair Trade Advocacy Office를 벨기에 브뤼셀에 설치했다. 전 세계의 많은 나라가 공정무역운동을 하는 기반이나 단체를 가지고 있다. IFAT와 FLO는 생산자가 지역별 우선순위와 전략을 결정하기 위해 만날 수 있도록 아시아, 아프리카, 중남미지역 네트워크를 가지고 있다.

1990년대에 공정무역 마크의 도입은 엄청난 영향력을 갖게 되었다. 세계시장에서 커피가격의 폭락과 함께 수천 명의 소작농이 생계수단

FLO 마크

멕시코 마호무트조합 기술협력관 빅토르 뻬레스 그로바스는 말한다. "1989년 이후에 우리는 스스로 생산하고 판매하는 조직을 만들어야 했습니다. 우리는 망망대해에 던져져 상어와 함께 헤엄치는 법을 배워야만 했죠. 공정무역은 모든 조합에 귀중한 기회를 주었습니다. 사람들이 미래를 위해 함께 일할 수 있도록 도와주었어요. 기준가는 생산비용과 우리의 기본욕구를 충족시켜주었습니다."(출처: 마호무트조합)

    을 잃고 기아에 당면하면서, 1988년 공정무역업자들은 제품에 공정무역 마크를 붙이는 아이디어를 생각해냈다.

  공정무역업자들은 월드숍 네트워크를 통해 예전에 판매한 것보다 많은 양의 커피를 수입하길 원했다. 일반 슈퍼마켓들은 관심을 가지면서도, 공정무역 커피를 공정한 가격에 구입하게 되면 농민에게 경제·사회·환경적으로 좀더 나은 혜택이 돌아갈 수 있는지에 대한 확실한 보증을 요구했다. 그런 의미에서 최초의 공정무역 마크 이니셔티브를 '막스 하벨라르Max Havelaar'라고 이름 붙인 것은 훌륭한 전략이다. 막스 하벨라르는 네덜란드 식민지였던 인도네시아의 대규모 커피농장의 노동착취를 반대했던 유명한 소설 캐릭터다. 더 설명할 필요가 없었다. 사람들은 그 라벨이 의미하는 바가 무엇인지 바로 인식했다.

영국공정무역재단Fairtrade Foundation UK, 독일 트랜스페어Transfair 등 몇몇 나라의 공정무역단체에서도 막스 하벨라르에 이어 독자적인 공정무역 마크를 만들었고, 이 마크가 붙은 제품의 판매량도 늘어났다. 1997년 에는 FLO가 국제 공정무역 기준을 정하고 생산자를 지원하며 제품을 인증하고 공정무역 기준 준수 여부를 감시하는 상위단체로 알려진 국제공정무역인증기구를 창립했다.[8] 2002년 이후 대다수의 각국 인증기관에서는 '제3세계 생산자의 더 나은 거래를 위한 보장'으로 하나의 국제 공정무역 인증마크를 사용하기 시작했다.[9]

2003년 이후 공정무역 인증과 공정무역 기준을 검증하는 일은 독립단체인 FLO 인증회사FLO-Cert Gmbh가 수행하고 있다. 이 단체는 국제표준협회인 ISO65의 세계 기준을 따르고 있다. 2005년 현재 FLO 산하 20개 회원국에서 인증업무를 하고 있으며, 남아프리카공화국, 인도, 브라질 같은 생산국에 한한 적용기준이 새롭게 수립되었다(2009년 현재 FLO에는 24개 회원국이 있으며, 19개 인증기관에서 인증업무를 하고 있다. 남아프리카공화국과 체코공화국에 새로운 시장개척을 위한 조직이 있고, 멕시코와 남아프리카공화국을 준회원으로 두고 있다. 또 아프리카와 남미, 카리브해, 아시아에서 생산자 네트워크를 꾸리고 있다_옮긴이).

공정무역 마크는 더 넓은 공정무역운동에 새로운 문제의식을 심어주었다. 대기업들이 이 특별한 상표의 제품을 사는 의식 있는 소비자라는 새로운 시장을 발견한 것이다. 2005년 9월 영국 잡지 《가디언》은 네슬레가 공정무역 인증 커피를 판매하기 시작했다는 뉴스를 미묘한 헤드라인 아래 전했다. "속임수인가, 눈 가리고 아웅인가?" "네슬레의 새로운 브랜드는 공정무역 활동가들에게 딜레마를 안겨주었다. 진정한 개혁의 징조인가, 아니면 단순히 비위를 맞추기 위한 것인가?"로 시작된 이 기사는 베이비 밀크 액션Baby Milk Action의 정책담당자인 페티 런달이 네슬레의 공정무역 움직임에 대해 "굉장히 우려된다. 공정무역 마크를 네슬레에 주는 것은 일반인이 알고 있는 공정무역 제품의 의미를 조롱거리로 만들어버릴 것"이라는 말을 인용했다.

그러나 이것이 다국적기업에서 공정무역 마크를 사용한 최초 사례는 아니다. 이미 수년간, 스타벅스는 매장에서 판매하는 소량의 상품에 공정무역 마크를 사용해왔다. 2003년 맥도날드는 스위스 매장에 공정무역 커피를 도입했다. 2005년 11월부터 미국 맥도날드는 전국 658개 매장에서 공정무역 커피를 팔기 시작했다.

공정무역을 이용하려는 대기업의 상술을 비판하는 것은 어떤 의미에서 정당하다. 그러나 공정무역은 기존 기업이 그들의 무역관행을 좀 더 책임감 있게 바꾸고, 노동자와 혜택 받지 못한 생산자에게 진정으로 관심을 가질 수 있는 기회를 준다. 소규모 생산자나 가난한 농민에게 전혀 신경을 쓰지 않았던 대형 유통기업과 다국적기업이 빈곤을 극복할 수 있는 장치로 공정무역을 인지하고, 공정무역 제품을 팔기 시작했다는 것 자체를 교묘하다고 볼 수는 없다. 오히려 이러한 회사들이 공정무역을 위한 새로운 시장을 열어줄 잠재적 가능성이 있기 때문에, 더 많은 생산자에게 이익이 돌아가게 할 수도 있다. 향후 과제는 대형 유통기업이나 다국적기업이 장기적으로 공정무역 접근법을 통해 성과를 이루고, 나머지 사업도 공정무역의 방향으로 발전시켜가는 것이다.

2005년 9월 말 공정무역연합FTF 주최로 시카고에서 열린 '공정무역의 미래' 회의에 참석한 750명의 공정무역 관련 활동가와 지지자들은 많은 논의사안을 가지고 있었다. 참가자들은 공정무역의 의의와 목적에 대해 스스로에게 어려운 질문을 던졌다. 공정무역이 단지 빈곤퇴치와 대기업의 행동을 변화시키기 위한 것일까? 공정무역 마크가 농민에게 진정으로 혜택을 가져다 주는 것이 사실이라면, 공정무역 마크가 네슬레나 다른 기업에 좋은 기업 이미지를 심어주는 것이 문제가 될까? 100퍼센트 공정무역을 하는 업자들과 공정무역 마크를 가진 기업을 차별화할 필요가 있을까? 이런 토론이 언론에서 다루어지는 상황에서, 우리는 국제 공정무역운동이 수십 년간 쌓아온 높은 신뢰도를 어떻게 유지할 수 있을까?

"맥도날드의 동참은 공정무역에 있어 중요한 사건"이라고 옥스팜 아메리카 커피 프로그램 매니저인 세스 페처스가 말했다. "이는 공정무역 시장의 힘과 수요가 늘어나고 있다는 것을 의미한다. 다른 소매업체와 커피회사들도 이를 본보기로 해야 한다"면서 "우리는 이 지역적 시도에 고무되어 있으며 전국으로 퍼져 나가기를 바란다"고 말했다(미국 옥스팜 2005. 10. 27).

공정무역 마크를 넘어

공정무역이 공정무역 마크나 커피에 관련된 어떤 것이라고 생각할지 모르지만, 공정무역은 훨씬 더 많은 것을 내포한다. 공정무역 마크는 공정무역의 도구다. 공정무역 마크는 제품을 재배하거나 제조하는 생산자가 공정무역이 제시하는 사회·경제·환경적인 기준을 준수하고, 공정무역업체들에 의해 적절한 수준의 가격이 책정되었으며, 생산자의 거래대금 일부 요청에 대해 선지불과 청구서 수령 이후 신속한 결제가 이루어졌다는 사실을 소비자에게 알려준다.

공정무역 마크는 커피를 위해 처음으로 개발되었지만, 그후 많은 식품으로 발전했다. 현재는 20여 제품군과 수백여 종류의 개별 제품에서 공정무역 마크를 볼 수 있다. 그러나 공정무역 제품 중에서 마크를 달고 있지 않은 것도 많다. 수공예품, 의류, 보석 같은 제품은 아직 제품에 맞는 기준이 개발되지 않았거나 인증절차 비용을 감당할 수 없어 공정무역 마크를 달지 않은 경우다. FLO 인증이 유기농 인증이나 산림보호 인증 같은 절차보다 비용이 적게 들기는 하지만 그것이 새로운 시장을 확대하지 못하는 인증이라면 생산자단체는 인증비용을 지불하는 데 망설일 수밖에 없다. 공정무역 수입단체와 안정적인 관계를 맺고 있는 많은 생산자의 경우가 그렇다.

그렇다면 소비자는 공정무역 마크가 붙지 않은 공정무역 제품이 공정한 조건에서 생산되었다는 것을 어떻게 확신할 수 있을까?

공정무역 초기에 소비자는 기본적으로 공정무역 수입업자와 월드숍의 지지자였고, 그들의 철학과 원칙을 이해했다. 소비자는 생산자와 제품에 관한 진실을 이야기하는 단체를 신뢰했고, 다른 근거를 요구하지 않았다.

1990년 후반, 공정무역이 점점 성장하면서 기존의 시스템으로는 불충분해지기 시작했다. 점점 공정무역회사들의 관행에 대한 정밀한 조사가 이루어지고 소비자가 시스템을 신뢰할 수 있는 명백한 근거를 요구하면서, 공정무역단체들은 더 이상 자신들의 명성만으로는 거래할 수 없다는 것을 인식하게 된다. 공정무역단체들은 그들이 말하는 바와 행동이 일치하는 무역을 하고 있다는 것을 증명해야 했으며, 공정무역을 한다고 주장하거나 스스로를 윤리적이라고 말하는 기존 회사들과 자신들을 차별화해야 했다.

　IFAT는 소비자에게 공정무역이 생산자에게 진정한 혜택이 돌아가게 한다는 것을 확신시킬 수 있는 수단으로 공정무역 인증기관과 함께 모니터링 시스템을 개발했다. IFAT 시스템은 공정무역단체를 위한 10개의 중요한 기준에 대해 엄격한 자기평가를 기반으로 한다. 각 기준은 핵심적·지역적 지표를 가지고 있으며 이것은 각 기준이 충족되었다는 증거가 된다. 자기평가과정은 상호검토와 무작위 외부확인을 통해 지속된다. 모니터링 시스템 요구 조건을 충족하는 IFAT의 회원단체는 공정무역단체로 등록되고, 사업간 거래나 의사소통 시 FTO 마크를 사용할 수 있다. 그러나 FLO에서 제공하는 공정무역 마크와는 달리 제품에 직접 마크를 달지는 않는다.

공정무역단체가 되기 위한 IFAT 기준 10가지[10]
- 경제적으로 불리한 생산자를 위한 기회창출
- 투명성과 책임성
- 무역관행

- 공정한 가격 지불
- 아동노동과 노동착취
- 무차별, 성(性)평등, 결사의 자유
- 역량강화
- 공정무역 촉진
- 근무조건
- 환경보호

공정무역을 위한 단일품질관리제도

21세기 초, 수년 동안 FLO와 IFAT는 전체 공정무역운동에 혜택이 될 수 있도록 모니터링 시스템의 통합 가능성을 논의했다. 2005년 두 기관은 전체 공정무역을 위해 분리되어 있던 품질보증 모니터링 시스템의 통합을 연구하기 시작했다.

일반품질관리시스템Generic Quality Management System은 동일한 품질관리 원칙과 공정무역 기준, 승인절차를 가지고 개발되기 시작한 것이다. 또 IFAT와 FLO는 소규모 생산자의 특정수요와 이해관계를 고려해 수공예품을 위한 요구기준과 준수절차의 개발을 제안했다.

공정무역 생산자

원래 공정무역 생산자는 협동조합이나 협회에 소속되어 있거나 지역사회나 마을조합 단위로 조직된 소규모 농부뿐이었다. 그러나 최근에는 중소기업이나 NGO, 종교기관, 사기업에서 프로젝트로 운영하는 작업장이나 공장에서 일하는 사람들도 있다. 특정한 사회적 기준을 충족하는 차 생산지는 이미 몇 년간 인증을 받은 상태고, 지금 FLO는 바나나, 감귤, 파인애플 같은 품목을 생산하는 농장들도 인증하고 있다.

중요한 점은 공정무역은 법적 지위나 소유권 형태로 단체를 분류하지 않고, 모니터링된 공정무역 기준에 따라 분류한다는 것이다.

공정무역은 특히 가난한 사람과 여성이 무역을 통해 빈곤에서 벗어날 수 있도록 지원하기 위해 수공예품을 중심으로 시작되었다. 수공예품 생산자는 최저 생계 이하의 생활을 하고 있었다. 그들 대부분은 땅

네팔의 ACP에서 직조공 일을 하고 있는 락시미

55세의 락시미 마하르잔은 전통적인 직조공 지역공동체인 키리티푸르 출신이다. 락시미는 12살 때부터 직조 일을 했지만, 돈은 가족 중 남자가 관리했기 때문에 그녀가 번 돈을 본 적이 없다. 1984년 ACPAssociation of Craft Producers 가 시작되었을 때, 락시미는 직조 강사로 고용되었다. 그 이후 그녀는 자신이 일해서 번 돈을 볼 수 있었다. 이때 매달 10달러 정도의 돈을 벌었다. ACP에서 몇 년간 일한 후, 그녀는 자신의 작업단을 구성하기로 결정하고 마을의 다른 여성들을 고용했다. 처음에 이 그룹은 그녀가 ACP에서 지도했던 4명의 여성으로 구성되었다.

이제 락시미는 그녀와 같은 마을 출신 60명이 참여하는, ACP에서 가장 큰 생산자 집단을 이루었다. 소득도 매달 72달러로 늘었다. 그녀의 남편은 부인의 일을 돕기 위해 그가 하던 일을 그만두었고, 자녀교육도 시킬 수 있게 되었다. 그녀의 아들은 공학 공부를, 딸은 사회학 석사를 취득했다.

락시미는 ACP를 위해서 일한 것만이 아니라 자신의 삶도 만들어낸 것이다. 락시미의 딸 수다는 엄마의 일을 잇기로 했다. 이와 같은 전통적인 일이 다음 세대로 계속 이어진다는 것은 많은 젊은이들이 직장을 구하기 위해 도시로 가는 세태를 비추어볼 때 아주 특별한 일이다.

락시미에게 공정무역의 혜택이 무엇이냐고 물으니, ACP에서 수년간 유지해온 신속한 결제 시스템이 만족스러웠다고 한다. 그녀는 또한 공정무역이 자녀들을 가르칠 수 있게 해주었고 직조장비를 설치할 수 있는 경제적 수단을 마련해주었다며 기뻐한다.

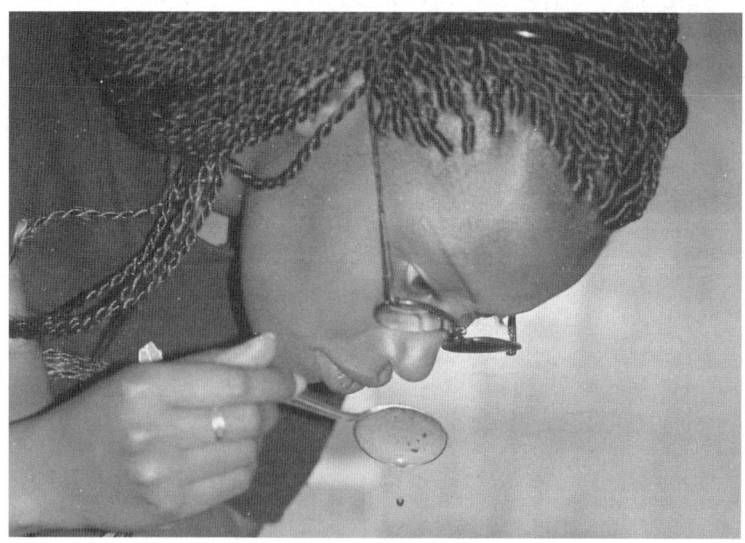

트윈트레이딩에서 커피 블렌딩을 배우고 있는
르완다 카라바 구의 코아카카 사무총장 안젤리크 카레케지

도 없고 기술도 없을뿐더러 삶의 선택권은 더더욱 없는 이들이다.

"수공예는 여성들의 생계에 중요한 부분이다. 교육수준이 낮고, 기술이 없는 많은 가난한 여성에게 수공예는 유일한 직업이자 소득원이

> ### ⓖ 디바인초콜릿 : 농민들이 스스로 만들어낸 성공신화
>
> 1997년, 가나의 코코아 농민협동조합 쿠아파코쿠Kuapa Kokoo는 영국에서 데이초콜릿Day Chocolate 회사를 열었다. 데이초콜릿은 놀라운 성공을 거뒀다. '디바인초콜릿(옛 데이초콜릿)'은 1998년 150그램의 밀크초코릿바 하나로 시작해 15가지 초콜릿 브랜드로 많은 사람을 유혹하며 모든 대형 슈퍼마켓에 납품하고 있다.
>
> 데이초콜릿 회사의 주식은 영국공정무역단체인 트윈트레이딩Twin Trading이 52퍼센트, 쿠아파코쿠가 47퍼센트를 소유하고 있다. 바디숍Body shop은 실제적인 지원과 투자로 그 사업이 지속되도록 도왔다. 데이초콜릿의 성공은 개발도상국에서 농부가 소유하고 주도하는 사업이 공정하면서도 성공 가능한 사업모델이 될 수 있다는 것을 증명하는 좋은 사례다.
>
> 현재 쿠아파코쿠는 가나의 서부, 동부, 중부에 걸쳐 1200개 마을의 4만 7천명의 코코아 재배 농민회원이 있는 협동조합으로 성장했다. 전 세계 코코아의 1퍼센트를 판매하며 그중 2~3퍼센트는 공정무역 시장에서 판매된다.
>
> * 1997년 영국에서 설립된 데이초콜릿 회사의 이름은 1998년 디바인초콜릿 Divine Chocolate, Ltd으로 바뀌었다. 주식 지분을 보면 트윈트레이딩이 43퍼센트, 오이코 크레딧Oiko Credit이 12퍼센트이며, 쿠아파코쿠가 45퍼센트를 갖고 있다. 2006년 바디숍이 자기 소유의 모든 지분을 쿠아파코쿠에 넘기면서 쿠아파코쿠가 최대 주주가 되었다. 디바인 초콜릿은 2007년 미국에 디바인 초콜릿 회사를 만들었으며, 쿠아파코쿠는 이 회사 지분의 33퍼센트도 갖고 있다(출처: 디바인초콜릿 웹사이트 뉴스, 2009년 3월_옮긴이).

다. 수공예 작업은 집안이나 집 근처에서 할 수 있기 때문에 다른 집안일과 함께 할 수 있다. 수공예 분야는 아프리카, 아시아, 남미지역의 수많은 가난한 여성의 생존전략이 되었다."[11]

커피, 차, 코코아, 바나나 같은 상품을 생산하는 농민이나 생산자는 또다른 입장에 있다. 그들의 생산품은 대규모의 세계시장에서 거래되기 때문에 가격과 수요 변동에 취약하고 WTO에서 정한 국제무역 규정의 영향을 받는다. 공정무역단체들은 이러한 생산품을 거래함으로써 생산에 참여한 농민의 삶에 변화를 줄 수 있다. 그들은 국제무역 체제의 불평등과 불공정에 대해 관심을 불러일으키고 농민들의 도움을 받아, 사람과 국가를 가난히게 하는 규정을 변화시키려는 노력을 전개할 수 있다.

생산자에서 소비자까지, 또다른 거래방식

공정무역을 특별하게 하는 점은 생산자단체와 수입회사 사이의 직접적이고 개인적인 관계다. 공정무역 수입업자들은 생산자단체에게 공정한 가격과 프리미엄을 지불하면서 제품만 구매하는 게 아니다. 그들은 제품개발에 대해 조언하고, 기술과 경영훈련을 돕고, 어려운 경제적·사회적 상황에 추가지원을 하는 등 다양한 방법으로 생산자 파트너를 돕고 있다. 공정무역단체들이 생산자 파트너를 운영조직에 더 직접적으로 끌어들이면서 새로운 조직 소유권 모델도 개발되고 있다.

유럽에만 200개 이상의 공정무역 수입단체가 있다. 어떤 단체는 바나나, 커피 같은 한 가지 품목만 전문적으로 취급한다. 어떤 단체는 수공예품만 취급하는 벨기에의 옥스팜가게Oxfam Magasins du Monde처럼 상품 라인을 특화하기도 한다. 독일의 게파공정무역상사gepa Fair Handelshaus가 여러 나라에서 다양한 품목을 수입하는 곳이라면, 스웨덴 아프리카의 집Maison Afrique은 마다가스카르 한 나라의 제품만 구매한다. 공정무역 수입업자들은 국내시장의 지역 그룹이나 대표 그리고 월드숍 같은 전문화된 가게와 폭넓고 다양한 유통망을 통해 제품을 판매한다. 많은 공정무역업자들이 일반 상점, 유기농 식품점, 선물가게, 슈퍼마켓, 통신판매 카탈로그, 인터넷쇼핑 같은 다양한 유통망을 이용하고 있다. 일부는 식음료 공급분야에서 활발하다.

월드숍은 공정무역을 소비자에게 알리고 그들에게 공정하게 거래된 식품, 생활용품, 선물을 구입하도록 권장하는 데 중요한 역할을 해왔다. 지금 많은 월드숍이 마을과 도시의 주요 쇼핑거리로 옮겨지고 있으며 고급 선물상점으로 바뀌고 있다. 오스트리아 공정무역단체 EZA

새롭게 디자인된 월드숍(출처 : EZA Austria)

> ⑥ 개발을 비즈니스의 중심으로 : 게파의 예
>
> 독일 게파공정무역상사는 유럽에서 가장 크고 오래된 공정무역단체 중 하나다. 게파는 전 지구적·지역적·국가적·경제사회적 구조로 인해 불리한 상황에 처해 있는 아시아, 아프리카, 남미 사람들의 생활조건을 개선하는 것이 목표다. 게파는 이를 위해 선택된 생산자그룹의 식품과 수공예품을 수입해 마케팅하고, 소비자에게 정보를 제공하고, 무역정의를 위해 로비활동을 하고 있다. 게파가 취급하는 수입식품의 60퍼센트는 유기농 인증을 받은 제품이다.

는 '즐거움, 미학, 책임'이라는 기치 아래 월드숍 콘셉트를 새롭게 디자인하기 위해 유명한 건축가를 고용하기도 했다. 그 결과 따뜻하고 유혹적이며 모던한 가게가 탄생했다.

캠페인 활동과 인식증대, 공정무역을 하기 위해 꼭 필요한 일

월드숍은 초창기부터 무역정의를 위한 인식증대와 캠페인 활동을 하는 데 핵심역할을 해왔다. NEWS!는 불공정한 국제무역 규정과 비참한 근로조건에 대항하는 캠페인을 진행해왔다.

최근 몇 년 간 공정무역마을 개념은 급속히 발전했다. 공정무역단체는 공식적으로 공정무역의 기치에 동참하는 지방정부, 대학, 교회, 학교와 함께 일하고 있다. 2006년 초 영국에서만 147개의 마을과 도시가 공정무역마을로 등록되었다. 이미 아일랜드와 벨기에 공정무역마을이 있고 프랑스와 이탈리아를 포함하여 유럽 전역으로 퍼져나가고 있다. 또 미국에서도 2006년에 시범사업이 시작되리라 기대하고 있다(영국공정무역재단이 제도화한 공정무역마을은 2002년 랭커서의 작은 마을 가스탕이 최초로 공정무역마을 지위를 얻은 후 2009년 12월 현재 영국에서 450여 개 마을, 100개의 대학, 5천 개의 종교기관, 3500개 이상의 학교에서 공정무역마을과 같은 지위를 얻었으며, 유럽 여러 나라와 미국, 캐나다 등 세계 18개국에서 760개 이상의 공정무역마을이 생겨났다_옮긴이).

공정무역마을이나 기관으로 승인을 얻기 위해서는 아래의 5가지 목표를 충족해야 한다.

- 지역의회에서 공정무역을 지원하는 결의안을 통과시키고, 의회 회의실이나 사무실, 카페 내에서 공정무역 커피와 차를 제공한다.
- 지역 내 상점에서 공정무역 제품을 쉽게 구할 수 있고 카페나 식당 등에서도 판매되고 있어야 한다(기준은 인구를 고려해 결정된다).
- 지역 내에 있는 일터(부동산, 미장원 등)와 공공기관(교회, 학교 등)에서 공정무역 제품을 사용한다.
- 지역 관청은 공정무역 캠페인에 대해 대중적 지지를 위해 노력해야 한다.
- 지역 공정무역 운영위원회가 공정무역마을 지위를 계속 유지하고 보장하기 위해 노력해야 한다.

⑥ 4만 4천 명의 젊은 유럽 '심판관들', 아동노동착취에 레드카드 주다

2006년, 유럽 전역에 있는 수백 개의 월드숍에서는 '일하는 어린이-공정무역은 아동의 인권을 보호한다'는 주제로 아동노동착취에 반대하는 〈레드카드Red card〉 캠페인에서 어린이들의 서명을 받았다. 오스트리아, 포르투갈, 스페인, 스웨덴, 영국 심지어 일본에서 온 어린이, 젊은이, 어른까지 4만 4천 명이 캠페인에 참여했다. 이 레드카드는 유럽의회 의원들과 장관들에게 제출되었다.

독일 장관 하이데마리 비초렉이 아동노동착취에 반대하는 레드카드를 들고 있다.

어린이들이 서명한 4만 4천 장의 레드카드가 독일 포츠담의 텐트에 전시되었다.

공정무역, 단순히 북반구와 남반구 사이의 거래인가

공정무역은 남-북 국가 간 무역관계로 시작되었고, 여전히 공정한 조건 아래 북반구 국가의 시장에 남반구 국가의 생산자가 접근할 수 있도록 하는 데 초점이 맞춰져 있다. 협동조합, 생산자협회, 그밖에 생산자와 직접 일하는 여러 단체들은, 특히 수공예품의 경우 자국 내에서는 받기 힘든 가격으로 수출할 수 있는 기회가 있다는 것과 이것이 생산자에게 이익이 된다는 것을 알아차렸다. 그들은 북반구의 적절한 무역 파트너를 찾는 작업에 착수했다.

하지만 북반구 시장의 성공에 그치지 않고, 자국의 지역 소비자와 관광객을 상대로 생산품을 판매하는 공정무역 생산자협회가 더욱 늘고 있다. 네팔공정무역그룹Fair Trade Group Nepal은 네팔의 수도 카트만두의 랄릿푸르지역에 공정무역상점 집결지를 구축했다. 에콰도르에 신치사차재단Fundacion Sinchi Sacha은 오직 자기들의 지역 상점과 커피숍을 통해 판매하고 있다. 케냐의 운드구공동체Undugu Society는 나이로비에 가게를 열었고, 봄부루루Bombolulu는 케냐의 해안가인 뭄바사에 있는 해변에 할인소매점과 문화센터를 가지고 있다. 나이지리아 대안무역네트워크The Alternative Trade Network of Nigeria는 플래토주의 조스Jos에 작은 가게를 가지고 있다. 이와 같이 공정무역 제품 생산국이 자국에서의 판매망을 넓히는 사례는 점점 늘어나고 있다.

생산자단체들은 특히 수공예품의 경우 다른 남반구 국가와 무역할

> ### 에콰도르 지역사회의 공정무역
>
> 에콰도르의 마끼타 꾸슌칙Maquita Cushunchic, MCCH은 1985년에 식품가격이 오르는 것에 맞서기 위해 설립되었다. 현재는 400개의 풀뿌리단체가 함께 마케팅, 교육, 권익신장 등의 활동을 하고 있다.
>
>
>
> 2005년 5월, 에콰도르 퀴도의 마끼다 쿠슌칙 매장 오프닝에서 IFAT 에서 온 그룹과 이야기를 나누는 파드르 그라시아노 마손
> (사진 : 캐롤 월스)

수 있는 기회도 찾고 있다. 하지만 남반구 국가의 정부들은 자국의 수공예품 분야 보호를 위해 관세장벽을 높게 해두기 때문에 이것은 조금 어려운 일이다. AFTF[12]는 아시아와 다른 지역에서 온 주요 바이어들에게 회원단체의(지금은 아프리카 IFAT 회원을 추가해) 제품을 보여주기 위해

인도의 공정무역 시장 구축

공정무역의 개념은 40년 전부터 인도에 알려져 있었다. 차, 쌀, 면화, 수공예품 같은 제품은 국제적으로 공정한 조건에서 생산되고 거래되어왔다. 지금까지 수천 가지 농산물이 공정무역의 혜택을 받았지만, 인도 소비자에게는 공정무역이 잘 알려져 있지 않았다.

현재 인도 공정무역단체는 공정무역을 한 단계 더 발전시켜 공정무역 지역시장을 확장시키고자 한다. 공정무역을 위한 국제자원단체International Resources for Fair Trade, IRFT의 아룬 라스테는 "이제는 인도에서 공정무역 시장을 발전시킬 때"이며 "인도 중산층의 급속한 성장은 인도에 변화의 기회를 주고 있습니다"라고 말한다.

IRFT는 영국 공정무역단체 트레이드크라프트Traidcraft와 함께 인도에 공정무역 제품 시장 구축을 목표로 하며, 새로운 프로젝트인 PROFIT(인도 공정무역 촉진하기Promoting Fair Trade in India)을 시작했다. PROFIT은 인도 내 공정무역 제품을 보증하고, 유통과 소매점 네트워크를 강화하는 독립기관으로의 가능성을 검토하게 될 것이다. "PROFIT은 인도의 가장 가난한 지역사회에 혜택을 주게 될 것"이라고 아룬은 말한다. "지역사회의 일자리와 소득증대 기회는 제한되어 있고, 기존에 존재하는 일자리는 계절적인 영향을 받으며, 박봉에다 착취적입니다. 소규모 회사는 일자리를 제공하고 빈곤을 감소하는 중요한 역할을 할 수 있습니다." 유럽위원회European Commission, EC는 이 프로젝트를 위한 자금의 일부를 지원했다.

매년 방콕 대형 전시장에서 열리는 국제선물박람회Bangkok International Gift Fair에 커다란 부스를 설치한다. 예를 들어 스리랑카의 가스펠 하우스 핸디크라프트Gospel House Handicraft라는 공정무역단체는 중동지역에 물건을 판매하고 있다. 또 서유럽 공정무역단체에서 동유럽제품을 구입하는 북-북 간 공정무역의 경우도 있다. 또 독일 게파공정무역상사는 헝가리에서 허브차를 수입하고, 스위스 클라로Claro는 알바니아에서 올리브유를 수입한다. 그리고 캐나다와 호주 공정무역단체는 자국의 원주민공동체를 지원하고 있다.

공정무역 제품은 더 비싼가

공정무역 제품은 기존시장의 비슷한 제품보다 좀더 비싼 경향이 있다. 예를 들어 중국에서 대량으로 만든 바구니나 도자기를 슈퍼마켓에서 판매하는 것과 손으로 만든 아프리카 제품을 공정무역상점에서 판매하는 것을 비교한다면 이것은 사실이다. 하지만 유기농제품이나 비슷한 고품질의 제품과 공정무역 제품을 비교해봤을 때 꼭 비싼 것만은 아니다.

분명한 사실은 생산자에게 공정한 가격을 지불한다는 것은 대부분 소비자가 더 많은 비용을 부담하게 되는 것을 뜻한다. 하지만 많은 다른 요소를 고려해야 한다. 앞서 말했듯 공정무역은 생산자에게 공정한 가격을 주는 것 이상이다. 공정무역 개념의 필수 요소는 생산자 지원, 대중의 인식 제고, 무역정의를 위한 캠페인 활동이다. 일부 공정무역단체는 예산의 50퍼센트 이상을 이 분야에 지출하는데, 2005년 유럽에서는 교육, 캠페인, 인식 제고, 마케팅활동에 쓴 총비용이 1800만 유로에 달했다.[13] 이런 비용은 소비자가 구입하는 최종 물품가격에 부분적으로 반영되고 있다.

이 문제의 또다른 측면은 소매상의 가격정책이다. 때론 정확하게 동일한 식품이 슈퍼마켓보다 월드숍에서 더 높은 가격으로 판매되기도 하고 그 반대의 경우가 생기기도 있다. 월드숍과 슈퍼마켓 두 곳 모두 동일한 공정가격으로 구매하지만, 마진을 결정하는 것은 각자의 몫이기 때문에 슈퍼마켓보다 월드숍에서 더 많은 마진을 책정하는 경우도 생긴다. 슈퍼마켓은 대량판매로 낮은 마진을 보충하는 것이다.

> **헝가리 공정무역 차**
>
> 독일 공정무역단체 게파공정무역상사는 허브차를 만들기 위해 남부 헝가리에서 서로 다른 종류의 허브를 채집하는 소그룹의 헝가리인과 로마인(집시)과 함께 일하고 있다. 채집방식은 자연채집과 공인된 유기농법으로 이루어진다. 게파의 목표는 구조적으로 고용 가능성이 없는 취약한 로마인 중 혜택받지 못한 그룹을 주로 지원하는 것이다. 게파는 민주적인 작업 그룹을 구성하는 절차도 지원한다.

공정무역이 생산자의 삶을 윤택하게 할까

생산자는 공정무역 시스템의 중심에 있다. 공정무역단체는 가난한 사람들이 소외되지 않고 혜택받을 수 있도록 보증하기 위해 끊임없이 노력한다. 이를 위해 공정무역단체뿐 아니라 공정무역체제를 여러 다른 각도에서 자세하게 바라보는 정부기관과 대학에서 많은 영향평가 연구가 실시됐다.

이러한 대부분의 연구결과에서 흥미로운 점은 공정무역의 영향력이 공정한 가격과 프리미엄을 통한 경제적 수입 증가에 그치는 것이 아니라는 것이다. 공정무역의 영향력은 다른 부분에서 더 크게 발휘되기도 한다. 공정무역이 시장접근을 가능하게 하고 가격개발에 대해 중요한 정보를 제공한다. 중요한 점은 역량을 강화하고 제품의 질을 향상시키고 보다 새롭고 효율적인 기술을 도입하기 위한 전문적 지원이다. 많은 연구는 교육수준 향상, 여성권익 신장, 원주민문화 보전 등의 효과를 보고하고 있으며, 이러한 효과 중 가장 중요한 것은 생산자의 전체적인 권익향상과 시민 사회참여 효과일 것이다.[14]

이러한 직접적인 영향 외에, 공정무역 생산자가 아닌 사람도 광범위하게 간접적 영향을 받는다. 많은 가난한 생산자들의 가장 큰 문제는 가격을 마음대로 결정하고 상품의 무게를 잴 때 속이기까지 하는 지역 상인이나 중개인에게 의존해야 한다는 점이다. 공정무역 중개인의 존재는 지역의 무게 재는 관행이나 가격 정보에 변화를 가져와 궁극적으로 지역의 모든 생산자에게 혜택을 가져올 수 있다.[15] 생산자단체를 조직하는 것은 가격과 운송수단의 독점 상황을 타개하는 데 도움이 된다. 조합이 트럭을 사면 중개인이 마련하는 운송수단에 의존하지 않아도 되기 때문이다.

물론 공정무역 영향력 연구는 약점과 부족한 점도 있다. 공정무역단체는 공정무역 실행을 끊임없이 점검하고, 시스템을 향상시키기 위해 노력하고 있다. IFAT는 공정무역 영향력을 모니터링하기 위해서 모든 회원단체가 공정무역 기준 개선을 위한 목표를 정하고 이에 대한 성과를 2년마다 보고하도록 하고 있다. FLO는 매년 등록된 생산자를 감독하고, 거래내역 흐름을 감사한다. EFTA와 다른 개별적인 공정무역단체는 이러한 효과를 모니터링하는 시스템을 가지고 있다. 예를 들어 이탈리아의 CTM 알트로메르카토CTM Altromercato에는 정기적인 모니터링을 목표로 파트너 생산자를 방문하는 프로젝트 운영위원회가 있다.

2005년에 IFAT, EFTA, FLO는 커피, 쌀, 면화, 면섬유, 수공예품의 가치사슬분석을 의뢰했다. 모든 연구의 기본 요구조건은 모든 가치사슬에서 가치가 배가되는 연결고리가 확인되어야 하며, 이 가치는 사회적인 관점(순수하게 시장적 관점과는 다른)에서 평가되어야 한다는 것이다. 이런 방식으로 생산자 관점에서 사회적 비용과 혜택에 대해 알 수 있다. 각각의 연구는 앞으로 공정무역 네트워크가 어떻게 발전해나가야 하는지 방향을 제시하며 끝맺고 있다. 이 책의 6장부터 9장은 이 가치사슬분석 연구에 기반하고 있다.

이 분석은 공정무역이 가져오는 권익신장과 역량강화 효과가 생산자와 농민가족과 지역공동체까지 확대된다는 것을 보여준다. 커피, 면화, 쌀의 경우 공정무역이 유기농법과 통합될 수 있다면, 이것은 생산자의 수입뿐 아니라 건강에도 긍정적인 영향을 줄 것이다. 이 연구들은 공정무역이 생산자의 일상과 기본적인 요구를 충족시키고 품위와 안전 그리고 희망을 가진 삶이 되도록 사회적 질을 향상시킨다고 결론짓고 있다. 많은 수의 농민과 생산자가 생산한 것의 일부만을 공정무역 시장에서 판매하고 있지만, 공정무역을 통해 얻은 부수입이 갖는 경제 가치는 크다. 실질적으로 자족과 독립을 위한 커다란 변화를 이끌어내는 것은 대체로 역량강화, 교육, 대출과 정보에 대한 접근성, 장기적관계 등 비경제적인 효과다.

　세계 곳곳에서는 여전히 많은 사람이 가난하고, 인격적 대우를 받지 못하며, 불안정한 삶을 살고 있다. 노동이나 농산품에 대해 생산자 본인과 가족의 삶은커녕 생산비용조차 감당이 안 되는 불공정한 대가를 받는 사람이 너무 많다. 그렇기 때문에 공정무역이 필요하다. 공정무역의 목표는 이런 상황을 바꾸는 것이다. 소외되고 취약한 생산자와 협력 관계를 맺고 진정한 노동가치가 반영된 가격에 그들의 상품을 판매할 수 있는 시장을 찾도록 지원해 그들의 공동체가 발전하고 희망과 자신감을 가지고 살도록 도와주는 것이다.

　생산자와 농민과 노동자는 공정무역을 통해 더 나은 조건을 갖게 된다. 이것은 더 나은 가격을 의미할 뿐 아니라 더 잘 조직된 공동체와 그들의 권리를 주장하며 공동체를 발전시키기 위해 그들의 무역 상대자와 함께 일할 수 있는 기회를 의미한다.

레무떼떼 렌타리테(왼쪽)와 에워이 록왕(오른쪽)은 투르카나지역 여성이다. 투르카나지역의 여성은 가족의 생계를 책임진다. 투르카나 여성들은 소떼와 떨어져서 수입을 위해 바구니 세공과 다른 수공예품 제작에 참여한다. 레무떼떼와 에워이는 수공예품을 판 돈으로 아이들을 학교에 보내고, 먹을 것을 사고, 가족에게 필요한 것을 구입한다. 레무떼떼는 공정무역으로 두 아이를 학교에 보낼 수 있었다고 말한다(출처: 케냐 운두구공동체).

공정무역은 좀더 책임감 있고 좀더 투명하며 좀더 신뢰를 불러일으키고 지역적·국제적으로 더 큰 효과를 나타내기 위해서 서로 연대하여 세계의 실업자들과 가난한 사람들과의 무역을 확대하고 촉진시켜 우리 모두의 더 나은 미래를 만드는 운동의 선봉에 서야만 한다. 거기에는 더 많은 도전이 기다리고 있다. 공정무역단체들은 그들의 역량을 강화하고 사업관계에 있어 기존의 방식과 다르게 접근해야 하며 인간적인 가치를 계속해서 강조하고 전 지구적 차원에서 협력하며 리더십을 보여야 한다. 우리는 공정무역이 가난한 사람들의 삶을 향상시킬 수 있으며 우리가 함께 빈곤을 퇴치하고 체제를 변화시킬 수 있다는 비전을 끊임없이 보여줘야 한다. 공정무역은 대화와 투명성, 존중에 기반을 둔 대안적이면서 보다 서로에게 관심을 가지는 세상이 가능하다는 것을 보여주었다. 우리는 이 사실을 기뻐해야 한다.

60년 공정무역의 역사

1946년	미국의 텐사우전드빌리지에서 푸에르토리코 바느질자수 제품 구입 시작
1950년대	영국 옥스팜가게에서 중국난민들의 수공예품 판매 시작
1958년	미국 내 첫 번째 공식적인 '공정무역' 가게 오픈
1964년	영국 옥스팜에서 '옥스팜 무역Oxfam Trading'이라는 고유의 무역회사를 만듦
1967년	네덜란드 수입단체 '공정무역기구Fair Trade Organisatie' 설립
1969년	네덜란드에 첫 번째 '제3세계 가게Third World Shop' 개업
1960년대	인도네시아의 마차코스 구 노동조합 페케르띠PEKERTI, 페루의 미니카Minika 같은 남반구 공정무역단체들 설립
1973년	과테말라 소규모농민 협동조합의 커피를 네덜란드에서 처음으로 수입함으로써 수공예품 외에도 식품 관련 공정

	무역 시작
1980년대	네덜란드 교회를 기반으로 한 NGO가 공정무역 마크를 생각해냄
1987년	11개 공정무역 수입업자들이 EFTA 설립
1988년	네덜란드에 막스 하벨라르 상표 사용 시작. 1년 만에 막스 하벨라르 커피의 시장점유율 약 3퍼센트. 독일(트랜스페어), 영국(공정무역재단), 미국 등에서 비슷한 상표 이니셔티브 시작
1989년	IFAT 설립, 전 세계 61개국 270개 공정무역단체로 구성
1990년대	방글라데시 전국공정무역연합 구성(1994), 네팔(1995), 필리핀(1998), 그리고 다른 많은 국가들도 뒤를 따름
1994년	NEWS! 설립
1994년	워싱턴 D.C.에 FTF 설립
1997년	FLO 설립
1998년	FLO, IFAT, NEWS!, EFTA는 FINE이라는 이름으로 비공식 네트워크 구성
1999년, 2001년, 2003년, 2005년	공정무역운동은 시애틀, 도하, 칸쿤, 홍콩에서 개최된 WTO 장관회의에 대표 보냄
2001년	FINE은 공동의 공정무역 정의에 동의
2001년	IFAT의 지역지부로 AFTF 설립. 그후 다른 생산자 지역 네트워크가 남미와 아프리카에서도 구성됨
2004년	공정무역단체 마크가 인도 뭄바이에서 열린 세계사회포럼 World Social Forum에서 IFAT에 의해 시작
2004년	FINE, 브뤼셀에 페어트레이드 어드보카시 사무소 설립
2005년	기존 공정무역 기준과 정의, 절차를 통합하고 개선하기 위한 프로젝트인 품질관리 시스템 시작
2009년	IFAT이 세계공정무역기구World Fair Trade Organization, WFTO로 명칭 변경(옮긴이)

주석

1   마이클 배럿 브라운. FTO Twin 의장. 1988년 '공정무역에 무슨 일이 일어난 걸까?'라는 주제로 진행된 회의가 끝난 후 FTO Twin을 설립했다. 지은 책으로 《공정무역: 국제무역 시스템의 개편과 현실Fair Trade: Reform and realities in the International Trading System》(1993)이 있다.

2   장 마리 크리에르Jean-Marie Krier, 《유럽의 공정무역 2005: 유럽 25개국에서의 공정무역 숫자와 사실들Fair Trade in Europe 2005: Facts and Figures on Fair Trade in 25 European Countries》, 페어트레이드 어드보카시 사무소, 2005년 12월.

3   장 마리 크리에르, 《공정무역 2007: 계속되는 성공신화의 새로운 숫자와 사실들》(33개 소비국에 대한 공정무역 보고서), 네델란드 월드숍 연합, 2008년.

4   부룬트란드 위원회Brundtland Commission, 〈우리 모두의 미래Our common future〉, 1987년. 부룬트란드 위원회는 노르웨이의 국무총리인 그로 할렘 브룬트란드가 의장을 맡은 환경개발계획The World Commission on Environment and Development 산하에 있다.

5   www.tenthousandvillages.com

6   이 정의는 2001년 12월에 FLO International, IFAT, NEWS!, EFTA가 동의했다. 이 네 개 단체가 함께 일할 때는 단체 이름의 앞 글자를 따 'FINE'이라는 이름으로 알려져 있다.

7   이 숫자는 정규직 인원을 가리키나 월드숍 직원의 대부분은 시간제로 근무한다. 장 마리 크리에르, 《공정무역: 국제무역 시스템의 개편과 현실》.

8   www.fairtrade.net

9   다른 인증마크를 사용하는 미국과 캐나다도 국제적인 FLO의 기준에 따르고 있다.

10 www.wfto.com

11 클라리벨 데이비드Claribel David, 〈젠더에 관한 보고서: APFTI, 필리핀 및 IFAT 실행위원회 위원Philippines and member of IFAT Executive Committee writing on gender〉, 2004년.

12   아시아공정무역포럼Asia Fair Trade Forum. 아시아 10개 국가를 회원으로 두고 있는 IFAT 지역 포럼(AFTF는 2009년부터 WFTO-ASIA로 바뀌었으며, 14개 회원국에 90개 공정무역 단체가 가입되어 있다_옮긴이).

13   장 마리 크리에르, 《유럽의 공정무역 2005: 유럽 25개국에서의 공정무역 숫자와 사실들》, p. 9.

14   니콜스와 오팔 공저Nicholls and Opal, 《공정무역: 시장이 이끄는 윤리적 소비Fair Trade: Market-driven ethical consumption》, sage, 2005년.

15   Miel Maya Honig(벨기에에 있는 멕시코와 과테말라 양봉업자를 위한 공정무역 NGO_옮긴이): 《꿀벌과 인간, 꿀과 공정무역: 멕시코 마야인의 예Des abeilles et des homes, Miel et commerce equitable: l'exemple du mile Maya au Mexique》, 벨기에, 2003, p186.

2장

국제무역의 모순과 그에 대한 공정무역의 대답

아냐 오스터하우스 Anja Osterhaus
베를린과 멕시코에서 정치학과 국제관계를 공부했으며, FLO·IFAT·NEWS!·EFTA에서 공정무역 옹호활동 조정가로 일했다. 저자는 이 글을 쓰는 데 도움을 준 찰리 포프, 헤르만 반 벡, 앤 프랑수와 타스에게 감사의 말을 전한다.

미래의 역사학자들이 공정무역운동을 세계경제를 다시 디자인 하려는 실험으로 여긴다고 해서 그리 놀랄 것 없다. 그들은 지금 틈새시장에서 원칙들을 시험하고 있지만 어느날 그것은 지속가 능한 세계무역을 위한 기준으로 발전할 수도 있다.

-볼프강 삭스Wolfgang Sachs,

(〈공정한 미래Fair Future〉, 부퍼탈연구소, 2005. 4)

미국의 면화농장은 1년 평균 14만 4천 달러, 즉 매일 약 400달러를 정부로부터 지원받고 있다. 면화가 국가수출의 80퍼센트를 차지하는 서아프리카의 베냉Benin의 1인당 GDP는 연 380달러다. 전 세계 2천만 명의 면화 생산자 중 오직 3만 명만이 미국에 있다. 미국 면화농민은 많은 액수의 정부 보조금을 받아 생산한 면화를 세계시장에 판매한다. 그들은 개발도상국 면화 값을 떨어뜨리고 농민들의 수입을 낮추는 역 할을 하고 있다.

이러한 가격 덤핑 현상을 막고 면화의 세계시장가격을 올리기 위해, 베냉·부르키나 파소·차드·말리 정부는 2005년 12월 홍콩에서 열린 제6차 WTO 각료회의에서 면화에 대한 정부지원의 과감한 축소를 요구하는 제안서를 상정했다. 홍콩의 한 관련 토론회에서, 유럽 각료들은 이 이슈에 대해 강력한 목소리를 냈다. 독일의 경제협력개발 장관인 하이데마리 비초렉 초일은 면화 정부지원은 "새천년개발목표Millenium Development Goals, MDGs에 명확하게 반하는 것"이라고 말했으며, 영국의 국제개발장관 힐러리 벤Hilary Benn은 면화 이슈를 두고 "홍콩회의가 개발을 촉진시킬 수 있을지 없을지에 대한 우리의 헌신을 가늠할 척도"라고 말했다.[1]

'저개발국가에서 생산된 면화는 부국시장에 자유롭게 수출할 수 있게 될 것'이라는 면화에 대한 동의안이 긴 협상 끝에 도출되었다. '면화협정'은 빈국들의 발전을 위한 큰 도약으로 환영받았다. 그러나 그것이 실질적으로 큰 변화를 가져오지는 않을 것이다. 부국이 자국 면화 농민에 대한 정부지원금을 계속 지급하는 한 아프리카의 생산자들은 경쟁 상대가 될 수 없다.

이런 사례는 부국들이 수만 명의 가난한 사람들이 받게 되는 영향에는 상관하지 않고, 자국의 이익만을 보호하려는 세계무역협상의 상황을 보여주는 한 예다. 유럽연합EU의 공동농업정책 역시 빈국들에 미치는 악영향 때문에 비판받고 있는 또 하나의 사례다. 매년 EU는 유럽 농가뿐 아니라 테이트 앤드 라일Tate & Lyle, 혹은 네슬레 같은 거대기업에게도 수백만 유로를 지원하고 있다. 수요를 웃도는 설탕과 다른 농산품들은 해외 가난한 농민들의 생활을 파괴하며 세계시장에서 헐값에 팔리고 있다.

국제무역 구조의 문제점은 무엇인가

다자간무역협정은 궁지에 몰리고 있다. 통상장관들은 2005년 12월 홍콩에서 개최된 WTO 회의에서 주요 논쟁사안에 대한 합의점을 찾지 못했다. 이러한 협상은 왜 어려운 것일까?

자유무역 패러다임에 따르면, 국가간 상품·서비스·금융의 자유로운 흐름이 가장 효율적인 무역 모델이다. 데이비드 리카도David Ricardo[2]의 비교우위이론에 따르면, 국가는 상대적으로 생산에 유리한 것을 수출하고, 생산에 불리하거나 생산 자체가 불가능한 것을 수입한다. 결과적으로, 자유무역 질서에서 수출입하는 국가 모두가 이익을 취하게 되고 국제무역은 모든 참여자들에게 이익이 될 것이다. 그러나 이것은 이론상의 이야기일 뿐 현실은 매우 다르다.

> **우리는 지금 위기를 맞고 있다 — WTO 사무총장 난국돌파를 위해 노력할 예정**(2006년 7월 1일)
>
> 장관들은 관세와 농업보조금의 구체적 삭감을 위해 필요한 양식이나 잠정적 동의안에 대해 견해 차이를 좁히지 못했다. 회원국들은 사무총장 파스칼 라미Pascal Lamy에게 최대한 빨리 타협안을 조정해줄 것을 요청했다. 회원국들은 또한 이 협상이 지금 위기를 맞고 있음을 언급한 사무총장의 발언에 공감했다(출처: www.wto.org).

달콤한 언어는 가혹한 현실을 감춘다

WTO의 레퍼토리는 '평등한 대우' '무차별' 그리고 '도하개발어젠다' 같은 품위 있는 개념들로 가득하다. WTO 협상은 모든 협상 당사국이 협상을 맺은 파트너 국가의 시장에 대해 동등한 접근권을 가지고 있음을 의미하는 무차별주의와 호혜주의의 긍정적인 원칙에 기반을 두고 있다. 또 모든 회원국은 다른 WTO 회원국에게 자국시장에 대한 접근권을 허용해야 한다. 이것은 무역자유화를 뒷받침하는 원리다. 그러나 이 획일적 접근은 각국의 발전 정도와 사회·환경·문화적 전통 그리고 그에 따라 우선시되는 것을 고려했을 때, 국가 혹은 지역 사이에 존재하는 차이를 제대로 반영하지 못한다.

경제도약기에 어느 정도 자국산업 보호정책과 강력한 자국시장이 없었다면, 현재 경제적발전을 거둔 국가 중 어느 하나도 지금 같은 부를 축적하지 못했을 것이다. 한 국가의 경제가 너무 일찍 혹은 너무 빠른 속도로 세계경쟁 시스템에 노출되면 취약한 분야들은 붕괴되고 만다. 그래서 공업화된 국가들은 자국시장이 세계경쟁에서 충분히 버틸 수 있을 만큼 강해졌을 때에야 비로소 시장을 개방했다. 그 사례로 영국은 세계경제를 이끄는 일인자였던 시기, 즉 산업화가 완료된 이후에 자유무역을 시작했다. 미국은 19세기에 산업화되었고, 20세기 대부분을 관세장벽과 보호주의로 무장했다. 만약 영국과 미국의 경제발전이 자국산업을 보호하면서 얻어진 것이라면, 왜 그들은 지금 빈국들에게 취약한 경제시장을 개방하라고 요구하는 것일까?

WTO는 창설될 때 아리스토텔레스가 남긴 "부정의는 평등한 사람들을 불평등하게 대우할 때는 물론, 불평등한 사람들을 평등하게 대우할 때도 발생한다"는 고대의 지혜가 담긴 격언을 고려하지 않았다. 대부분의 개발도상국은 무역협상을 할 때 약자의 입장에 처한다. 비록 그들은 1국 1표제[3]의 WTO 체제에서 주류를 형성하고 있지만, 빈국들은 진행되는 모든 협상에 적극적으로 참여하는 데 있어 그 역량이 부족하고, 가끔은 배제되기도 한다. WTO 회원국에는 29개의 저개발국[4]이 있는데, 이중 12개 국가만이 매일 협상이 진행되는 제네바에 사무실을 두고 있다. 한 저개발국 협상가는 이 상황을 두고 다음과 같이 말했다. "우리는 일주일에 약 50번의 회의를 하는데, 대부분의 저개발국은 협상에 참여할 수 있는 역량이 없습니다. 우리는 선진국들이 저개발국 협상가들을 비공식적인 자리에서 코너로 몰아넣는 것을 많이 보게 됩니다. 그리고 그들은 저개발국이 저항하지 못하도록 하기 위해 원조와 투자에 대한 약속과 위협을 동시에 합니다. 돈을 주겠다는 누군가에게 반대표를 던지는 것은 심리적으로 굉장히 어려운 일이죠. 그것은 뇌물수수가 일어나는 것과 같은 원리입니다."[5]

그러므로 협정들은 그것들이 내포하고 있는 의미에 대한 완전한 이해 없이 맺어진다. 그럼에도 WTO 동의안은 법적 구속력이 있고, 모든 WTO 회원국들은 분쟁해결기구에 다른 국가에 의해 부과되는 제한적 무역에 대해서 이의를 제기할 수 있다. 따라서 WTO는 전례 없는 파워를 가지고 있다고 볼 수 있으며, 현재 다른 어떤 국제기구보다 더 강한 영향력을 행사한다. 인권협약, 국제노동권 혹은 다자환경협약 같은 다른 협약들은 강력한 실행 메커니즘을 동반하지 않는다. 결과적으로, WTO의 결의사항은 위 협약들보다 우위를 차지하면서 사회·환경적 가치보다 무역이중시되는 불균형을 만들어낸다.

모두를 위한 윈윈 게임인가

무역자유화는 성장을 돕거나 가난한 이들에게 혜택을 준다는 증거가 없다고 지적하는 연구자들이 점점 늘어나고 있다.[6] 도움이 되기는커녕, 세계은행World Bank이 이미 2000년에 지적한 것처럼 하루 2달러 미만으로 살아가는 인구 수가 1980년 이래 50퍼센트 증가해서 지구 전체 인구의 절반에 가까운 28억 명에 이르고 있다. 이 시기는 가장 활발하

> **⑥ 지역간 · 양자간 무역협상**
>
> 1995년 1월 WTO의 탄생 이래 250개, 즉 연평균 20개의 지역무역협정 Regional Trade Agreements, RTA이 WTO에 신고되었다. 관세일반무역협정GATT 시기에 연평균 3개 이하였던 것과 비교했을 때, RTA가 급격하게 증가하고 있다. 정의를 내리면, 이 모든 지역무역협정이 WTO다. 다시 말하면 RTA는 다자간 수준에서 일어나는 자유화보다 더 강도 높게 무역을 자유화시키고자 한다. 양자간 그리고 지역간 협상에 대해 늘어나는 관심은 WTO 협상의 위기를 암시한다.
>
> 양자간 · 지역간 협상이 협상 테이블에서 약자에게 비우호적일 수 있다는 것은 우려할 만한 사항이다. 약자인 빈국들은 동시에 진행되는 여러 개의 협상에 대처할 능력이 부족하고, 사회와 경제 다양한 분야에 무역협정이 끼칠 영향력을 진단하는 데 필요한 자원을 충분히 가지고 있지 않으며, 협상 상대 부국으로부터의 대외 원조는 압력 등에 무방비 상태가 된다.
>
> 그런 반면에 지역협정은 또다른 기회를 제공한다. 남-남 국가 간의 협정이 인접국가 간에 체결될 경우 협상자들이 그들의 개발요건을 협상 전략에 포함시킬 수 있고 기존의 세력 불균형을 상쇄할 수 있다면 유익할 수 있다.

게 무역자유화가 일어났던 시기와 정확하게 일치한다.[7]

무역자유화는 일부 국가가 세계시장에 좀더 수월하게 접근해 새로운 기회를 활용하는 동안, 대부분의 빈국에게는 구체적인 이득을 가져다 주지 못했다. 국제무역에서 아프리카 남부지역이 차지하는 비중은 지난 수년간 감소했다. 비슷한 상황이 최빈국에서도 발생하고 있다. 국제연합무역개발회의UNCTAD는 최빈국들이 우루과이라운드(1986~1994년에 있었던 무역협상)에서 합의된 협약 이행의 결과로, 수출에서 1억

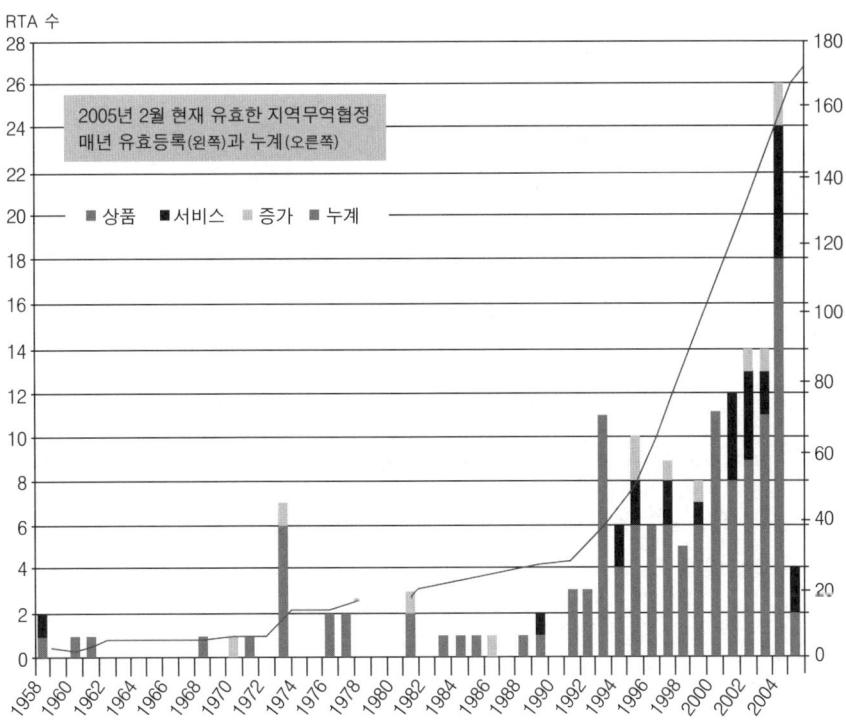

GATT/WTO에 통보된 지역협정 및 유효등록(1948~2005)

(출처: 크로포드 & 피오랜티나Crawford & Fiorentina, 〈지역협정의 변화 전망The changing landscape of regional areements〉, WTO Publications, 2005 p. 2.)

6300만 달러에서 2억 6500만 달러의 손실을 보았다고 추정하고 있다.[8] 수많은 사례들이 무역자유화를 통해 증가한 경쟁이 어떻게 지역간 무역과 지역 생산을 파괴하는지 보여주고 있다.

그렇다면 무역자유화는 왜 지속되는 것일까? 공업 생산품에 대한 평균관세는 1945년 40퍼센트에서 1995년 4퍼센트로 감소했다.[9] WTO 체제 아래에서, 다자간 무역협상은 궁지에 몰리는 동안에 더 많은 양자간·지역간 무역협정이 진행되고 있다. 지속가능한 개발을 위한 국제연구소[10]는 '국제무역 및 투자에 관한 협정은 성급한 지역주의의 명백한 징조를 보이고 있다'는 것을 발견했다.

무역자유화의 동력

자유무역협정의 문제점에 대한 모든 우려와 증거에도 불구하고, 여전히 자유무역협정이 의제로 존재하는 데는 여러 이유가 있다. 유엔개발기구UNDP의 한 연구는 "대부분의 개발도상국은 '배제의 공포'와 미래의 일방적인 특혜가 가져올 불확실성에 의해 동기부여를 받는 것으로 보인다"는 결론을 내렸다. 이 연구는 "양자간 협상은 일반적으로 국가 정상들의 방문 중에 나오고, 우호관계의 징표로 드러난다"는 것을 알아냈다.[11]

그러나 무역자유화를 이끄는 실질적인 동력은 민간경제다. 세계적으로 상위 50개 다국적기업은 전 세계 무역의 70퍼센트를 차지하고, 그중 반은 한 회사 내에서 이루어진다.[12] 그러나 WTO협정은 기업보다는 정부정책과 실행효과에 적용된다. 이것은 기업가적 노력을 방해하는 나쁜 정부를 규제하려고 했던 GATT의 기본원칙에 의한 것이다. 이것은 기업보다 정부가 훨씬 더 막강한 파워를 가졌던 이전 세계에서 유래된 것이다. 지금은 상황이 변했지만 규칙들은 변하지 않았다. 그 협정들은 여전히 기업들을 규제하는 대신 정부를 규제한다.

강력한 로비그룹의 영향력은 무역협정에 직접적으로 반영된다. 앞에서 언급한 면화협정은 수많은 사례 중 하나일 뿐이다. 설탕, 쌀, 유제품 같은 농업 수출을 위해 주요 경제주체들은 350~900퍼센트의 관세를 유지하고 있다. 반면 많은 개발도상국들은 세계은행과 국제통화기금IMF 원조의 조건으로 그들의 관세와 비관세장벽을 줄일 것을 강요당하고 있다.[13]

왜 농산품가격은 낮을까

경제학자들은 설탕, 커피, 카카오, 면화 같이 빈국에서 생산되는 농산품을 위한 시장이 제조품시장과는 다르게 움직인다는 것을 알아냈다. 농산품시장에서의 무제한 경쟁은 바닥을 향한 경쟁을 부추긴다. 농민이 돈을 벌고 싶어도 농사를 짓는 것 외에 다른 대안은 없고, 그 이후에는 가격이 계속해서 낮아진다 하더라도, 더욱더 많이 생산해낼 수밖에 없다.[14]

이러한 사실은 1950년대부터 1980년대 초기까지 농산품가격 형성에 관여했던 유엔 기구와 정부들이 상당 부분 조장했다. 국제농산품협정은 커피, 카카오, 고무, 설탕 그리고 다른 필수 농산품의 가격을 통제했다. 정부 주도의 시장거래위원회는 농민과 대규모 국제 농산품 무역

1980년 이후 농산품가격 변화(US달러/톤)

	1980년(인플레이션 포함)	2002년 가격	(2002/1980)
야자나무 열매	904	260	28.8
코코넛오일	1439	420	29.2
팜유	1345	312	23.8
설탕	553	126	22.8
카카오	6174	1190	19.2
커피	8696	1234	14.2
차	4061	1920	47.3
후추	4303	1550	36.0
황마	804	400	49.7
면화	3656	793	21.1
고무	3117	650	20.9

(출처: 피터 로빈스Peter Robbins, 《훔친 과일Stolen fruit》, 2003, p.9.)

회사 사이의 중개인 역할을 했다. 많은 사례에서 농민은 이 중개를 통해 어느 정도는 가격 교섭능력을 가질 수 있었다. 그러나 1980년대 초반 시장지향 정책들이 나오면서 (적어도 개발도상국에서는) 시장에 대한 개입은 가능하거나 바람직한 것으로 받아들여지지 않았다. 대신 가격자유화와 결합된 시장의 자유로운 경제활동이 자원과 복지소득을 배분하는 데 가장 효율적인 방법으로 생각되었다.[15]

농산품가격은 그후로 계속 하락하고 있다. 1970년대에서 2000년 사이에, 설탕·면화·카카오·커피 같은 개발도상국의 주요 수출농산품의 가격은 30~60퍼센트 떨어졌다.[16] EC에 따르면, 1980년대 후반 국제적 개입정책의 철회와 1990년대 개발도상국의 농산품시장 개혁은 농산품 분야, 특히 시장의 요구에 따라 고군분투하는 소농생산자를 외면

했다. 오늘날 다양한 농산품의 가격 변동이 심하고, 장기적으로 하강하는 추세에 있기 때문에 생산자들은 예측하기 어려운 상황에서 생활하고 있다.[17]

현재 IMF와 세계은행이 진행하는 구조조정 정책이 종종 문제를 야기한다는 사실은 널리 알려져 있다. 개발도상국은 생계농업 같이 비효율적인 생산에서 자국에 엄청난 현금을 가져다 줄 것으로 여겼던 수출지향 생산으로 변화하기를 강요받았다. 그러나 비슷한 조건, 제한된 선택사항과 투자 가능성 때문에 많은 빈국들은 결국 같은 농산품을 생산할 수밖에 없었고, 이 때문에 많은 농작물의 잉여공급이 증가했다. 결과적으로 이 농산품들의 최저가격선이 붕괴되었다. 식량농업기구Food and Agricultural Organisation, FAO는 농산품가격 하락으로 인한 개발도상국들의 전체 손실을 1980년에서 2002년까지 약 2500억 달러로 추정한다. 수출지향 생산은 자국식량 수급불안과 함께 경제불안 요소인 식량수입 의존도를 높이고 지역 식량공급과 전통을 파괴한다.[18] 또 수출지향 생산은 시장의 독과점화를 야기시켜 대규모 식품무역업자들의 가격 교섭력을 증대시킨 반면 소작농과 영세무역업자들을 무력화시킨다.

수백만의 가난한 농민은 농산품과 그들이 수확하면서 받게 되는 가격에 의존하고 있다. 약 50개 개발도상국에서는 세 종류 이하의 1차 농산품 수출이 수입의 대부분을 차지하고 있다. 이 문제의 해결이 시급하다. 그러나 농산품가격 문제는 국제 포럼에서 오랫동안 외면당해왔다. WTO와 GATT의 36번, 38번 조항에 문제가 있다는 것을 밝혀냈음에도 불구하고, 이 쟁점을 WTO 협상 테이블로 다시 가져왔던 코트디부아르·케냐·르완다·탄자니아·우간다·짐바브웨의 시도는 실패했다(72쪽의 GATT 조항을 보라).

시장은 왜 가난한 사람들을 도울 수 없는가

자유무역은 전혀 자유롭지 않을뿐더러 강국의 이익에 부합해가며 본연의 색을 잃고 있다. 그럼에도 불구하고 만약 국제무역이 정말로 자유롭다면 실제 빈곤을 극복하는 데 도움이 될까?

자유시장 이론의 전제는 '완벽한 정보'의 접근성이다. 이는 생산자와 무역업자가 현재와 미래의 시장 발전에 영향을 미치는 모든 요소에 대해 완벽하게 정보를 공유하는 것을 의미한다. 그러나 라디오, 신문, 인터넷 혹은 통신에 대한 접근이 제한적인 생산자들이 어떻게 가격과 관련된 정보를 얻을 수 있을까? 정보를 완벽하게 얻을 수 있다고 가정했을 때, 자유시장 이론은 상품의 가격이 낮아지면 생산자들이 다른 상품으로 쉽게 전환할 수 있다고 전제한다. 그러나 이것은 대부분의 빈국 소작농에게는 적용되지 않는 이야기다.

또다른 시장 실패는 대출에 대한 접근이 어렵다는 점이다. 대다수의 시골지역에는 소작농이 필요로 하는 소액대출 서비스를 하는 은행이 없다. 생산에 필요한 자금이 없는 소작농이 대출을 받을 수 없으면, 질적·양적 투자가 어려워진다.

또 비록 빈국의 소작농이나 소규모 생산단체가 북쪽의 고도로 기계화된 경쟁자들보다 적은 비용으로 질이 더 좋은 상품을 생산해낼 수 있다고 해도 시장 접근이 어렵다. 시골 지역에는 인근 항구나 더 큰 시내로 상품을 운반하는 기반시설이 갖춰져 있지 않을 수도 있다. 운반수단이 존재한다 해도, 그들이 비용을 감당할 수 없는 정도일 경우가 많다.

미국이나 유럽시장에 진입하기 위해 갖추어야 하는 기준과 의무사항이 계속 변하는 상황에서 개발도상국의 생산자가 어떻게 정보를 얻을 수 있을까? 국제무역이 무역 사슬에서 약자에게 이익을 주기 위해서는, 특히 빈국의 소작농이나 비주류 생산자의 이익을 위해서는 이러한 시장 장애요인들을 체계적으로 보완해야 할 필요가 있다.

공정무역이 정책결정에 줄 수 있는 교훈

유엔은 불공정한 무역 규정으로 인해 빈국이 하루에 20억 달러씩 잃는다고 추정한다. 이는 그들이 원조로 받는 액수의 14배다.
ㅡUNCTAD, 2001년 저개발국 컨퍼런스에서

우리가 공정한 무역을 만들기 위해 할 수 있는 것은 정치인에게 부조리한 현실을 바꿔줄 것을 요구하는 동시에 공정무역 제품을 구매하는 것이다. ㅡ크리스 마틴 콜드플레이 Chris Martin Coldplay

나는 집에서 공정무역 바나나를 먹는다. 이 사실을 외부에 알리지 말아 달라. 나는 중립을 지켜야만 한다.

ㅡ파스칼 라미 Pascal Lamy (WTO 사무총장)

상품의 적정가격은 가능한 최저수준에 고정되어서는 안 되며, 생산자가 적절한 영양상태와 다른 조건을 보장받는 생활을 영위하도록 충분한 수준으로 결정되어야 한다. 상품가격이 그 수준 이하로 떨어지지 않도록 하는 것은 모든 생산자의 권리이며, 소비자는 가격이 그 수준 이하로 떨어지기를 기대할 권리가 없다.

　　　　　　　　　　－존 메이나드 케인즈John Maynard Keynes

공정무역을 장려하는 것은 소비행위와 윤리적 가치 보호, 인간의 존엄성을 조화시키는 것이다. 　－자크 시라크 전 프랑스 대통령

수 년 동안, 남북의 공정무역단체들은 무역질서의 급격한 변화를 외치는 운동을 펼치고 있다. 동시에 파트너십·투명성·존중에 기반하고 생산자에게 공정한 대우를 해주는 대안무역 시스템이 만들어졌다. 빈국을 위한 세계무역협정은 가난한 사람을 구제하는 데 실패했지만, 공정무역 시스템은 빈곤퇴치와 지속가능한 발전에 효율적이라는 것이 증명되고 있다. 무역정책 결정에 있어 공정무역으로부터 얻을 수 있는 교훈은 무엇일까?

▎지속가능한 개발과 빈곤감소를 위한 하나의 수단이다

공정무역운동에서 무역은 빈곤과 싸우는 하나의 수단이다. 지난 50년간 무역이 이 목표에 기여하도록 하기 위해서 경험과 계속적인 영향평가를 바탕으로 정교한 규정을 가진 시스템이 개발되었다. 무역활동은 독립적으로 고려될 수 있는 요소가 아니다. 공정무역 시스템은 무역에 여러 가지 활동을 결합하는 것이다. 그러한 활동은 필요한 정보를 제공함으로써 시장접근에 대한 지원을 한다거나 선지불·장기적관계에 대한 약속 등을 포함한다. 그리고 생산비용과 생활할 수 있을 만한 임금을 지불할 수 있는 고정적인 가격을 형성하는 것도 의미한다.

▎소규모 생산자를 무역정책 결정과정에 참여시킨다

중소기업은 개발과 빈곤감소 그리고 고용창출에 있어 가장 중요한 열쇠다.[19] 개발을 가져다 주는 무역을 위해, 무역협정은 중소기업의 수입과 기회를 늘리는 방향으로 디자인되어야 한다. 그러나 소규모 생산자와 비주류 생산자에 대한 무역협정의 영향력은 예외적으로 평가되고 있을 뿐이다.

1998년 이후로 EU의 다자간·지역간 무역협상의 지속가능성 영향평가Sustainability Impact Assessments, SIA는 외부 컨설팅회사에 의해 실시됐다.[20] 그들은 EU 무역협정의 사회적·경제적·생태적인 영향을 평가하며, 이것은 모든 무역협상을 위해 필요한 조건이다. 그러나 SIA가 WTO 혹은 양자간 협정에서 EU의 협상 입장에 영향을 끼친다는 증거는 없다. 또 SIA가 더욱 평등하고 지속가능한 방향으로 무역 관련 정책의 긍정적 효과가 퍼져나가도록 한다거나 무역자유화의 부정적인 영향을 완화시키는 데 도움을 주는 정책이나 수단을 만들어가는 데 주도적인 역할을 하고 있다는 증거는 어디에도 없다. 대신 SIA의 방법론은 무역협정의 부정적인 영향이 발견되었을 때 이른바 '완화와 개선수단'이라고 불리는 일부 관련 보조수단의 방향을 예측하는 역할만을 할 뿐이다.

활발한 주주 참여를 통한 영향평가는 실제로 쉽지 않은 작업이며 엄청난 전문지식이 필요하다. 문제는 대부분 소작농은 정책결정 과정에서 그들의 목소리를 반영할 수 없다는 것이다. 소규모의 가난한 농민은 매일 농사일을 하는 것만으로도 충분히 바쁘고, 또 그들에게는 정보를 접할 수 있는 필수 접근수단이 부족하다. 가난한 농민이 무역정책에 대한 인식을 높이고 그들의 목소리를 낼 수 있는 능력을 키우는 것은 어렵지

> ### 주주로서의 생산자 : 아그로페어의 사례
>
> 공정무역단체인 아그로페어AGROFAIR는 유기재배된 공정무역 열대과일 수입 및 유통단체다. 과일 생산자가 지분의 50퍼센트를 보유하고 있으며, 정책결정권을 가지고 장기적 무역관계를 보호한다. 생산자들은 아그로페어의 이사회와 연례 주주총회에 대표를 보낸다. 아그로페어는 모든 생산품을 중개업자의 손을 거치지 않고 생산자 혹은 생산단체로부터 직접 구입한다. 생산품은 대부분 가나, 에콰도르, 코스타리카, 페루, 부르키나 파소 그리고 도미니카공화국에서 수입한다. 아그로페어의 상품들은 벨기에, 덴마크, 네덜란드, 핀란드, 이탈리아, 오스트리아, 스위스, 영국에서 판매되고 있다.
>
> (출처 : www.agrofair.com)

만 매우 중요한 일이다. 그들 고유의 생산지와 관련된 정책결정에 생산자와 노동자가 참여하는 것은 올바른 방향으로 나아가는 핵심 단계다.

공정무역운동은 다양한 방법을 통해 생산자의 참여를 장려한다. 예를 들어 공정무역운동은 생산자의 권리에 대한 의식 고양과 역량강화를 위해 공정무역 프리미엄Fair Trade premium[21]을 어떻게 사용할 것인지 결정하는 과정에 생산자와 노동자가 참여하도록 한다. 일부 사례에서 생산자들은 공정무역 수입위원회에 참여하거나 주주가 됨으로써 기업활동의 전략적인 결정에 체계적으로 참여하고 있다.

상품의 최저가격을 보장한다

최근 연구는 농업 빈곤층, 즉 개발도상국의 대다수 국민이 상품가격 하락으로 가장 많이 피해를 입었다는 사실을 밝혔다. 개발도상국의

50퍼센트 이상이 1차 농업에 종사하고 있으며, GDP의 33퍼센트를 차지한다.[22] 빈곤에서 그들을 끌어내기 위한 국제적 공약들이 달성되기 위해서는, 행동으로 옮기는 것이 시급하다. 공정무역의 경험은 안정된 최저가격 보장이 착취에서 벗어나는 효과적인 방법임을 말해주고 있다.

공식적인 가격 조정은 많은 경우 여전히 존재하고 있다. EU의 공동농업정책은 많은 농산품의 공급가격 결정에 상당 부분 관여한다. 세계에서 가장 중요한 상품인 석유는 석유수출국기구OPEC 회원국의 수많은 정치적인 차이에도 불구하고, OPEC에 의해 그 가격이 통제되고 있다. 모든 국가들은 관세, 비관세장벽과 같이 자국시장에 외국상품의 공급을 통제하는 수입제한제도를 운영하고 있다. 비규제 가격조차도 대규모 무역회사의 투기성활동을 통해 주기적으로 그리고 실질적으로 영향을 받고 있다. 그렇다면 왜 수백만의 가난한 생산자와 노동자의 생존에 필수적인 상품가격은 국제수준에서 규제될 수 없는가?

공급관리에 관한 논의는 국제포럼으로 되돌아갈 필요가 있다. WTO와 코토누협정Cotonou Agreement 같은 국제협정들은 그러한 대책들을 사전에 논의해야 한다. 2006년 6월 아프리카 그룹은 WTO 체제에서 이 이슈를 처리할 것을 요구했다.[23]

| 불평등한 파트너에게는 불평등한 대우를 해야 한다

공정무역 시스템은 학대와 노동착취로부터 생산자와 노동자를 보호하는 규칙과 메커니즘을 발전시켜왔다. 그러나 국제무역에서는 무역 파트너 간의 차이가 고려되지 않은 채 '평등한 대우'의 일반적 룰이 적용되고 있다. 지금 개발도상국 특별대우Special and Differential Treatment는 WTO에서 그저 빈 박스보다도 못한 존재다(WTO의 박스란 국내보조금 감

국제협정 내 공급관리

GATT 36번 조항

4. 많은 저개발국의 체약당사자가 제한된 범위의 1차상품 수출에 지속적으로 의존한다는 것을 고려할 때, 이러한 상품에 대해 세계시장 접근이 유리하고 수락 가능한 조건을 최대한의 조치로 제공할 필요가 있다. 적절한 경우 언제든지 안정적이고 공평하며 채산에 맞는 가격이 달성될 수 있는 조치를 포함하여, 이러한 상품에 대한 세계시장 조건을 안정화시키고 향상시키는 조치를 강구해야 한다. 저개발 체약당사자의 경제발전과 그들에게 증대되는 자원을 제공하기 위해, 국제무역과 수요확대 및 이러한 국가의 실질 수출소득의 역동적이고 지속적인 증대를 허용할 필요가 있다.

GATT 38번 조항

(a) 저개발국 체약당사자가 특별한 이해관계를 가지는 1차상품의 세계시장에 대한 접근이 개선되고 수락 가능한 조건을 제공하기 위해, 그리고 동 상품의 수출을 위해 안정되고 공평하며 채산이 맞는 가격이 달성될 수 있도록 고안된 조치를 포함한다. 이러한 상품에 있어서 세계시장 조건이 안정되고 개선되도록 고안된 조치를 강구하기 위해 국제적 약정을 통한 행동을 취한다.[24]

더불어 EU와 ACP제국(아프리카·카리브해·태평양Africa, Caribbean and the Pacific)의 79개 국가 간 코토누협정[25]은 "가능한 한, 생산자가 가격결정에 참여하고 관여할 수 있도록 해야 한다"[26]고 명시하고 있다. 코토누협정은 23번 조항에서 g) EU와 ACP 국가 간 협력이 공정무역을 장려하는 것을 포함하는 무역 발전을 도와야 한다고 명시하고 있다.

축을 의무화하는 WTO의 규율을 말한다. 허용보조Green box, 생산제한조건의 직접지불보조Blue box, 감축대상보조Amber box가 있다_옮긴이).

특별대우는 무역 규칙에서 예외사항이나 부가적인 수단이 되어서는 안 된다. 그것은 다자간·양자간 무역협정에서 근본적인 원칙으로 인식되어야 한다. 그러나 현실적으로는 ACP의 79개국과 EU 간 협상 같이 철저하게 불평등한 무역 파트너 간 협상조차도 평등한 대우의 개념을 따르고 있다. EU와 모든 ACP 회원국이 2000년에 서명한 코토누협정은 국가 간 존재하는 특혜성협정을 대체하는, 이른바 경제적 파트너십협정Economic Partnership Agreements, EPAs이라 불리는 협정의 제정을 예고했다. 코토누협정은 이러한 무역협정이 지속가능한 개발과 개발도상국의 국제경제 진출을 지원해야만 한다고 명확히 서술하고 있다.[27]

그럼에도 불구하고, EPAs가 관련되어 있는 빈국 대부분에게 불리한 협상이 될 것이라는 우려가 크다. 장기적인 관점에서 ACP가 EU에서 실질적으로 모든 수입상품에 대한 관세를 철폐할 것으로 예상된다. 이는 유럽에서 수출하는 제품과의 경쟁에 노출되는 것은 물론, ACP 회원국이 수입품에 대한 세금을 부과할 수 있는 여지가 줄어든다는 것을 의미한다. 개발도상국은 일반적으로 국내 경제활동에서 충분한 조세수단을 확보하지 못하고, 무역활동에 대한 관세에 의존하고 있다. EPAs 제도로 인한 관세 감소는 개발도상국 정부의 전체 수입 중 10~20퍼센트 정도에 영향을 미칠 것으로 추정된다.

명백하게 불평등한 파트너와의 무역협정은 불평등한 대우와 비호혜주의를 예상해야 한다. 빈국들은 자국경제의 필수 부문에 해가 될 수 있는 무역협정을 수용하는 데 있어 어떠한 강요도 받지 않아야 한다.

특별제도에 더 쉽게 접근할 수 있어야 한다

가난한 혹은 소규모의 경제시장을 위한 특별대우의 개념은 일반특혜관세제도Generalised Systems of Preferences, GSP[28]의 양자간·지역간 규정에 명시되어 있다. 이 제도에 따라 EU와 미국, 일본, 스위스, 캐나다, 호주를 포함하는 다른 선진국은 개발도상국에게 일부 상품에 대한 관세 감소나 면세 같은 무역 특혜를 주고 있다.

유럽의 GSP는 1971년 제정되었고, 이후로 여러 번에 걸쳐 재검토되고 변화해왔다. 통상적으로 'GSP+'라 불리는 이 제도는 인권·노동권, 환경보호, 마약퇴치, 좋은 정부 등에 대해 국제기준을 이행하는 국가에게 부가적인 혜택을 주고 있다. 이 메거니즘의 확대인 '무기를 제외한 모든 것Everything But Arms, EBA' 이니셔티브는 2001년 2월 도입되었다. 이 일반적 협정은 전 세계 49개 저개발국LDCs의 쌀, 설탕, 바나나 같이 민감한 일부 품목들과 무기를 제외한 모든 제품이 EU 시장에 자유롭게 접근할 수 있도록 허용했다. 이 협정의 목표는 저개발국의 시장접근권을 늘리고 무역을 확대시키는 것이다.

그러나 세계은행의 한 연구는 이 계획의 효력이 별로 없다고 밝혔다.[29] EBA의 도입 후 초기 몇 년 동안 최저개발국으로부터 수입한 EU 농산품의 전체 규모는 다소 감소하기까지 했고, 저개발국은 여전히 EU와의 무역에서 적자에 직면해 있다.

바나나, 쌀, 설탕은 많은 저개발국에게 중요한 수출작물이기 때문에, 이 계획이 주요작물을 완전히 보호하지 못한다는 사실은 사소한 문제가 아니다. 자세히 살펴보면 오직 일부 저개발국만이 이 계획을 활용하고 있는데, 그 이유는 제품의 원산지 증명에 대한 요구사항이 까다롭기 때문이다. 이러한 조건은 매우 제한적이고 비용이 많이 들며 필수

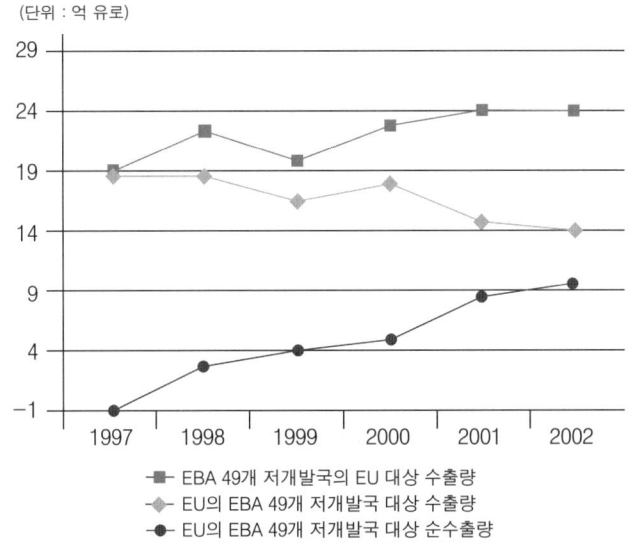

EU와 EBA 체결국가 간 농업무역 추이[30]

(출처: Eurostat, 2003)

증빙자료 제출은 어렵다. 증빙자료 제출에 대한 일부 사례는 거의 불가능하기까지 하다. 원산지 관련 규칙은 무역편차 방지를 요구한다. 이 요구는 실제로 필수적이지만 원산지 규칙은 이 기능을 충실히 하는 것 이상으로 강화되어서는 안 된다. 세계은행의 분석은 최근 제약에 대해 회의적이다. "EU와 미국의 특혜제도를 조절하는 2중 혹은 3중의 절차상 요구들이 EU와 미국 생산자의 이익을 위해서가 아니라 개발도상국의 직물생산자의 이익을 위해 도입되었다는 것을 입증하기란 매우 어려워 보인다."[31] 이 행정상의 장애물은 필수자원을 안정적으로 공급받거나 정보를 상시적으로 습득하기 힘든 소규모 생산자와 수출업자들이 특혜제도를 통해서 수익을 얻는 것을 어렵게 만들고 있다. 대신 이러한 제도는 종종 다국적기업과 그들의 계열사에 이득을 가져다 주며, 이것은 빈국의 국민에게 매우 제한적인 파급효과를 준다.

　효과적인 EBA와 다른 특혜제도를 위해서는, 감소된 관세율에 접근할 수 있는 절차가 간소화되어야 한다. 간소화된 원산지제도는 개발도상국이 시장접근성을 향상시키는 데 도움을 줄 것이고, 더 넓은 범위에서 수출을 위한 다양화를 촉진시킬 것이다. 개발도상국의 소규모 생산자에 대한 추가적 지원은 그들이 기존의 특혜제도를 잘 이용할 수 있도록 하기 위해 필요하다.

가공관세율은 부국에만 이익이나

　공정무역제도에서 점점 중요해지고 있는 점은 가능한 한 제품을 생산지에서 만드는 것이다. 도기, 직물 그리고 다른 수공예품뿐 아니라 말린 과일, 쌀, 커피 같은 식품이 생산국 자체에서 가능한 한 높은 가치가 부가될 수 있도록 가공되고 있다.

　그럼에도 불구하고 원료보다 가공품에 더 많이 부과되는 가공관세율은 이러한 노력에 대한 장애물이자 실질적인 도전과제가 되고 있다. 쌀의 사례를 보자. 2003년 가공되지 않은 쌀의 EU 수입관세는 미터톤 MT당 211유로였다. 탈곡과정을 끝낸 쌀 혹은 현미의 관세율은 미터톤당 264유로였고, 제분과정을 끝낸 쌀의 관세는 미터톤당 416유로였다. 카카오 콩과 초콜릿도 유사하다. EU에서 카카오 콩 수입에 부과되는 관세는 없지만, 초콜릿에는 22.2퍼센트의 부가세가 붙는다. 초콜릿의 주요성분인 설탕에도 관세가 부가된다.

　가공관세율은 부국의 산업을 보호하고, 개발도상국이 자국에서 최소한의 가공과정만을 거친 제품을 수출하도록 압력을 가한다. 일본과

EU에서는 완전히 가공된 식품에 부과되는 관세가 1차 가공을 마친 수입식품에 부과되는 관세보다 2배 높고 캐나다에서는 12배가 높다.[32] 인도의 농산품은 70퍼센트의 가공과정을 거치는 미국의 식품과 달리, 단지 1퍼센트의 가공과정만을 거친다.[33] EU는 개발도상국으로부터 벼 같은 저가상품을 수입하고 가공을 통해 상품의 가치를 높여 정제쌀 같은 가공품을 수출한다.

가공관세율의 적용은 개발도상국을 돕는다는 목표에 부합되지 않는다. 이것은 개발도상국이 오직 원자재 부분에서만 경쟁력을 가질 수밖에 없는 상황으로 내몰고 있다.

지속가능성을 위한 필요조건

국제무역시스템은 비용 면에서 가장 효과적인 생산, 즉 낮은 상품가격에 초점을 둔다. 그러나 현재의 상품가격이 모든 진실을 말해주지 않는다. 왜냐하면 실제적으로 가격이 발생하는 사회적·문화적·경제적·환경적인 비용을 내면화하지 않기 때문이다. 모든 비용이 외면화된다는 것은, 즉 모든 비용이 환경 혹은 사회로 전이되고 상품가격 내로 통합되지 않는다는 것은, 무역구조 내에서 가장 취약한 요소인 생산자, 노동자 그리고 환경 같은 부분이 비용을 짊어지게 된다는 것이다.

공정무역 경험을 통해 얻을 수 있는 결론은, 아마도 무역활동에서 하향경쟁을 막기 위해 사회적·문화적·경제적 문제에 대한 강력한 제도가 필요하다는 점이다. 공정무역의 성공사례를 지켜본 대중의 압력이 대기업들로 하여금 그들의 경제활동에 지속가능성에 관한 기준을 구체화하도록 만들었다. 그러나 수많은 생산자와 노동자가 여전히 받아들이기 힘든 노동 여건과 불안정한 생활로 고통받고 있다. 국제무역 시스템의 구조적 불공정성을 극복하기 위해서는 생산단계의 사회적·환경적 조건이 고려되어야만 한다. 그러나 제품이 생산되는 과정에서 현재의 무역시스템은 기본조건의 어떠한 차이도 고려하고 있지 않다. 특별대우는 지정학적 논리에 따라서만 적용된다.

법률 전문가들은 상품이 생산되는 형식을 의미하는 제조공정방법 Process and Production Method, PPM 제도 내에서 WTO 상품들이 구분될 수 있는 가능성에 대해 논의중이다. 그러한 구분이 가능할 수도 있다는 몇 가지 근거가 있다. 유럽의회는 지속가능성 기준에 따라 관세를 구분하도록 하는 다양한 법안들을 통과시켰다.[34] 공정무역의 경험은 지속가능성 기준이 모든 관계자들의 동의와 함께 제도적으로 통합될 필요가 있음을 말해주고 있다. 현존하는 국제무역협정 내에 그러한 수단의 가능성은 철저하게 평가해볼 필요가 있다. 공정무역의 경험은 이 새로운 과제를 푸는 데 큰 도움이 될 것이다.

결론

만약 공정하고 신뢰할 만한 무역이 가능하다면, 그것은 지속가능한 발전과 빈곤감소를 위한 효율적인 도구가 될 수 있다. 그러나 이 목표에 도달하기 위해서는 무역정책 결정과정에서 엄청난 변화가 필요하다. 국제무역정책 결정이 고립되어 진행되어서는 안 된다. 그것은 다른 정책분야와 일관성을 가져야 한다. 무역규정은 국제적으로 동의를 얻은 정책·환경·문화·사회적 권리에 따라 만들어져야 한다. 최근 국제정책 결정과정에서 우세에 있는 시장지향적 접근법은 다국적기업과 영세업자 간 혹은 산업국가와 공동체적 약소국 간 교섭력의 불균형 문제를 절대로 해결하지 못할 것이다. 무역정책 결정과정에 대한 빈국의 소규모 생산자와 비주류 생산자들의 조직적인 개입만이 현재 무역시스템에서 야기되는 불공정함을 극복하는 데 도움이 될 수 있다.

> ### 정치적 어젠다로서 공정무역
>
> 2009(옮긴이 추가)
>
> - 유럽연합European Union, EU 이사회 회의에서 '개발에 관한 정책일관성 PCD'에 대해 논의. 2010~13년 프로그램 중 무역과 금융부문에서 지속가능한 발전을 위해 공정무역의 우선순위 확인(11월 7일)
> - EU 경제사회위원회는 공정무역 식품·생산품의 규제방식과 관련하여, 공정무역의 가치를 인식하며 공정무역 운동의 원칙들에 대한 의견을 나타냄(10월 1일)
> - 유럽위원회Europe Commission, EC는 유럽의회Europe Parliament, EP의 2006년 〈공정무역과 개발〉 결의안에 대한 대응으로 〈Communication on Fair Trade on 5 May 2009〉를 발행. 여기에서 공정무역에 대한 FINE의 정의를 인식하고 공정무역 의안 발의에 지지를 보여주며 공정무역 상품에 대한 정부의 물자 구매가 개도국의 지속가능한 발전과 빈곤 퇴치를 위해 유용한 도구임을 인정(5월 5일)
>
> 2007(옮긴이 추가)
>
> - 무역을 위한 원조Aid for Trade EU 전략이사회 소속국가 정부 대표자회의에서 EU는 무역을 위한 원조의 환경적·사회적·경제적 지속가능성을 증진시키기 위해 공정무역을 포함하는 적절한 개발 가능성을 탐색(10월)
> - 프랑스 정부는 공정무역에 관한 국가위원회Commission Nationale du

Commerce Equitable, CNCE를 구성하는 법령을 공포. 이 위원회는 공정무역 기준을 준수하는 단체들을 인증하는 일을 하는데, 위원은 기관 대표자 8명, 공정무역 단체 대표자 4명, 소비자, 소매상, 시민단체 관련자 10명 등 22명으로 구성(5월 15일)
- EU의 개발협력 장관 27명과 아프리카, 카리브태평양제국연합 대표 3명은 독일에서 만나 공정무역 같은 사회·환경단체들은 지속가능한 개발과 빈곤 해소를 위한 중요한 도구가 될 수 있음을 인정하는 선언을 통과시킴(3월)
- 무역을 위한 원조에 대한 EP의 보고서 3번 제안은 무역을 위한 원조는 반드시 개도국의 불리한 소규모 생산자들의 시장접근을 향상시켜야 함을 재요청. 이를 위해서 공정무역을 위한 원조에 무역을 위한 원조예산의 10퍼센트가 배정되어야 함을 주장(3월)

2006
- EP, 공정무역운동의 성과를 인정하고, 공정무역을 남용하지 않도록 보호하기 위해 EU 차원의 기준 정립과 공정무역 장려를 제안하는 결의안 채택 (EP 결의안, 〈공정무역과 개발〉 7월 6일)
- 5년의 논의 끝에 국제표준화기구International Organization for Standardization, ISO, 프랑스협의회Association française de Normalisation, AFNOR는 공정무역 관련 참조문 채택
- 벨기에, 공정무역법 논의중

2005
- 12월, 홍콩에서 개최된 제6차 WTO 각료회의에서 공정무역박람회와 심포지엄 개최
- 유럽경제사회위원회European Economic and Social Committee, EESC, 불합리한 윤리적 사업 주장에 대해 소비자를 보호할 것을 강조하는 윤리적 무역과

소비자보증제도Ethical Trade and Consumer Assurance Schemes에 대한 의견 제시(REX/196, 10월 27일)
- 공정무역단체를 공식 인정하는 위원회설립제안법안이 프랑스에서 통과 (법안 2005-882의 60번 조항, 중소기업, 8월 2일)
- '개발을 위한 정책통합-새천년개발목표MDGs 달성을 향한 전진'에 대한 EC의 실천계획(COM(2005) 134 final, 12. 04. 2005)에서 공정무역은 '빈곤감소와 지속가능한 발전을 위한 도구'로 언급
- EP, 회의 때 공정무역 커피와 차만을 제공
- 프랑스 하원의원 앙투안 허스, 보고서 〈공정무역 발전을 장려하는 40개의 제안〉 발행

2004
- EU, '사회경제적으로 책임 있는 무역을 위한 트렌드를 만들어가는' 공정무역에 대한 특별 언급을 포함한 〈농산품 사슬, 의존 그리고 빈곤-EU 행동계획을 위한 제안〉 채택(COM(2004)0089)
- 제11회 유엔무역개발회의United Nations Conference on Trade and Development (브라질 상파울로)에서 공정무역 심포지움 개최. 당시 유엔무역개발협의회 사무총장인 루벤스 리쿠페로Rubens Ricupero는 "나는 공정무역이 오직 성장이라는 한 방향으로만 갈 수 있다고 확신한다. 사람들이 현 질서의 불공정함을 점점 이해하고 있고, 불공정함에 맞서는 무엇인가를 원하고 있기 때문"이라고 말함

2003
- 제5회 WTO 각료회의(칸쿤 개최)에서 공정무역과 지속가능한 심포지움 Trade Fair and Sustainable Symposium은 공정무역의 경험들을 보여줌

2002

- 무역개발통신 : 무역활동을 통해 이익을 취할 수 있도록 개발도상국 지원하기(COM(2002) 513 final, 18.9.2002). "EU는 공정한 무역과 개발도상국에서 생산되는 친환경제품, 유기농제품 거래가 활발해질 수 있도록 지원하도록 한다."

2001

- 유럽집행위원회의 〈글로벌 환경에서의 사회적 발전에 대한 보고〉와 기업의 사회적 책임에 대한 보고서 〈그린 페이퍼Green Paper〉는 공정무역운동과 그 기준, 특히 노동 관행에 대해 더 높은 수준의 법적 인정을 표현함

2000

- 코토누협정은 23 g) 조항과 요약문에서 공정무역 촉진을 명시. 또 "인간적 소비를 의도하는 카카오와 초콜릿 제품과 관련해 유럽의회의 Directive 2000/36/EC"는 공정무역의 장려를 건의
- 유럽의 공공시설, 공정무역 커피와 차 구입 시작

1999

- EC, 〈위원회에서 의회로 보내는 공정무역에 대한 발표문〉 채택(COM(1999) 619 final, 29.11.1999)

1998

- EP, 〈공정무역 결의안〉 채택(OJ C 226/73, 20.07.1998)

1997

- EP, 새로운 공정무역업자의 접근을 용이하게 할 것을 집행위원회에 요구하는 바나나 무역 부문에 대한 〈공정무역법안〉 채택
- EC, 공정무역 바나나가 상업적으로 여러 EU 회원국가에서 성장 가능하다

는 결론을 담은 보고서 〈공정무역 바나나에 대한 EU 소비자의 태도〉 출간

1996

- EU 경제사회위원회, 〈유럽 공정무역운동에 대한 의견〉 채택

1994

- EC, 남반구와 북반구에서 공정무역을 강화시키는 작업에 대한 지원과 공정무역 관련 EC 워킹그룹 조성에 대한 집행위원회의 의지를 선포하는 〈대안무역에 대한 선언서〉 준비
- EU의회, 〈남-북 무역의 공정성과 결속 촉진 관련 결의안〉 채택(OJ C 44, 14. 2. 1994)

*업데이트 정보는 www.fairtrade-advocacy.org 참고할 것

주석

1 "세계무역기구 면화 이니셔티브에 대한 동의Caucus on WTO Cotton Initiative"에서 인용, 2005년 12월 13일, 홍콩.

2 데이비드 리카도David Ricardo, 《정치적 경제와 세금의 원리Principles of Political Economy and Taxation》, London: John Murray, 1817년.

3 지금까지 모든 WTO 결의안은 만장일치로 도출되었고, 추가 투표는 없었다.

4 저개발국LDCs은 유엔의 기준에 따라 '저개발 상태'라고 분류된 국가를 의미한다. 유엔은 저개발국의 정의에 있어 다음과 같은 기준을 따른다. 낮은 국가수입, 1인당 900달러 이하의 GDP, 취약한 인적 자산과 경제구조, 농업생산과 수출 관련 지표의 불안정성, 부적절한 다양화 그리고 경제적 빈약함.

5 WTO, 무역자유화 통계, http://www.gatt.org/trastat_e.html

6 알렌 L. 윈터스Allan L. Winters, 〈무역자유화와 빈곤Trade Liberalization and Poverty〉, 런던경제정책연구센터 · 런던 정경대 경제활동연구센터(영국 국제개발청2000을 위해 제작); 대니 로드릭Dani Rodrik, 〈새로운 국제경제와 개발도상국The New Global Economy and Developing Countries〉 making Openness Work, Washington, D.C., 해외발전협의회, 1999년.

7 세계은행, 〈Global Economic Outlook 2000〉, WTO가 인용. 무역자유화 통계, http://www.gatt.org/trastat_e.html

8 〈저개발국에 대한 세 번째 유엔 컨퍼런스〉, 브뤼셀, 2001년 5월 14~20일.

9 흥미롭게도 농업관세는 여전히 평균 62퍼센트다. Malhotra, Kamal 외: Making Global Trade Work for People. 유엔개발계획United Nations Development Programme, UNDP, 2003, p.8.

10 지속가능한 개발을 위한 국제연구소. http://www.iisd.org/trade/rba/

11 머레이 깁스Murray Gibbs · 스워님 웨이글Swarnim Wagle, 〈거대한, 아시아의 지역 · 양자간 자유무역협정 The Greate MAZE. Regional and Bilateral Free Trade

Agreements in Asia〉, UNDP 콜롬보 지역사무소, 2005년 12월.

12 UNCTAD 1999, WTO 인용. 무역자유화 통계, http://www.gatt.org/trastat_e.html

13 카말 말호트라Kamal Malhotra 외, 〈인류를 위한 글로벌 무역 만들기Making Global Trade Work for People〉, UNDP, 2003년, p.8.

14 피터 로빈스Peter Robbins, 《Stolen Fruit: The tropical commodities disaster》, Zed Books, London & New York, 2003년.

15 http://www.unctad.org/en/docs/tb50d6&c1_en.pdf

16 액션플랜 제안서, 〈농산품 사슬, 의존성과 빈곤Agricultural Commodity Chains, Dependence and Poverty〉, European Commission, 2004년.

17 앞의 글, pp. 4f.

18 Hezron Nyantgito, 〈케냐: 식량안보에 관한 농업협정의 영향력Kenya : Impact of the Agreement on Agriculture on food security〉, Nairobi : Institute of Policy analysis and Research, 1999년.

19 영국 국제개발부 사례연구, 〈경제성장을 위한 환경의 중요성The Importance of the Enabling Environment for Business and Economic Growth〉, UK, 2003년 11월.

20 http://europo.eu.int/comm/trade/issues/global/sia/index_en.htm

21 공정무역 생산자 공동체를 위해 쓰이는 잉여금. 공정무역 제품 가격에 기본적으로 포함되어 있고, 수입업자가 지불하는 가격의 10퍼센트 정도가 평균이다(마일즈 리트비노프·존 메딜레이 지음, 김병순 옮김, 《인간의 얼굴을 한 시장경제, 공정무역》, 모티브북, 2007년_옮긴이).

22 UNCTAD 보도자료, 〈세계경제의 침체를 방지하기 위한 정책변화 요구UNCTAD Calls For Policy Changes to Avoid Throwing World Economy Into Recession〉, 1998년 8월 25일.

23 WORLD TRADE ORGANIZATION TN/AG/GEN/18, 7 June 2006(06-0000).

24 http://www.wto.org/english/res_e/booktp_c/analytic_index_e/gatt1994_10_e.htm#articleXXXVIII.

25 EU-ACP 국가의 경제개발을 보다 체계적이고 실질적으로 지원하는 한편, 이들 국가의 정치사회적 발전을 도모하기 위한 일종의 협력협정_옮긴이.

26 코토누협정, 2000, Compendium para 63.

27 코토누협정 2장. 경제적 무역 협력, Chapter 1, article 34(원칙과 목표).

28 일반특혜관세제도. 선진국이 개발도상국으로부터 수입하는 농수산품 공산품의 제품 및 반제품에 대해 대가 없이 일방적으로 관세를 면제하거나 최혜국세율最惠國稅率보다도 저율의 관세를 부과함으로써 특별대우를 하는 제도. 이 제도는 1968년 2월 인도 뉴델리에서 열린 제2차 UNCTAD 총회에서 무차별적 비상호주의적인 특혜관세제도를 채택함으로써 운용되기 시작했다(《2004년판 현대시사용어사전》, 동아일보, 2004년_옮긴이).

29 폴 브렌튼Paul Brenton, 〈세계무역체제로의 최저개발국 통합: 무기를 제외한 다른 품목 관련 EU의 최근 영향Intergrating the least developed countries into the world trading system: the current impact of EU preferences under everything but arms〉, Policy Research Working Paper 3018, 세계은행, 2003년.

30 샌디 카이프Sandie Kipe, 〈EU의 무기를 제외한 다른 품목 모니터링 무역정책: 저개발국으로부터의 농입수출 감소European Union Trade Policy Monitoring Everything But Arms: Declining Agricultural Exports from Least Developed Countries〉, Global Agriculture Information Network Report no. E23149, 2003년, p. 2.

31 폴 브렌튼의 같은 글.

32 WTO 농업협상-Cairns Group 협상 제안서, 2001년 12월 21일.

33 반다나 쉬바Vandana Shiva, '농장과 테이블에서의 전쟁과 평화War and Peace on Our Farms and Tables', 2002년 9월 3일.

34 농업부문에 대한 유럽의회의 위기관리 결의안을 보라(2005/2053(INI), 2006년 2월 16일.

베로니카 페레스 수에이로 Veronica Perez Sueiro (FLO 홍보책임자)

우리는 대부분 우리가 소비하고 있는 상품이 어떤 조건에서 만들어졌는지 모른다. 그러나 공공연한 인권침해 사례는 수없이 존재한다. 예를 들어 최대 카카오 생산지인 서부 아프리카에서는 이미 오래전부터 카카오 생산과 아동노동이 연계되어왔다. 커피와 설탕의 국제 상품가격이 하락하면서 인권침해와 극심한 빈곤을 낳았다. 더욱이 수많은 남반구 국가의 교역조건 악화로 농촌의 가난한 사람들은 큰 타격을 입었고, 도시로 대규모로 이주했다. 이제 개발도상국에서 노동착취 공장의 이미지는 너무나 익숙한 광경이 되어버렸다. 의류, 신발, 장난감, 운동용품 등을 만드는 수천의 노동자는 놀랄 만큼 낮은 임금을 받는다. 그들은 경제적·육체적 그리고 때때로는 성적 학대까지 받는다. 공정무역은 이러한 불공정성에 대한 해결책을 제시하기 위해 만들어졌다. 공정무역의 가장 큰 특징은 언제나 생산자에게 공정한 거래를 제공하고 있다는 것이다.

공정무역 생산자들은 누구인가

원래 공정무역 생산자는 빈곤하고 소외된 소농이나 수공예업자였다. 그들은 마을이나 지역공동체 단위로 조직되어 있거나 협동조합이나 협회에 속해 있기도 했다. 이들은 아시아나 아프리카 혹은 남아메리카 등지의 개발도상국에 살고 있었다. 요즘에는 공정무역 생산자가 비정부단체나 종교단체, 때로는 개인회사나 중소기업, 작업장, 공장에서 일하기도 한다. 매우 구체적인 사회적기준을 충족시킨 차농장들이 수년간 인증을 받아왔으며, 최근에는 바나나와 감귤류의 과일 그리고 파인애플을 재배하는 다른 대규모 플랜테이션에도 FLO 인증을 해주고 있다. 현재 북아메리카와 오스트레일리아의 토착단체나 동유럽에도 일부 공정무역 생산자들이 있다. 공정무역 생산자는 세 범주로 구분된다.

소농들은 그들이 속해 있는 공동체와 구성원의 사회·경제적 발전을 도와줄 수 있는 기구나 협동조합의 일원이다. 일반적으로 소농들은 상근 노동자를 고용하지 않고 자신의 농장에서 일한다. 가끔 계절별로 노동자를 고용하기도 하지만 주로 스스로 일하거나 자신의 가족 노동력을 이용해 농장을 운영한다.

수공예업자들은 스스로 협동조합을 만들거나 가족 작업장에서 일하기도 하지만, 공정무역 시장을 목표로 수공예품 생산을 하는 개인생산자나 프로젝트, 단체, 기업들도 흔하다. 아시아지역의 대나무와 같이 대부분이 남성생산자인 특정 생산품을 제외하고, 수공예품 생산자는 주로 여성이다. 그들 대부분은 소유지가 없다.

'노동자'라는 용어는 단순히 현장 근무자에게만 해당되는 것이 아니라 회사에서 사무직으로 일하는 모든 고용노동자를 포함한다. 중간관리자나 상급관리자들은 포함하지 않고 노동조합에 가입한 조합원들로 한정되어 있다.

공정무역의 개념이 고용노동자로 확대된 것은 그리 오래되지 않았다. 공정무역 시스템 안에 대규모 농장과 공장, 찻밭 그리고 다른 형태의 민간기업을 포함하게 된 이유는 가장 취약한 사람들, 즉 개발도상국의 노동자에까지 이 공정무역 시스템의 혜택을 확대하기 위해서다. 그러나 고용노동자를 사용하는 단체에 대한 기준은 매우 엄격하다. 우선 노동자들이 일반적으로 회사 내의 조합조직 구성원이 되어 있어야 하고, 그들이 노동을 제공하는 회사(공장이나 플랜테이션 등)가 노동자의 발전을 촉진시킬 준비가 되어 있으며, 공정무역에 의해 추가적인 수입이 발생했을 때 그것을 노동자들에게 돌려줄 준비가 되어 있을 때만 그 단체가 공정무역에 참여할 수 있다.

페루의 소작농 도로테아 몬테시노스

페루에서 땅을 소유하고 있는 여성을 보는 것은 흔치 않은 일이다. 그러나 마추픽추 역 잉칸의 동쪽인 끼야밤바지역에 자리한 공정무역 인증 커피협동조합인 코클라 COCLA에는 전체 7500명의 생산자 중 여성 조합원이 25퍼센트를 차지한다. 도로테아 몬테시노스도 이 여성들 중 한 명이다.

1년 전, 그녀가 코클라협동조합의 조합원이 아닐 때에는 한 자루의 커피콩 당 170솔을 받았다. 이제 그녀는 225솔을 받는다. 이것은 개별적으로 45.5킬로그램당 거의 44~58유로에 해당하는 가격이다.

"우리가 공정무역을 통해 받은 돈은 커다란 변화를 가져왔어요. 여유수입 덕분에 저는 빚을 갚을 수 있었지요. 2004년까지 커피의 세계시장가격이 너무 많이 떨어져서 우리들 대부분은 빚을 지게 되었거든요." 도로테아가 말했다.

커피 판매수입 말고도 코클라는 공정무역 프리미엄을 받는다. 이것을 어떻게 쓸지 결정하는 것은 협동조합의 조합원에게 달려 있다. 도로테아의 그룹은 건강진료소를 설립하기로 결정했다. 그 공사는 이제 막 끝났고 도로테아도 진료가 빨리 시작되기만을 기다리고 있다. 현재 진료소는 의사를 찾는 중이다(출처: 막스 하벨라르 덴마크).

음식에서 축구공까지, 다양한 공정무역 상품들

공정무역 농민과 숙련공 그리고 노동자들은 식품이나 그밖에 다른 제품을 생산한다. 식품의 범주는 다시 1차 식품과 가공품으로 나눈다.

생산국에서 모든 음식이 가공되는 것은 아니다. 초콜릿이나 무슬리, 시리얼바 같은 제품은 주로 소비국에서 제조되고 포장된다. 여기에는 여러 가지 이유가 있는데, 기술부족, 교통수단 부재, 유통과 마케팅 기반시설에서부터 수입국의 시장 진입장벽까지 다양하다. 대부분 원자재나 대량의 1차 상품에 대한 선진국의 관세장벽은 낮은 편이나 가공품이나 완제품은 매우 높은 관세를 부가한다. 한 예로 키키오 콩에는 1.5퍼센트의 매우 낮은 관세를 부가하지만, 국내산업을 보호하기 위해 좀더 가공된 상태인 코코아 파우더에는 최소 16퍼센트의 관세를 부가하고 있다. 공정무역 상품도 이러한 형태의 가공관세율에서 자유롭지 않다. 그래서 많은 생산자단체는 국제시장에 진입하기 위해 한 가지 선택권만을 가지고 있다. 그것은 원자재를 수출하는 것이다.

식품 이외 범주에는 상당히 다양한 상품과 생산자가 있다. 이 카테고리에는 수공예품뿐 아니라 직물과 의류 같은 제조품들도 포함한다.

생산자는 어떻게 조직되는가

사람들은 여전히 협동조합이 가장 일반적 형태의 조직이라고 생각한다. 하지만 사실 공정무역 생산자는 다양한 방식으로 조직되어 있다. 많은 공정무역 생산자조직은 민간기업이다. 예를 들어 인도의 아그

연대재단에서 근무하는 수공예업자 테레사

옷 조각과 실타래로 만들어진 밝은 수공예 그림 아르피예라스Arpilleras는 칠레 역사의 한 부분이라고 볼 수 있다. 1970년대 피노체트 장군이 군림하던 시절, 칠레 밖의 사람들에게 이 안에서 무슨 일이 일어나고 있는지 알리기 어려웠던 때 여성들은 아르피예라스를 만들기 시작했다. 오늘날 IFAT 회원인 연대재단Fundacion Solidaridad이 수공예품을 판매하는 산티아고 주변에서는 아르피예라스를 만드는 것이 여성들의 주수입원이 되고 있다.

테레사 세르다 씨는 50킬로미터 밖에 떨어져 있는 산티아고 시내의 연대재단 사무실을 찾아가 완성된 제품을 맡기고, 그녀가 속한 그룹이 맡게 될 주문을 모아서 돌아온다.

"저는 미망인입니다. 몇 년 전 남편은 암으로 목숨을 잃었지요. 따라서 아르피예라스로부터 벌어들이는 수입이 아주 유용했어요. 제가 받는 미망인연금은 너무 적어서 저와 제 아들 마르코스를 위해서는 또다른 수입이 필요했어요. 이 돈으로 저는 아들을 고등학교에 보낼 수 있었어요. 지금 이 아이는 은행 경영자가 되기 위해 공부하고 있어요. 모두 연대재단 덕분이랍니다. 연대재단은 단지 임금에만 관여하는 것이 아니에요. 저는 지방에서 살고 있는데, 이곳에서 일하는 방법을 배웠을 뿐 아니라 자기계발 기회도 얻었습니다. 그전까지 제 인생은 단순 집안일과 아이들을 학교에 데려다 주고 다시 데리고 오는 일로만 짜여 있었지요. 연대재단은 제가 사회인으로 거듭나고, 다른 사람과 만날 기회를 제공해주었어요. 이제 저는 여러 일을 할 수 있게 되었답니다. 저는 여성권리에 대해 더 많이 알게 되었어요. 그리고 저는 작업량과 수입을 관리하는 방법을 알게 되었지요. 게다가 사람들과 어떻게 토론하고, 나의 관점을 어떻게 표현해야 하는지도 배웠답니다! 저는 또다른 현실을 배우게 된 거예요."(출처: 트레이드크라프트)

로셀Agrocel이나 티셔츠, 카페트, 배낭, 모자 등을 생산하고 130명을 고용해 직원이자 주주로 둔 짐바브웨의 디자인회사Design Inc 같은 사회적 의식을 가진 회사들이 있다. 하나의 생산자조직이 다양한 제품을 생산하거나 다른 생산공정을 사용하는 셀 수 없는 작업장을 대표할 수도 있다. 예를 들어 IFAT 회원인 칠레의 콤파르트Comparte는 400개 이상의 작업장을 가지고 있는데, 여기서는 장난감에서 귀걸이, 드럼 심지어 와인에 이르기까지 수천 가지 상품을 생산하고 있다.

공정무역 제품은 개인이나 회사가 소유하는 대규모 농장에서 생산되기도 한다. 대부분 노동자가 주주이며, 대규모 농장의 특정 소유권을 가지고 있나. 남아프리카의 대규모 농장은 대부분 이러한 형태로 운영되고 있다. 유기농 포도주 양조장인 스텔라Stella가 대표적이다.

또다른 생산자는 실제로 협동조합으로 조직된다. 하나의 협동조합은 실로 다양한 형태를 취할 수 있다. 5만의 구성원을 가지며 정식으로 인증된 위계질서를 가진 조직일 수도 있으며(동부 아프리카의 많은 커피노동조합이 이에 해당된다) 수놓은 직물을 시장에 팔기 위해 모인, 비교적 느슨하게 구성된 여성 조직일 수도 있다.

소주주들이 팀을 구성해 공식 조직으로 함께 일하는 것은 세계시장으로의 접근성을 얻기 위해 절대적으로 중요한 일이다. 실제로 개별적으로 일하는 소농은 소비자가 선호하는 분야에 투자하거나 농작물 추수 후 이를 처리하거나 유통할 자원을 가지고 있지 않다. 생산자조직은 판매와 수출의 효율성을 향상시킨다. 또 조직들은 농민이 개별적으로 가지고 있기 어려운 현대식 저장시설이나 등급 설비를 제공한다. 더 큰 조직에 들어가는 것은 규모의 경제를 형성하고 유통과정에서 중개인 같은 다른 사람들에게 이용당하는 것을 막아준다.

6 인도의 공정무역 노동자를 위한 연금

그저 지문(손도장)일 뿐이다! 그러나 인도의 닐기리스지역 차농장에서 찻잎을 따는 마닉캄은 그의 인생에서 가장 중요한 문서 중 하나에 지문으로 사인했다. 그 지문으로 그는 앞으로 15년 동안 매월 연금을 받을 수 있게 되었다. 이것은 인도 같은 나라에서는 획기적인 일이다. 마닉캄은 이제 막 58세가 되었다. 그는 남인도의 웨스트가트 산의 차농장에서 41년간 일해왔다.

몇 년 전 그가 젊고 힘이 있을 때는, 태양이 뜨겁게 내리쬐는 차 덤불 사이에서 무거운 바구니를 끌고 새로 딴 찻잎이 가득 든 가방을 끄는 고된 일이 어렵지 않았다. 그러나 지금 마닉캄은 은퇴를 하고 싶다. 일반적으로 이러한 것은 인도에선 거의 불가능하다. 연금제도는 아직 널리 퍼져 있지 않을뿐 아니라 연금을 받는다고 해도 한 달에 약 5유로 정도인 200루피를 넘지 않는다.

닐기리스농장의 노동자들은 훨씬 나은 조건을 가지고 있다. 그들은 58세가 되면 은퇴를 할 수 있고, 그들이 농장에서 일한 기간에 따라 매달 800~1200루피의 연금을 받는다. 800루피의 연금을 받기 위해서는 농장의 근로자들이 최소 20년간의 근로계약을 맺은 경우여야 하며, 매달 1200루피의 연금을 받기 위해서는 30년간의 근로계약을 맺어야 한다.

연금펀드는 1995년에 시작되었다. 1997년에 매달 연금을 받게 되는 첫 번째 수혜자가 생겼다. 오늘날 연금펀드는 지속가능해졌으며, 연금으로 얻은 이자를 통해 다음 세대까지도 이러한 작은 사치를 즐길 수 있게 되었다. 이것은 노동자들이 30년간 그들의 고향이었던 농장을 퇴직한 후에는 아무런 사회보장 없이 떠나야만 했다는 사실을 기억한다면 의미 있는 일이다.

노동자와 농장의 관리자는 연금펀드 계획을 공동으로 시작하고 관리했다. 또다른 많은 프로젝트도 그 농장의 3천 명이 넘는 노동자 삶의 조건을 향상시키기 위해 운영되고 있다. 학교에 컴퓨터나 스쿨버스를 제공하고, 근로자에게 예방접종을 하며 기본적인 의료보호를 해주는 것도 이러한 프로젝트

> 의 일환이다. 이 연금펀드의 설립은 공정무역 프리미엄에서 나온 재정으로 가능했다(출처: FLO).

공정무역 시장에 보낼 수 있는 상품을 생산하는 개인 소유 회사들은 명백한 사회적 목적을 가지고 있으며, 공정무역 바이어들은 이 회사가 받는 공정무역 프리미엄의 사용과 관련해서 근로자가 참여할 것을 요구한다.[1]

공정무역 생산자는 어디에 살고 어디에서 일하나

공정무역 생산자는 아프리카, 아시아, 남아메리카 등지에 널리 분포하고 있다. 빈곤선(빈곤의 여부를 구분하는 최저수입_옮긴이) 이하에서 살고 있는 사람의 대다수가 이 세 대륙에 있다. 또 서유럽이나 중동지역에도 일부 공정무역 생산자가 있다. 예를 들면 스위스 클라로는 알바니아에서 들여온 올리브유와 아르메니아에서 수입한 마른과일을 판매한다.

역사적 이유로 공정무역운동에서 남아메리카는 여전히 공정무역 식품의 주공급처다. 그러나 최근 아프리카의 공정무역 식품 생산이 급격히 증가했다. 쌀과 차가 주생산품인 아시아 대륙은 공급에서 3위를 차지하고 있다. 공정무역 시장에서 음식 외 의류 같은 상품과 수공예품의 최대 공급지는 바로 아시아다. 이러한 제품의 공정무역 생산자는 주로 IFAT에 속해 있거나 EFTA 회원의 공급자다.

공정무역 생산자가 주로 자국에서는 소수집단에 속한다는 사실 또

지역별 FLO 인증 생산자(2005년 12월)

지역	생산자조직의 수
아프리카	141
아시아	75
남아메리카	292
합계	508

IFAT 회원(2005)

지역	IFAT 회원 수
아프리카	52
아시아	83
남아메리카	32
중동	4
생산국 합계	171
유럽	69
북아메리카 및 환태평양 지역	21
총 IFAT 회원	261

EFTA 회원의 공급자(2005)

대륙	음식	음식 외 상품	합계
아프리카	43	48	91
아시아	25	92	117
남아메리카	102	43	145
기타	10	5	15
합계	180	188	368

지역별 FLO 인증 생산자(2007년)

지역	생산자조직의 수
아프리카	193
아시아	81
남아메리카	358
합계	632

WFTO 회원(전 IFAT, 2009년)

지역	IFAT 회원 수
아프리카	80
아시아	90
남아메리카	51
중동	0
생산국 합계	221
유럽	56
북아메리카 및 환태평양 지역	18
총 IFAT 회원	295

EFTA 회원의 공급자(2007년)

대륙	음식	음식 외 상품	합계
아프리카	39	42	81
아시아	25	91	116
남아메리카	107	46	153
기타	9	4	13
합계	180	183	363

* 옮긴이 보충

한 중요하다. 그 예로 최초의 공정무역 커피는 멕시코의 치아파스에 사는 원주민이 만든 것이었다. 공정무역의 도움으로 많은 토착공동체가 그들의 권리를 주장하고 전통을 유지하며 영토를 지키기 위한 준비를 원활하게 할 수 있었다. 공정무역단체들은 장애인이나 수감자 그리고 미혼모 같이 매우 열악한 상황의 사람에게 더 특별한 관심을 두고 있다.

최근 공정무역 시장의 급격한 성장에도 불구하고, 공정무역 회사나 판매자들이 모든 공정무역 생산자의 제품을 취급하는 데는 여전히 한계가 있다. 대부분 조직은 그들의 생산품 중 일부만 공정무역 경로를 통해 판매하고 있다. 공정무역 판매로 인해 생기는 수익은 종종 다른 여러 시장에서 얻은 수입과 함께 계산된 채로 생산자에게 일시 지불된다.

생산자를 위한 공정무역의 이점, 공정하고 안정적인 가격을 받는다

공정무역운동은 공정무역 시스템에서 일하고 있는 모든 생산자가 공정한 임금을 받을 수 있도록 보장하는 데 목적이 있다. 이것은 다음 두 가지 방법 중 하나로 이뤄질 수 있다. 첫째, FLO는 FLO 시스템 아래서 이뤄지는 각각의 무역상품에 대해 최저가격을 정한다. 커피 같은 상품의 경우 중량으로 최저가격이 정해진다. 둘째, IFAT는 생산자들이 공정하다고 생각할 만한 가격의 원칙에 의거해 일반적인 기준을 정한 뒤, IFAT 모니터링 시스템을 통해 지역별로 개발된 지표를 사용해 그 공정한 가격이 지불되는지 확인한다.

볼리비아 세이보조합의 공정무역 카카오 생산자 펠리페 칸카리 카프차

　커피, 쌀 그리고 다른 상품에 대한 세계시장가격은 매우 불안정하며 종종 생산가를 밑도는 경우도 발생한다. 적어도 생산비와 생계비를 충당할 수 있을 정도의 안정적인 가격은 농민이 빈곤에서 벗어나 자기 자신과 가족에게 안정적인 삶을 누릴 수 있게 해주는 데 필수 요구사항이다.

　"최저가격 보장은 안정을 가져다 주었습니다. 우리 (카카오) 생산자들은 수요와 공급법칙을 완전히 따르고 있지는 않습니다. 우리는 100킬로그램당 적어도 미화 69달러는 받을 수 있을 거라는 것을 알기 때문에, 장기적인 계획을 세우고 투자를 하고 기술적인 지원을 늘릴 수 있게 된 것입니다. 한마디로 우리의 사업을 발전시킬 수 있게 된 것입니다"라고 볼리비아 세이보조합Ceibo Cooperative의 공정무역 카카오 생산자인 펠리페 칸카리 카프차는 말한다.

생산자를 위한 공정무역의 이점,
공정한 가격 그 이상의 가치

공정무역의 개념은 단순한 경제적 상호작용의 의미를 넘어선다. 공정무역의 핵심은 구매자와 생산자가 장기적인 파트너십을 구축한다는 데 있다. 기부자에게 받는 원조와 달리, 공정무역은 농민과 수공예업자, 노동자 그리고 그들의 가족이 삶을 향상시킬 수 있는 지속가능한 방법을 제시한다.

| 더 나은 삶의 조건

공정무역의 혜택이 단지 생산자와 노동자에게로만 돌아가는 것은 아니다. 그 혜택은 공동체사회에도 돌아간다. 공정무역 프리미엄을 통해 의료 서비스를 증진시킬 수 있고 의약품을 공급하며 낮은 가격의 기본 식료품을 파는 마을 상점을 짓고 교육시설을 확충해서 아이들에게 더 많은 교육 기회를 제공하기 때문이다. 예를 들어, 코스타리카의 커피협동조합인 쿠카페COOCAFE는 공정무역을 통해 얻은 수입으로 70개 지역 학교에 지원금을 제공했고, 고등학교와 대학교에 재학 중인 6700명의 학생들에게 장학금을 지원해준 바 있다.[2]

| 환경적 지속가능성

공정무역 농민과 수공예업자 그리고 노동자들은 지속가능한 생산 방법을 사용하도록 장려하고 있다. 농민들은 통합적인 곡물관리를 수행하고 있으며 병충해 처리를 위한 독성 농약의 사용을 피하고 있다. 공정무역 인증을 받은 커피의 약 85퍼센트는 유기농제품이다. 수공예품을 판매하는 공정무역사업 또한 지속가능한 방법으로 재료를 공급받을 수 있도록 하고 있다.

▎국제시장에 대한 접근성

규모가 작고 소외된 생산자가 국제시장에 접근하기란 매우 어려운 일이다. 그들에게는 정보 접근성과 기반시설이 부족하고, 시장가격과 관세율에 대한 영향력이 없다. 공정무역은 생산자가 국제시장을 더 깊이 이해할 수 있도록 도와준다. 생산자가 계약을 맺을 수 있게 하며, 물자를 유통시켜 국제박람회에서 제품을 선보일 수 있도록 도와준다. 또 생산능력과 자신감을 증대시켜 공정무역 제품이 일반시장에서도 팔릴 수 있도록 돕는다.

▎여성의 권익향상

농업과 관련이 없는 여성의 수입창출활동에서도 중요한 투자가 이루어져 그들의 수입, 사업 경험, 가족 내에서의 위치 등을 향상시킬 수 있다. 한 예로, '자매들Las Hermanas'이라는 니카라과 소펙카지역의 커피 협동조합이 설립한 여성협동조합에서는 184명의 여성이 자기 소유의 작은 땅을 소유하고 생산된 제품을 국제적으로 상업화하고 있다.

▎장기적 투자

연금제도나 생명보험, 사업발전을 위한 대출제도, 수입원의 다양화 계획에 대한 장기투자를 재정적으로 지원받을 수 있다.

| 전통문화 보존

공정무역은 기술적인 전문성과 노하우가 그들만의 고유한 문화 안에서 다음 세대로 전달될 수 있도록 한다. 이런 맥락에서 보았을 때 수공예품은 그것이 생산되는 사회에서 문화적으로 그리고 실용적으로 매우 중요한 역할을 한다.

| 공동체 연대

공정무역 시스템은 다른 이웃이나 동료가 여전히 형편없는 조건 아래서 일하는 중에도 공정한 무역조건을 향유하는 배타적인 생산자단체를 만든다는 점에서 여러 비판을 받아왔다. 그러나 연구결과에 따르면 공정무역 시스템의 혜택은 종종 널리 퍼져나가며 불리한 조건을 가지고 일하는 비공정무역 생산자에게도 유대감을 증가시킨다는 것이 밝혀졌다. 예를 들어, 인도네시아의 공정무역 소득은 아체지역의 가요 유기농커피 생산자협회Gayo Organic Coffee Farmers Association의 구성원들이 2004년 12월 그 지역을 강타한 쓰나미와 파괴적인 지진의 희생자들에게 인도주의적인 지원을 할 수 있도록 했다. 이 협회에서는 재난 희생자에게 트럭 8대 분량의 음식을 제공해주었고, 협동조합의 조합원은 구조활동의 자원봉사팀을 이끌었다.

| 노동권 보장

공정무역 덕분에 노동자들은 그들이 일하는 농장과 플랜테이션, 그리고 공장에서 더욱 적극적인 활동을 할 수 있다. 그들은 실제 사업수행에 더욱 깊이 관여할 수 있게 되었으며, 자신의 권리에 대해서도 더 많이 인식하게 되었다. 또 자신의 권리를 옹호하기 위해 무역연합에 참

공정무역 덕분에 노동자들은 농장과 공장 등에서 적극적인 활동을 하게 되었다

여하게 된 것도 그들에게는 거의 처음 있는 일이었다. 그들은 공정무역 프리미엄과 관련된 일들을 처리하면서 경험을 쌓을 수 있었는데, 예를 들어 은행예금을 어떻게 관리하고 돈을 어떻게 가장 효과적으로 쓸 것인가와 어떻게 조직할 것인가 등에 관련된 것이었다. 플라워 판다Flower Panda의 창고에서 등급을 매기는 테레사 완지루 무키 리는 케냐의 공정무역 꽃농장에 대해 이렇게 설명한다. "저는 일정한 유급휴가를 받아 오고 있으며, 기본적인 무료 의료보장 조항의 혜택을 받고 있어요. 그리고 전에는 미처 알지 못했던 결사의 자유에 대해서도 배웠지요."

에티오피아 오로미아 커피농민 조합연맹의 성공 스토리

타데스 메스켈라는 새로 생긴 공정무역 커피숍 체인 중 하나인 카페 프로그레소Café Progresso의 북적대는 사람 사이에서 커피 한 잔의 여유를 즐기고 있다. 이 커피숍은 커피 생산자와 옥스팜 공동소유로 만들어진 커피숍 체인이다. 오로미아의 구성원은 남서부 에티오피아의 우림지역 토착농민이며, 1500~2천 미터 고도에서 커피를 경작한다. 오로미아의 74개 협동조합 중 11개는 2000년 5월부터 공정무역 인증을 받아왔다. 이 협동조합은 8963명의 농민을 대표하며, 1년에 3천 톤의 커피를 생산해낸다.

많은 유럽인에게 '에티오피아'라는 단어는 가뭄과 기아의 이미지를 떠올리게 하지만, 정작 그들은 이 나라가 커피의 탄생지라는 것은 잘 알지 못한다. 에티오피아 인은 이미 3천 년 동안 커피를 마셔왔으며 16세기부터 커피를 수출하기 시작했다. 커피 수출은 에티오피아의 수출 총수입의 65퍼센트를 차지하고 있다. 120만 명의 커피 경작자와 약 1500만 명에 달하는 에티오피아 인들은 그들의 생계를 커피에 의지하고 있는 것이다.

그러나 국제커피가격의 붕괴는 이러한 의존성을 위험한 게임으로 만들었고, 커피 경작자의 평균 수입을 1킬로그램당 1.2달러에서 0.4달러로 떨어뜨렸다. 타데스는 이러한 가격 위기가 많은 농민을 합법적 각성제인 암페타민과 비슷한 '그로잉 차트growing chat' 등 대체상품을 키우도록 만들었다고 설명한다. 그러나 스페셜티 커피시장은 새로운 옵션을 제공해주었고, 1999년 오로미아협동조합은 서구로 직접 커피를 수출하기 위해 모인 35개의 작은 조합들로 설립되었다. 오로미아는 소작농들이 경제적으로 자급자족하고 가족에게 안정적으로 식량을 제공할 수 있도록 지원해주고 있다.

오로미아의 총지배인인 타데스 메스켈라는 말한다. "공정무역을 통해 에티오피아의 커피농가는 합당한 보상을 받고 있어요. 간단히 말하자면 불공평한 역학관계의 그림이 날이 갈수록, 일주일이 지나고 한 달이 지날수록 뒤바뀌고 있는 것이지요. 그리고 지난 몇 년간 저는 희망의 빛을 볼 수 있었습니다."

좋은 사례가 핵심

최고급 커피는 유기농법으로 화학비료 없이 재배되며, 토양의 생산력을 향상시키기 위해 간작을 함으로써 만들어진다. 메스켈레 씨가 설명하듯이, 커피나무는 생강류나 파파야, 망고, 아보카도 등의 과일류 그리고 고구마 같은 근채류와 섞어 심는 것이 좋다. 아카시아와 코르디아는 그늘을 제공해줄 것이다. 공정무역 인증을 받은 협동조합은 공정한 가격 말고도 개발에 투자할 수 있는 공정무역 프리미엄도 받는다. 두 개의 건강 진료소와 몇 개의 커피 가공소와 함께 4개의 초등학교가 건설 중에 있다. 앞으로의 계획 또한 메스켈레 씨의 설명대로 매우 기대되는 일늘이다. 품질 항상 프로그램과 거피 세척소, 가공공장 및 저장소 건설 계획들이 그것이다. 그는 마지막 커피 한 모금을 마시며 이렇게 종합해서 말했다. "공정무역은 단순히 사고 파는 과정만을 말하는 것이 아닙니다. 그것은 세계 가족을 만들어내는 일이지요."

(출처 : 영국공정무역재단)

어떻게 공정무역 생산자가 될 수 있을까

새로운 공정무역 생산자를 모집하는 체계적인 방법은 없다. 주로 시민단체가 수공업자와 소농그룹 스스로 협동조합과 연합형태로 조직하고 공정무역 시장으로 접근할 수 있도록 지원한다.

공정무역단체들은 공정무역의 기준에 맞는 새로운 그룹을 적극적으로 발굴하고 있으며, 특히 특정제품에 대한 시장 수요가 높을 때는 더욱 그렇다. 지금 이 시간, 꽃과 유기농 공정무역 제품의 수요가 많은 유럽국가와 북아메리카 지역에서 급속히 상승하고 있다. 이러한 이유로 FLO는 공정무역 기준에 적합한 새로운 농장들을 찾고 있다.

남반구에 위치한 세 개의 IFAT 지역조직인 AFTF, COFTA 그리고 IFAT LA(2009년 IFAT의 명칭이 WFTO로 바뀜에 따라 그 지역조직도 WFTO-ASIA, COFTA, WFTO-LA로 바뀌었다_옮긴이)는 더 작고 경험이 없는 공정무역 그룹에게 조언과 기술적 지원을 제공하며, 그들이 IFAT 기준에 맞추고 공정무역 시스템에 가입하기 위한 기술지원과 역량구축에 필요한 도움을 준다.

생산자단체는 스스로 종종 다른 단체들로부터 연락처를 알아내 공정무역단체에 연락을 해온다. 2005년 이후로, FLO의 인증기구인 FLO Cert는 공정무역 시스템에 들어오고 싶어하는 생산자그룹으로부터 310개의 지원서를 받았다. 같은 기간 동안 IFAT는 120개의 멤버십 지원서를 받았다. 영국의 트레이드크라프트나 네덜란드의 페어트레이드 오리지널Fair Trade Original 같은 공정무역 수입회사는 매주 여러 건의 요구를 받는다. 일단 생산자조직이 수입자와 연락이 닿으면 생산자들은 제품을 공정무역 시장에 팔 수 있도록 일련의 평가기준을 충족시켜야 한다.

"비록 공정무역 기준은 매우 엄격하지만, 저는 그 일원이 될 수 있어서 행복합니다. 다른 생산자와 비교했을 때, 저의 상황은 상당히 좋거든요."

테오필로 아브릴의 말이다. 그는 지난 4년간 에콰도르의 바나나협동조합인 엘 구아보El Guabo에서 일했다. 테오필로가 말한 엄격하다는 것은 무슨 의미일까? 기본적으로 그의 말은 공정무역 생산자조직에 들어가기 위해 생산자는 독립적인 인증기관인 FLO가 제정한 감독기준 및 표준을 준수해야 한다는 것을 뜻한다.

일반적인 생산자 표준에는 두 가지 종류가 있다. 하나는 소농에 대한 표준이고 다른 하나는 플랜테이션에서 일하는 노동자에 대한 표준이다. 첫 번째 종류는 협동조합이나 민주적이고 참여적인 구조의 조직을 구성하고 있는 소규모 자작농에게 해당된다. 두 번째 종류는 적당한 임금을 제공하고, 무역연합에 가입할 권리를 보증하며, 적절한 곳에 좋은 숙소를 제공해주는 고용주를 가진 잘 조직된 노동자에게 적용된다. 플랜테이션과 공장에서는 최소한의 건강과 안전, 그리고 환경기준이 갖추어져야 하며, 미성년자 노동이나 노동착취가 일어나서는 안 된다.

생산자들이 공정무역 기준에 따르고 있다는 것을 확인하기 위해, FLO는 전 세계에 60개 이상의 지역 감독관을 두고 있으며, 그들은 생산자를 감독할 책임이 있다. 현재 FLO는 식료품, 꽃, 면화 그리고 축구공에 인증을 하고 있다. 이것은 FLO 표준이 오직 이러한 상품을 생산하는 조직에만 적용된다는 것을 의미한다.

사실 FLO가 감시하지 않지만 공정하게 매매되는 공예품이나 상품을 위해 생산자조직이 지켜야 할 기준은 비슷하다. 적절한 급여와 주택, 건강과 안전, 무역연합에 가입할 권리, 미성년자 고용 및 노동착취 금지, 환경적 지속가능성, 민주적인 구조 등 IFAT는 공정무역단체의 몇 가지 기준들을 발전시켜왔다. 10개의 IFAT 기준은 경제적으로 불이익을 받는 사람들과 접촉해 투명성과 책임, 역량구축, 공정무역 촉진, 여성의 지위향상, 아동노동, 근로조건, 공정한 가격의 지불과 환경을 확실히 하는 데에 그 기준을 두고 있다. 기본적인 차이는 이러한 기준들이 다른 방법으로 감시된다는 것이다. 수공예품 공정무역업자들은 공정무역 기준에 맞는다는 것을 보장하기 위해 수공예업자들과 직접 작업한다. 소비자들이 가정용 가구, 의류, 수공예품 등을 공정무역단체들이나 특별한 공정무역 월드숍을 통해 구매한다면, 그들은 그러한 제품 생산과정에서 공정무역의 원칙이 지켜졌다는 것을 확신해도 된다.

이 다음에 오는 것은

지금까지 우리는 공정무역의 좋은 점에 대해서 언급했다. 그러나 생산자가 공정무역에서 나오는 수익과 사회적 이익을 극대화하기 위해서는 해결해야 할 문제들이 여전히 많이 남아 있다.

ǀ 의존성 깨뜨리기, 더욱 강력한 사업적 접근

공정무역은 규모가 작고 소외된 생산자에게 판매의 기회를 제공하는 것을 목표로 한다. 장기적인 목표는 생산자가 일반시장에 접근할 수 있는 방법을 얻어 공정무역으로부터 독립하는 것이다. 공정무역단체들은 생산자가 다양한 접근을 통해 관리능력과 사업수완을 향상시키도록 돕고 있다. 이러한 기술에는 더 나은 가격을 보장받을 수 있는 생산력의 향상, 유기농법으로의 전환, 관리교육 그리고 더 나은 기술적 설비들이 포함된다. 많은 공정무역 생산자조직은 이러한 지원을 통해 일반적 무역관계를 형성할 수 있게 되었다. 그러나 대부분의 공정무역 생산자에게 시장 접근은 매우 어렵다. 이것은 아시아, 아프리카, 남아메리카의 7개국에서 옥스팜 글로벌Oxfam GB이 2002년 진행한 18개 제품군에 관한 연구에서도 잘 나타나 있다.[3] 옥스팜 글로벌은 수공예품을 다른 제품에 비해 많이 구입했는데, 이 연구결과는 생산자가 상품을 팔 새로운 수요시장을 찾는 데 매우 큰 어려움을 겪고 있다는 사실을 말해준다. 그중 가장 큰 문제는 전문기술과 과학설비가 부족하다는 것이다.

| 다각화의 필요성

공정무역운동의 핵심목표는 개별적인 농산품 수출에 대한 남반구 생산자의 역사적 의존성을 낮추는 것이다. 공정무역 인증을 받은 생산자가 생산을 다각화하는 것은 주요한 목표다. 농산품 위기는 커피나 설탕, 차, 면화 등 한 가지 상품에 대한 과도한 의존성이 남반구 국가의 농촌경제에 심각한 폐해를 끼칠 수 있다는 것을 보여주고 있다. 많은 공정무역 생산자조직은 공정무역의 수익을 대안상품 작물들로 다각화해왔다. 이것은 가공능력과 농산품 관련산업 활동을 촉진해주었으며, 수공예품 생산 같은 비농업활동 개발을 도와주고 있다. 또다른 상품으로 다변화가 지속되는 것은 생산자에게 확실한 도움이 되기 때문에 공정무역 협동조합과 연합 내부에서 다양화에 대한 잠재력이 계속 탐색되어야 할 것이다.

> **◎ 차에서 친환경관광으로의 다각화**
>
> 마카이바리 차 농원Makaibari Tea Garden은 1994년 이후로 계속 공정무역 인증을 받은 플랜테이션이었다. '옥수수 땅Maize Land'이라는 의미의 마카이바리는 625명의 차노동자와 그 가족들이 살고 있는 환상적인 장소인, 인도의 다즐링지역의 거대한 히말라야산맥 기슭에 위치하고 있다. 공정무역 인증을 받은 다른 플랜테이션들처럼, 마카이바리 공동조직위원회는 공정무역의 자금 지원을 받는 모든 사회적 개발프로그램들의 수행과 감시를 책임지고 있다. 마카이바리 공동조직위원회에서 16명의 구성원 중 10명이 여성이다. 몇 년간 세계 차 매출량이 감소함에 따라 여성들은 그들의 수입활동을 다각화

> 했다. 오랜 토론 끝에 마카이바리 공동조직위원회는 환경친화적 숙박시설을 갖춘 친환경관광 벤처에 투자하기로 했고, 그것은 마을 전체를 번영하기 위한 혁신적이고 야심찬 계획이었다. 마카이바리는 1년에 5만 명의 관광객을 유치하고 있다. 많은 사람들이 그 자치구의 평화와 안정을 경험하고자 그곳에 머물고 싶어한다. 이에 따라 마카이바리 공동조직위원회는 지난해 그 지역의 신비로운 분위기를 경험하고 싶어하는 사람들에게 제공할 아담한 오두막을 짓는 결의안을 통과시켰다. 최적의 위치에 14개의 2인용 방들이 건설 중에 있으며 곧 완성될 것이다. 다음 단계는 7개 마을 560개의 가정에 추가적인 숙박시설을 건설하는 것이다. 공동조직의 회원인 쁘라띠마는 말한다. "우리는 마카이바리에 머무는 관광객이 지역상점에서 많은 돈을 쓰기를 바랍니다. 그러면 마을 전체를 위한 수입이 생기는 것이니까요."
>
> (출처: 인도 마카이바리 차농원)

| 역량구축

지식은 상품의 질을 향상시키고 생산조직의 관리능력을 증진시킬 뿐 아니라 공정무역운동이 추구하는 민주적인 조직을 발전시키는 데도 핵심적인 요소가 된다. 그래서 공정무역단체들은 현지에서 교육 훈련을 제공하고 있으며 시장정보, 상품 피드백, 금융관리 훈련 등의 핵심적인 기술적 지원과 보조를 아끼지 않는다.

공정무역에 대한 지식과 그에 대한 헌신은 장기적인 생존을 위해서도 필수다. 일부 생산자는 공정무역 가격과 시장가격의 차이가 좁혀지면 공정무역과 협동조합에서 탈퇴하기도 했다. 이것은 협동조합 전체에 공급문제를 일으킬 수 있다. 만약 그들이 수입자에게 팔기로 약속한 수량을 전달하지 못하고 계약한 의무조항을 지키지 못한다면, 고객에게 빈 선반을 보일 수밖에 없는 수입상이 공정무역 시스템에서 빠져나가는 사태를 초래할 수 있다. 이러한 공급의 불안정성 문제를 최소화하기 위해 공정무역단체들이 채택하고 있는 전략은 훈련과정과 워크숍 수행을 통해 생산자들이 시장의 메커니즘과 소비자의 요구를 이해하도록 하는 것이다.

결론

수익법칙에 따라 소규모 생산자는 협상과정에서 제외되는 세계경제에서 농민, 수공예업자, 노동자들은 미래에 대한 희망이나 자원 없이 방치되어 있다. 그러나 착취를 당하던 노동자와 생산자가 공정무역을 통해 이런 악순환에서 벗어나 존중 받는 생활방식을 유지하고, 가족의 욕구를 충족시키며, 공동체 발전에 투자할 수 있는 길을 열게 되었다는 것이 입증되었다.

하지만 많은 공정무역 생산자는 여전히 공정무역의 시스템 밖에서 생산품을 판매하고 있다. 왜냐하면 공정무역 조건에서 생산된 상품에 대한 수요가 여전히 부족하기 때문이다. 공정무역단체들은 이것을 잘 알고 있으며, 북반구 지역 소비자의 인식을 더욱 높이기 위해 많은 돈을 쓰고 있다. 더 많은 이득을 얻기 위해 공정무역 생산자가 극복해야 하는 도전은 여전히 많이 남아 있다. 이번 장에서 언급되었듯, 품질과 상품 범주의 다각화 그리고 더욱 강력한 사업적 접근에 관한 관심이 여전히 필요하다.

공정무역의 미래는 공정무역이 도울 수 있는 생산자 수와 그것이 창출해낼 발전효과에 관한 도전의 성공 여부에 달려 있다.

- Chan, M-K. (2001) *Facing the challenge: applying codes of practice in the smallholder sector*, Report of Workshop at the Royal Horticultural Halls, London, 21st May 2001. Chatham: Natural Resources Institute.

- Rf. Raynolds, Laura T. et al.: "Fair Trade Coffee: Building Producer Capacity via Global Networks", in: *Journal of International Development*, Volume 16, 2004, pp. 1109-1121.

- Hopkins, R. (2000). Impact Assessment Study of Oxfam Fair Trade. Oxford, Oxfam.

- King, F and Marcus, R (2000) *Big Business, Small Hands. Responsible approaches to child labour*, Save the Children Fund UK.

- Oxford Policy Management, Fair Trade: Overview, Impact, Challenges. Study to inform DFID's Support to Fair Trade, June 2000.

- Robins, N., Roberts, S. and Abbot, J. (1999) *Who Benefits? A social assessment of environmentally-driven trade*. International Institute for Environment and Development, London. 1999.

- Tallontire, Anne; Greenhalgh, Peter; Bee, Faustine and Kyamanywa, Joseph (2001) Diagnostic Study Of FLO Registered Coffee Producers In Tanzania And Uganda. Final Report to Fairtrade Labelling Organizations International Producer Support Network, Chantham: Natural Resources Institute.

- Tiffen, Pauline (1999) Shopping for a Better World, *Red Pepper*, June 1999.

주석

1 공정무역 바나나를 생산하는 플랜테이션인 볼타강 주식회사Volta River Estates Ltd.에서 진행된 공정무역 프리미엄의 사용에 대한 노동자의 참여 메커니즘에 관련된 토론은 Blowfield and Gallat(1998)에서 찾을 수 있다.

2 Rf. Raynolds, Laura T. 외, 〈공정무역 커피: 세계의 네트워크를 통해 생산자 역량 키우기Fair Trade Coffee: Building Producer Capacity via Global Networks〉, 《Journal of International Development》 16호, 2004년, pp. 1109-1121.

3 옥스팜 페어트레이딩의 영향평가 연구, 라울 홉킨스Raul Hopkins와의 공동연구, 2000년 11월 available from pwilliams@oxfam.org.uk.

4장

의식 있는 소비자가 필요한 때

폴크마르 뤼브케 Volkmar Lubke
정보공학과 교육학 학위를 받았고 1980년부터 독일의 몇몇 소비자단체에서 일해왔으며 지속가능한 소비와 공정무역 그리고 기업의 책임분야에서 일하고 있다.

공정무역은 우리에게 소비자가 오로지 싸구려제품만 찾아 다닌 다는 조롱을 받지 말라고 가르친다. 공정무역은 무역이 사람의 삶과 가족, 그리고 그들의 생존에 관한 것임을 일깨워준다.

—피터 만델손Peter Mandelson(유럽 집행위원회 대외무역 담당)

나는 공정무역 제품을 10년 전 스위스의 슈퍼마켓이 처음 들여왔을 때부터 구매해왔다. 커피, 차, 초콜릿, 건과일 그리고 지난 4월 이후에는 아보카도까지……. 나는 슈퍼마켓 진열대에 공정무역 제품이 늘어나는 것을 보는 게 기분 좋다. 그것은 소비자에게 깨끗한 양심으로 구매할 수 있도록 해줄 뿐 아니라 실제로 맛도 좋기 때문이다.

—스위스의 베로니끄 콜리(FLO 2004/2005 연례보고서 발췌)

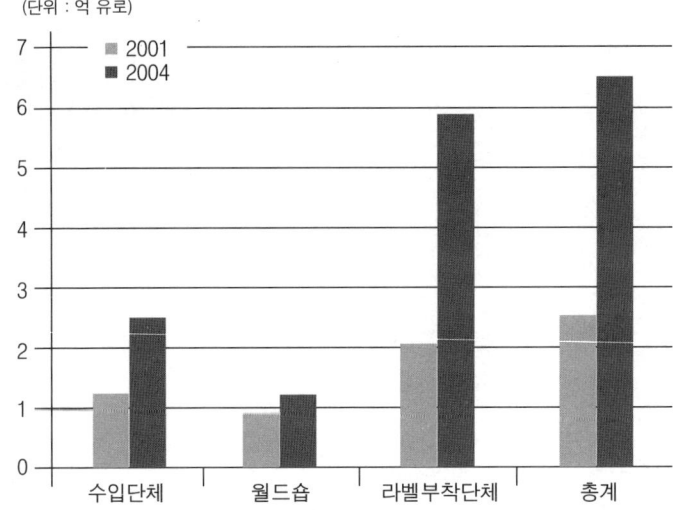

(출처: 〈2005년 유럽의 공정무역〉, 페어트레이드 어드보카시 사무소)

콜리 씨는 매우 소중하지만 좀처럼 찾기 힘든 형태의 소비자다. 그녀는 윤리적 동기와 제품의 질에 확신을 가지고 있는 장기 구매자다. 또 그녀는 공정무역의 발전에 관심을 가지고 있으며, 실제 제품 범위에 대해 대략적으로 알고 있다. 어떤 의미에서 그녀를 이상적인 공정무역 소비자라 할 수 있다.

공정무역운동의 성공은 공정무역 제품을 정기적으로 사려는 소비자의 의지에 달려 있다. 보다 더 많은 공정무역조직이 이 목표를 달성하는 데 가장 큰 변수는 마케팅이라는 것을 깨달았다. 마케팅은 광고 이상의 것이다. 완벽한 마케팅은 제품정책, 가격전략, 커뮤니케이션(광고·판매촉진·홍보), 그리고 유통망의 요소로 구성된다. 구체적으로 공정무역 인증을 받은 제품을 기존의 슈퍼마켓을 통해 유통하기로 한 결정은 공정무역을 성공으로 이끌었다.

〈2005년 유럽의 공정무역〉 보고서는 2000년과 2005년 사이 유럽의 공정무역 관련 유급직원의 수가 26퍼센트까지 늘어났고, 판매가게의 숫자는 24퍼센트 증가했다고 밝혔다. 여기에 투입된 수천 명의 자원봉사자 역시 공정무역의 발전과 성공에 지대한 역할을 했다.

일부 국가에서 공정무역 시장은 다른 시장과 비교했을 때 매우 빠른 발전을 보여주었다. 미국에서의 폭발적인 증가 말고도 공정무역이 엄청난 영향력을 보이는 몇몇 유럽국가가 있다. 스위스에서 팔리는 모든 바나나의 47퍼센트, 꽃의 28퍼센트, 설탕의 9퍼센트가 공정무역 제품들이다. 스위스 인구의 8배 시장인 영국에서는 2004년 공정무역 제품들이 차의 5퍼센트, 바나나의 5.5퍼센트, 그리고 커피의 20퍼센트의 시장점유율을 달성했다. 영국에서 공정무역 제품과 판매량은 매년 40퍼센트의 증가세를 지속하고 있다.[1] 즉 1천 가지가 넘는 인증제품이 구비되어 있어, 그 어느 때보다도 사람들이 공정무역 제품들을 사고 다른 사람들에게 구입해보도록 이끌기가 쉽다(전 세계 4천여 개의 월드숍과 12만 2500개의 슈퍼마켓에서 공정무역 제품을 판매한다. 그리고 공정무역단체와 상점에서 2700여 명의 직원과 10만 명 이상의 자원봉사자가 활동하고 있다. 공정무역 인증제품 판매액은 2004년 8억 3200만 유로에서 2007년 23억 8100만 유로로 3배 가까이 늘어났다. 이 가운데 가장 큰 공정무역 시장인 미국이 31퍼센트, 영국이 30퍼센트를 차지한다. 또 스위스 국민 한 사람이 공정무역 인증제품을 구매하는 데 연간 21유로를 지출한다_옮긴이[2]).

공정무역 제품의 판매는 더 이상 선진국에만 해당되는 것이 아니다. 보다 더 많은 생산자조직이 그들의 제품을 지역시장에서 팔고 있으며, 주 고객은 관광객이지만 때로는 지역소비자이기도 하다. 현재 판매수치가 정리되어 있지는 않지만, 많은 사례가 공정무역이 생산국가에서 성공적일 수 있음을 보여주고 있다.

그러나 공정무역의 목적은 단순히 판매를 증진하는 데 있지 않다. 공정무역단체는 지난 수십 년 간 국제무역에서 만연한 불공정함과 해로운 기업관행에 대해 소비자 인식을 제고하기 위해 열심히 노력해왔다. 이런 맥락에서 생산자가 불이익을 당할 수밖에 없는 세계시장의 기본 구조에 영향을 줄 수 있는 정치적 시민으로서 소비자의 역할이 요구된다. 이 분야에서는 긍정적인 발전이 있어왔다. 가령 독일에서는 개발도상국을 위한 조치가 필요하다고 생각하는 사람의 수가 1996년 24퍼센트에서 2003년 35퍼센트로 늘어났다.[3]

이 정치적 측면은 공정무역을 위해 일하는 많은 사람들이 공정무역 운동에 장기적으로 헌신하는 데 주요 동기가 된다. 공정무역의 정치적 측면과 마케팅 측면을 경쟁적인 목표로 볼 것이 아니라 동전의 양면으로 이해하는 것이 필요하다. 한편으로는 정치적 신념이 공정무역에만 관심을 가지던 소비자의 구매를 이끌어낼 수도 있고, 다른 한편에서는 제품 외의 무역조건에 대한 기본적인 정보 자체가 정치적 인식을 발전시킬 수 있는 동기를 제공할 수도 있다.

ⓖ 공정무역 제품을 지역적으로 판매하기

쿼추아에 있는 신치사차재단SSF, 혹은 '강한 숲Powerful Forest'이라는 이름을 가진 공정무역단체는 1991년 설립되었다. 이 단체의 원래 목표는 아마존 우림지역 주민의 문화를 보존하고 발전시키는 것이었다. 1995년 에콰도르 수도인 퀴토에 첫 매장을 열었다.

오늘날 SSF는 퀴토에 있는 두 매장에서 보석, 자기, 바구니 용기에서부터 그림, 석상, 책 그리고 기념품에 이르기까지 500가지가 넘는 제품을 판매하고 있다. 띠안게즈문화센터Tianguez Culture Center에 있는 본점은 문화박물관을 소재로 했고, 카페 및 레스토랑을 겸하고 있다. 이 매장은 흙벽에 설치된 멋진 장식과 더불어 그림들로 꾸며져 있다. 카페에서는 감자수프, 생선회절임 그리고 찐옥수수빵 같은 전통적인 에콰도르식 음식을 제공한다.

이 매장의 제품을 구입하는 소비자의 90퍼센트는 전 세계에서 온 관광객이고, 나머지 제품은 현지 소비자, 주로 중산층에게 팔린다. 수출품은 전체 통계 중 1퍼센트밖에 차지하지 않는다. 띠안게즈문화센터에 있는 커피숍의 판매가 2001년 이래 4배 증가한 반면, 수공예품의 판매는 이전과 비슷한 수준에 머물고 있다. 판매는 2001년 미화 25만 달러에서 2005년 약 36만 달러로 늘어났다. 2001년에는 전체 판매에서 수공예품의 비율이 86퍼센트였으나 2005년에는 55퍼센트에 그쳤다. 현재 SSF에서는 40명의 직원이 150개가 넘는 생산 공동체와 함께 일하고 있다. SSF는 1993년 IFAT에 합류한 초기 회원이다.

(출처: 신치사차재단SSF)

공정무역 마케팅 대상으로서의 소비자

대부분의 공정무역단체는 마케팅이나 광고활동을 위한 예산이 충분하지 않다. 그들은 자원봉사자의 지원, 유명인사의 추천, 대중매체를 통한 무료광고 등에 전적으로 의지하고 있다. 그렇기 때문에 제한된 자원을 효율적으로 사용하기 위해서는 타깃 집단의 특성을 고려하는 것이 절대적으로 중요하다.

최근 '일대일' 형식의 상업 마케팅 기법은 각 소비자가 가지고 있는 개별 요구사항을 파악하고 그것에 맞추어 서비스나 제품을 한 번에 한 명씩 제공하는 데 집중한다. 이러한 방식의 서비스가 소비자에게 반복적으로 제공되어 평생 지속되는 강력한 관계가 형성된다.

시민단체들은 보통 일대일 마케팅을 실행하기 전에 실시하는 시장

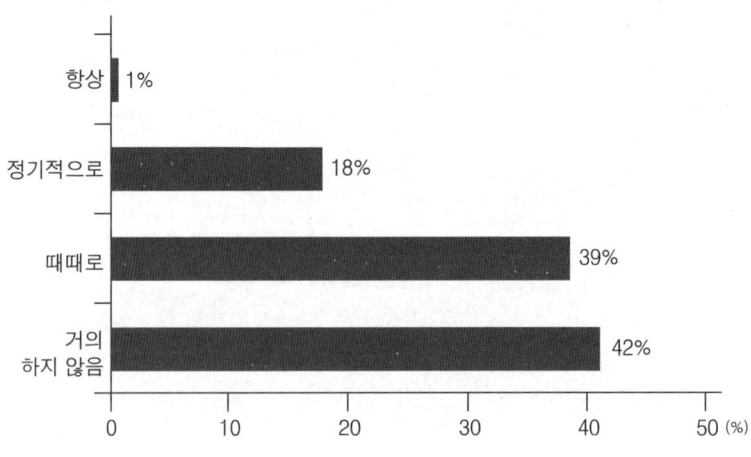

공정무역 소비자의 유형(프랑스, 2005년)

(출처: 막스 하벨라르 프랑스, 2005)

조사에 필요한 자원이 충분하지 않다. 그들은 종종 다양한 대상집단에 대한 1차 자료를 폐기하고, 단지 그들의 주 전달내용을 단순한 분류법에 따라 조정만 한다. 공정무역 대상집단을 분류하는 가장 쉬운 방법 중 하나는 그들의 구매습관을 관찰하는 것이다.

이런 분류법은 공정무역단체가 대상집단에게 보내야 하는 주요 메시지에 대한 유용한 정보를 이끌어낼 수 있다. 정기적 구매자들은 계속 그렇게 행동하도록 격려하고 공정무역의 '성공신화'에 대한 정보를 주어야 한다. 그들은 공정무역의 메시지를 그들의 사회모임이나 네트워크에 아주 효과적으로 퍼트리기 때문이다. 비정기 구매자가 더 많은 공정무역 제품을 구입하도록 하기 위해서는 그들이 공정무역 제품을 찾아 살 수 있는 곳과 유통망을 통해 출시되는 신제품 정보를 접하도록 해야 한다. 공정무역 제품을 거의 구입하지 않는 소비자에게는 행동을 바꿔야 하는 이유에 대한 정보가 제공되어야 하고, 공정무역 시스템이 정말 믿

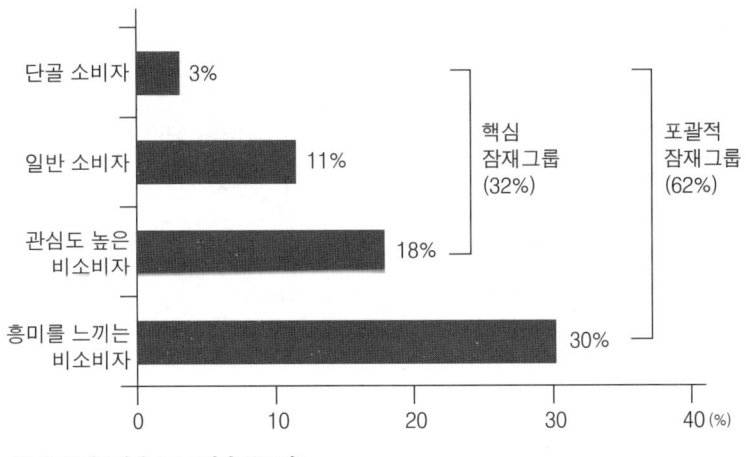

각각의 대상집단(오스트리아, 2001)

(출처: 트랜스페어 오스트리아, 2001년)

을 수 있고 생산자에게 유용하다는 것을 확인시켜주어야 한다.

공정무역 제품을 사지 않는 사람들의 정보를 수집하는 것은 더 중요하다. 공정무역을 알리는 캠페인 활동을 적절히 조정하는 데 있어 공정무역 제품을 구매하지 않는 사람들의 말은 중요한 시사점을 던진다. 2001년 오스트리아에서 실시된 조사는 비구매자를 '관심 있는 그룹'과 '관심이 많은 그룹'으로 나누었다. 이 구분은 오스트리아 내 공정무역에 대한 '핵심 잠재고객'이 32퍼센트, '포괄적 잠재고객'이 62퍼센트라는 계량화된 두 가지 중요한 결과를 가져왔다. 이 수치는 트랜스페어 오스트리아 TransFair Austria가 2001년부터 2003년까지 수행한 대규모 캠페인을 위한 중요한 배경 정보가 됐다.

비구매자에게 정확한 내용을 알리기 위해서는 공정무역 제품을 권장하는 데 어떤 논거가 설득력 있는지 알아야 한다. 공정무역 제품을 구매하는 동기에 대한 독일의 대표적 조사연구 〈독일의 공정무역 Fairer Handel in Deutschland〉은 다음과 같은 논거를 제시했다. '아동노동 금지' '수익금의 바른 사용' '상품의 인증된 품질과 맛' '공정한 가격' '연대의식' '유기농제품' '깨끗한 양심' 그리고 '종교적 동기' 등이다.

정기 구매자 핵심그룹의 개요와 비교했을 때, 중요한 두 가지 차이가 명확하게 드러난다. 하나는 구매자의 핵심그룹이 매우 높은 수준의 윤리적 동기를 가지고 있다는 점이다(연대의식 67퍼센트, 깨끗한 양심 54퍼센트, 종교적 동기 53퍼센트). 한편 잠재 구매자는 정기 구매자에 비해 품질과 맛의 중요성에 더 높은 비중을 두고 있다(이 두 기준은 정기 구매자에게 있어 여섯 번째를 차지하는 반면, 잠재 구매자에게는 세 번째를 차지한다). 이 자료는 포커스가 기존시장에 맞춰질수록 윤리적 동기보다는 품질, 가격 그리고 구매 용이성 같은 기존의 기준이 동기부여가 되는 '보통' 소비자가 많아질 것이라는 것을 암시한다.

전통적인 시장조사는 대상그룹의 성별, 연령, 교육수준, 직업, 소득수준 등과 같은 사회통계학적 측면을 강조한다. 그런 연구들은 공정무역 제품 구매자가 대체로 여성이고, 교육수준이 높으며, 평균 소득수준 이상의 가정 출신이라는 사실을 여러 차례 밝힌 바 있다. 그들은 왜 동일한 인구통계학적 계층에서 일부는 구매자가 되고, 일부는 되지 않는지에 대한 이유를 설명하지는 않는다. 이것이 최근 심리통계학적 시장조사기술이 전통적인 사회인구통계학적 접근법과 비교했을 때 우위에 있는 이유다. '기호통계학Semiometrie'(서로 다른 대상그룹의 가치관 설명) 같

각기 다른 대상집단의 가치체계(독일, 2004년)

	구매자	잠재적 구매자	반대론자
가족 소속감			
사회적			
종교적	+++		---
물질 중심적	--		+++
공상적	++		---
기쁨 원칙	-	+++	
모험을 갈구			---
문화적	+++		---
합리적			
비판적			
시배석	--		++
전투적	--		+
양심적		---	+
전통 중심적		---	++

(출처: 독일 공정무역 캠페인 〈공정한 것이 기분도 좋다fair feels good〉, 독일 2004)

(출처: 네덜란드 막스 하벨라르, 2003)

이 생활방식에 대한 연구 및 통합적인 방법론이 소비자의 구매행동을 설명하고 이 구매자에게 다가가는 최고의 방법을 제시한다.

독일시장에 대한 종합적 분석은 그들의 기본적 가치를 바탕으로 구매자와 비구매자 간의 차이와 심리적 구조를 설명한다. 공정무역의 구매자, 잠재적 구매자 그리고 반대론자의 비교는 특히 구매자와 반대론자가 완연히 다른 성격을 가지고 있음을 보여준다. 분석결과는 여러 이유로 공정무역을 노골적으로 반대하는 사람을 설득하려고 많은 돈을 쓰거나 대중매체를 이용하는 것이 왜 쓸모 없는 일인지를 알려준다. 이러한 반대자를 설득하는 유일한 방법은 오랫동안 개인적으로 영향을 주는 것뿐이다.

이 분석은 공정무역을 확대시키려면 반드시 다루어야 할 복잡한 일에 대해 정확히 설명한다. 한편으로 우리와 다른 태도와 가치를 지닌 전혀 새로운 하나의 대상그룹에 손을 내밀어야 하지만, 다른 한편으로는 전통적 후원자를 의식하고 그들을 잃지 않도록 노력해야 한다는 것이다. 핵심 구매자그룹이 윤리적 동기보다는 품질, 즐거움 그리고 라이프스타일을 강조하는 마케팅 전략에 동의하지 않을 수 있다. 그럼에도 최근 많은 국가에서는 다양한 홍보 캠페인이 공정무역의 새롭고 현대적인 입지를 개발하는 것에 초점을 두고 있다(가령 독일의 〈공정한 것이 좋다)나 '최대의 기쁨'을 의미하는 네덜란드의 〈막스 헤니이튼〉 등이 있다).

공정무역 마케팅의 네 기둥

각기 다른 대상집단과 그들의 특성에 대한 논의과정을 통해 공정무역 제품 구매를 유도하는 노력이 성공인지 실패인지 가늠하는 데 결정적 역할을 하는 요소가 많이 언급되었다. 아래 표는 그런 요소를 합쳐 우리가 공정무역 마케팅의 '마법의 사각형'이라 부른다. 이것은 우리가 네 가지 요소 모두에 집중해야 한다는 것, 그들 간의 균형을 이루어야 한다는 것, 마지막으로 각각의 대상에게 적절한 사실을 전달하는 것을 잊지 말아야 한다는 생각에 따른 것이다.

신뢰성은 공정무역단체의 가장 소중한 자산이면서 아주 민감한 부분이다. 만약 하나의 단체, 혹은 하나의 운동이 신뢰를 잃게 되면, 그것을 복구하기 위해 엄청난 노력을 들여야 한다. 이러한 까닭에 많은 공

공정무역 마케팅의 '마법의 사각형'

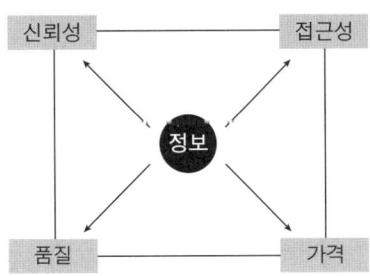

(출처: 폴크마르 뤼브케, 2003)

정무역단체가 효과적인 감시체계와 인증기구를 운영하거나 개발 중인데, 이것은 공정무역에 대한 긍정적인 평판을 유지하기 위한 방책이다. 많은 소비자가 공정무역단체들을 구분해서 생각하지 않기 때문에 한 단체의 이미지 악화는 운동 전체에 급속히 퍼지게 되고 공동체 내 다른 단체에게 영향을 준다. 그런 만큼 좋은 평판을 유지하는 것은 공정무역단체 사이에서 공유되는 의무감이다.

앞에서 언급했듯 제품의 품질은 종래의 소비자에게 일반시장에서 공정무역 제품을 구매하도록 유도할 때 더 중요하다. 공정무역 초기단계에서 단체를 시작한 사람과 초기의 고객은 수많은 결함과 불편을 기꺼이 감수해주었다. 설령 니카라과 커피가 식도에 구멍을 낼 정도로 쓰더라도 그것은 소비되어야 했다. 윤리적 동기가 있었기 때문이다. 오늘날에는 보수적인 비구매자를 고려해서, 더 낫지는 않더라도 최소한 평균 수준의 품질은 되어야 한다.

일반시장으로의 접근은 가격이 높아진다는 것을 의미하기도 한다. 공정무역 제품을 정기적으로 구매하는 사람은 기꺼이 추가비용을 지불하지만, 비구매자는 이러한 추가비용을 지불할 용의가 거의 없다. 각각 그리고 모든 대상집단과 제품의 종류에 따라, 각 집단에 속하는 소비자가 각자의 관점에서 납득할 수 있는 가격 차이에 상한선을 두는 것은 가능하다.

마지막으로 매출은 제품에 대한 접근성 및 구매의 편리함에 달려 있다. 최근 몇 년간 직판매장 수는 늘었지만 여전히 이 증가 추세에 대해 모르는 사람이 많다. 공정무역운동이 시작됐을 때, 월드숍은 공정무역 제품을 접할 수 있는 유일한 곳이었다. 월드숍 외에도 우편주문이 지역 내 격차를 메워주었다. 슈퍼마켓 같은 전통적 유통망에서 공정무역 제품이 소개되면서 유통의 병목현상이 해소되었다. 또 근래에는 인터넷 판매로 소비자가 실질적으로 전 세계의 무엇이든 주문할 수 있게 되었다. 현재 거의 모든 공정무역 제품 판매자는 멀리 있는 대상집단에 닿기 위해 인터넷에 가게를 연다.

일반적으로 공정무역의 신뢰가 유지되는 한, 양질의 제품은 계속 생산되고 가격정책은 대상집단의 구매습관을 고려할 것이며 유통경로는 잘 발달될 것이다. 공정무역의 미래를 걱정할 필요는 없어 보인다. 하지만 실제로 이 발전을 저해하는 장애물은 많다.

독자적인 발판 마련하기

중요한 장애물 중 하나는 소비자가 현재 이 거대한 시장에서 겪는 정보의 범람이다. 전통적인 상업광고뿐 아니라 윤리적 소비에 대한 광고까지, 공정무역 캠페인은 경쟁상대가 많다. 이는 중요한 정보를 소비자에게 전달할 필요와 제약된 광고시간과의 충돌을 일으켜왔다. 일반 소비자는 그들이 들은 모든 것을 이해하고 요구하는 대로 행동하려 하지도 않을뿐더러 할 수도 없다. 이러한 광고의 한계를 극복하는 방법 중 하나는 공정무역 마크를 시작하는 것이다.

공정무역 마크로 제품을 한눈에 구분할 수 있다. 마크가 판매와 구매순간에 압축적인 정보를 제공하기 때문이다. 마크를 마케팅 도구로 사용하면서 굉장히 많은 수의 마크가 만들어졌고, 현재는 시장 대부분에서 '공정무역 마크의 혼란'이 일어날 정도다. 몇 년 전 20개국 규모의 공정무역단체들이 공통적인 국제마크에 대해 합의한 사실은 주목할 만하다. 공정무역 마크는 FLO에 의해 규정된 국제 공정무역 기준을 충족시키는 제품에 부여된다.

공정무역 마크가 담고 있는 정보는 단지 '예' '아니오'의 기준만을 충족시킨다는 한계점을 가지기 때문에 이 수단은 대중의 인식을 높이는 데 완전히 적합한 것은 아니다. 그러나 대다수 소비자에게 '인식에 대한 게으름'을 극복할 수 있게 할 수는 있다. 슈퍼마켓에서는 고객에게 적합한 제품으로 안내하는 것이중요하다. 공정무역 마크를 보는 것은 일반 사람이 필수적인 배경정보를 접할 수 있도록 하는 첫 번째 단계다.

유럽의 수백 수천 개의 슈퍼마켓에서 공정무역 마크가 부착된 제품의 판매가 상승세를 이루는 동안, 우리는 몇몇 회사가 보여준 공정무역에 대한 모범적인 공헌에 주목해왔다. 영국이나 이탈리아 같은 몇몇 유럽국가에서는 소비자조합이 공정무역 제품의 판매증가와 정보전달 그리고 소비자교육에 적극적인 공헌을 해왔다. 2004년에는 영국의 코업 Co-op 체인점이 자체적인 9개 공정무역 브랜드를 만들었다. 이 소비자조합의 공정무역에 대한 공헌은 그들의 비영리 성향과 오랫동안 형성되어왔던 윤리적 가치, 그리고 그들의 경영원칙에서 나온 것이다.

공정무역 마크를 사용하는 데는 여전히 몇 가지 제약이 있다. 하나는 많은 상품이 공정한 조건에서 생산되고 있지만, 공정무역 마크가 개발된 한정품목 외에 아직 개발되지 않은 제품이 있다는 것이다. 한 예로 공정무역 수공예품을 위한 마크는 아직 개발된 적이 없다. 다른 하나는 많은 공정무역 수입업체는 그들의 자체 브랜드로 잘 알려져 있다는 것이다. 소비자는 이 브랜드를 신용하고 있으며, 벨기에의 옥스팜 페어트레이드Oxfam Fairtrade나 이탈리아의 CTM 알트로메르카토 같은 일부 공정무역 수입업체는 월드숍뿐 아니라 슈퍼마켓에서도 공정무역 마크 없이 그들의 제품을 판매한다.

공정무역 마크와 더불어, IFAT는 관련된 기준에 일치하는 단체를 위해 공정무역단체 마크Fair Trade Organisation Mark, FTO Mark를 개발했다. IFAT 구성원들은 FTO 마크를 그들의 문서나 그들의 사무실, 생산현장 혹은 판매점에 부착할 수 있다. 제품에 IFAT 마크를 사용하는 것은 엄격히 금지되어 있다. 대부분 공정무역 수입업체와 생산자, 유통업체와 공정무역 마크 관련기관 간 협력은 공정무역 발전을 위해 점점 강화되고 있는 중요한 요인이다. 이것이 성공하기 위해서는 모든 참여주체가 모두의 이익을 위해 다 함께 일하는 것이 시너지효과를 만들 수 있다는 이해가 있어야 한다.

변화의 바람

영국의 공정무역회사인 카페다이렉트Cafedirect는 완벽한 공정무역 마케팅의 가장 설득력 있는 사례 중 하나다. 커피 품질 향상을 위한 투자, 훌륭한 디자인의 포장법 개발, 광고 그리고 영국 커피 구매자의 대다수를 대상으로 한 메시지 전달로 지난 5년간 연매출의 20퍼센트가 상승했고, 영국 커피시장에서 다섯 번째로 큰 브랜드로 거듭나게 됐다. 2004년 카페다이렉트의 마케팅 총책임자인 실비 바르는 그녀의 헌신적 업무를 인정받아 마케팅 소사이어티Marketing Society가 공인한 '올해의 마케터Marketer of the Year' 상을 수상했다.

변화의 바람은 슈퍼마켓에만 불어온 것이 아니었다. 많은 국가에서 공정무역 제품을 파는 전통적이고 특화된 대안적 아울렛매장은 대부분 자원봉사자가 운영하는 월드숍이다. 일반적으로 월드숍은 단지 공정무역 제품을 광고하는 것 이상의, 보다 광범위한 커뮤니케이션에 목표를 둔다. 그들 중 다수는 공정무역 제품을 세계시장의 불공정함, 빈곤한 생산자, 인권침해 등과 같은 정치적 메시지를 전달하는 수단으로 간주한다. 한편으로 월드숍은 중요한 정치적 정보를 전달하며 북반구 국가의 시민교육에 기여하고, 특히 그들이 조직적인 형태로 이 과정을 관리할 경우 더욱 그러하다. 가령 벨기에에서는 옥스팜가게라는 기구가 학교들과 연합해 젊은 월드숍을 운영한다. 학교마다 최소 8명의 학생과 2명의 교사가 매장에서 함께 자원봉사를 할 의무가 있고, 경영을 하거나 비즈니스 훈련, 그들의 정치교육과 학교 내 공익광고 및 프로젝트와 결합시킨다. 오스트리아와 독일에서는 '공정한 지점fair points'(공정무역 제품들과 정보를 제공하는 이동식 홍보대)을 시작하면서, 많은 학생이 학교에서 공정무역 캠페인을 벌이도록 했다.

한편 월드숍은 자신들이 틈새시장만을 노린다는 사실이나 새로운 대상집단으로 네트워크를 확장시키는 일이 드물다는 것을 안타까워한다. 이것이 많은 국가 내 월드숍과 그들의 산하단체가 보다 전문적인 접근을 시도하기로 한 이유다. 전문적인 접근은 1990년 이래 오스트리아에서, 2004년 이래 독일에서 '2006 세계 상점'이라는 프로그램을 통해, 그리고 2003년 이래 네덜란드에서 '트랜스포마티Transformatie'를 통해서 이루어지고 있다. 다음 사진은 독일의 한 월드숍이 '2006 세계 상점' 프로그램에 참가한 전후의 차이를 보여주고 있다.

그러나 이 프로그램들이 다루고 있는 것이나 차이를 만들어내는 분야가 단지 매장의 설계와 가구배치만은 아니다. 월드숍의 성공을 위해

랑엔첸 월드숍Worldshop Langenzenn의 변화 전 모습

랑엔첸 월드숍의 변화 후 모습(출처: 월드숍, 독일 2005)

가장 중요한 요소는 매장의 위치와 고객을 대하는 태도다. 독일에서는 몇몇 경우, 길 건너로 매장을 옮기는 것만으로도 매출이 눈에 띄게 늘거나 새로운 소비자에게 가까이 가기에 충분했다. 소비자의 요구에 부

응하는 월드숍의 다른 성공요인은 다음과 같다.

- 일정하고 고객친화적인 운영시간(많은 고객이 닫혀 있는 월드숍 앞에 서서 기다리는 것만큼 화나는 일도 없다고 말한다!)
- 직원과 자원봉사자 간의 관계(오스트리아의 경험에 따르면, 매장을 운영하는 데 지속적으로 담당해줄 사람을 적어도 한 명은 확보하는 것이 중요하다)
- 의사소통과 고객에게 다가가는 방법(새로운 대상집단은 대부분 첫 번째 만남에서 정치적인 선동에 노출되는 것을 꺼린다)
- 제품의 범위와 소개(가능한 폭넓은 선택을 가능하게 하는 가격대의 제품을 비치하고, 생산자의 존엄성과 노력을 존중하는 방식으로 제품을 소개할 것을 권한다)

결과적으로 월드숍의 단골고객은 변화하고 있다. 월드숍 고객에 대한 독일의 한 분석에 따르면, 1980년대 고객 대다수가 윤리적 동기로 공정무역 제품을 구매했지만, 최근에는 방문객의 70퍼센트 이상이 윤리적 동기와 함께 구매의 즐거움을 느끼고 있다. 이 새로운 대상집단의 관심과 의식을 끌어내는 것을 목표로 했던 모든 자원은 제대로 투자된 것이다.

때때로 일부 월드숍은 '잠식', 즉 슈퍼마켓이 그들의 이익을 상당 부분 가져갈지도 모른다는 두려움을 토로한다. 그러나 오스트리아의 월드숍은 정확히 그 반대를 경험했다. 2001년 트랜스페어 오스트리아는 국가 전체를 대상으로 하는 캠페인 자금을 유치했고, 그 지원금을 전단, 벽보, 지면 광고 그리고 텔레비전 광고와 같이 전통적인 홍보 캠페인에 투자하기로 결정했다.

주된 내용은 공정무역 마크와 표어 'so fair-so gut(아주 공정하고-아주 좋아요)' 그리고 슈퍼마켓의 '불공정'한 제품과 '공정'한 제품의 가시적인 맞대결이었다. 이렇듯 캠페인은 사실상 공정무역 마크를 홍보했고 이는 슈퍼마켓 고객만을 대상으로 한 것이었다. 실제로 슈퍼마켓 내 공정무역 마크를 부착한 제품의 총 판매량은 1년 만에 135퍼센트 늘었다. 많은 월드숍은 결과적으로 더 많은 고객이 그들의 매장을 방문했고 공정무역 제품에 대해 문의했으며, 설명을 듣고 그때부터 단골고객이 되었다고 보고했다. 이 캠페인이 진행되는 동안, 기존 월드숍의 구매량이 증가하고 새로운 매장의 설립으로 오스트리아의 수입기구인 EZA의 총

오스트리아에서 공정무역 캠페인의 효과

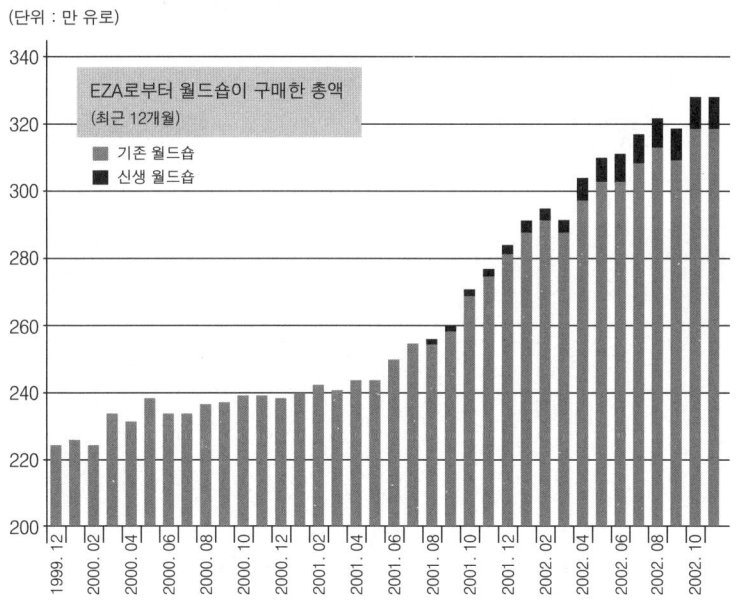

(출처: 장 마리 크리에르, 2003)

판매량이 증가했다.

월드숍과 슈퍼마켓 간 노동분업은 상당히 합리적이며, 일반적으로 공정무역의 발상을 홍보하는 시너지효과를 창출한다. 이 자료는 슈퍼마켓에서 판매된 마크부착상품이 공정무역 제품에 관심 있는 특정 고객을 만들어내고, 공정무역운동에 대한 더 구체적인 정보를 전해줄 월드숍으로 그들을 유인할 수 있을 것이라는 이론을 뒷받침해준다.

공정무역 캠페인 대상으로서의 소비자

'캠페인'은 다양한 의미로 사용된다. 예를 들어 슈퍼마켓에서 공정무역 판매량을 늘리기 위한 오스트리아의 홍보 캠페인을 말하기도 하

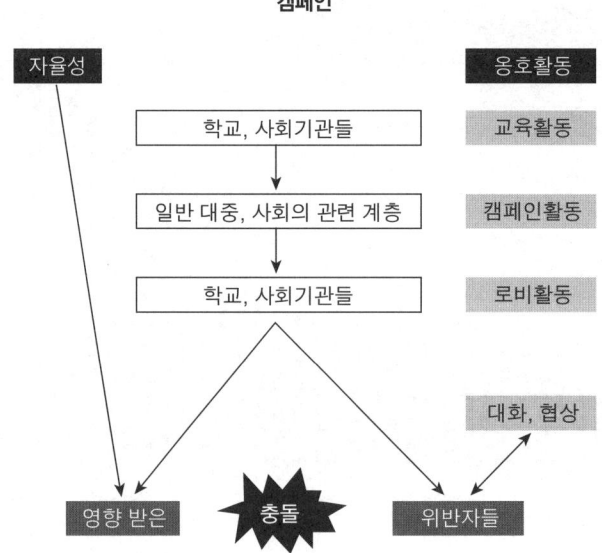

(출처: 폴크마르 뤼브케, 2002)

고, 로비나 교육활동과 특별한 목적을 위한 홍보 등을 포함한 보다 복잡한 활동의 조합을 말하기도 한다. 다음 표는 이 용어를 사용할 때 화자가 의미하는 바를 설명하고 그 주제에 관련된 다양한 용어를 구분하고 있다.

인권, 노동기준 혹은 환경보호 '위반자들'과 그들로부터 영향을 받은 사람 간의 기본적인 충돌을 시작으로 '희생자들'을 직접적으로 강화시키면서 그들을 지지하는 것이 가능한지(예를 들면 그들이 조직을 만들도록 돕거나 조언을 해주고 그들의 활동자금을 지원하는 경우) 아니면 '옹호활동'(예를 들면 아동노동의 경우)이라는 협상, 로비, 캠페인, 교육의 수단을 통해 간접적인 지원을 하는 것이 나은지 또는 그 두 가지 전략의 조합이 적절한지를 결정해야 한다. 이 맥락에서 본다면, 캠페인은 표에서와 같이 기본적인 충돌이 발생하는 조건에 관해 의사결정자들에게 압력을 가할 수 있는 일반대중 또는 사회영역을 대상으로 한다.

캠페인의 일반적인 목적은

- 정보를 확산하고
- 가치관과 태도에 영향을 주고
- 대상집단의 행동을 변화시키는 것이다.

행동을 변화시킨다는 것은 매우 야심찬 목표다. 행동의 변화를 장려하는 5가지 핵심 요소는 다음과 같다.

- 정보

정보가 전부는 아니지만 정보 없이는 어떤 가치도 없다. 적어도

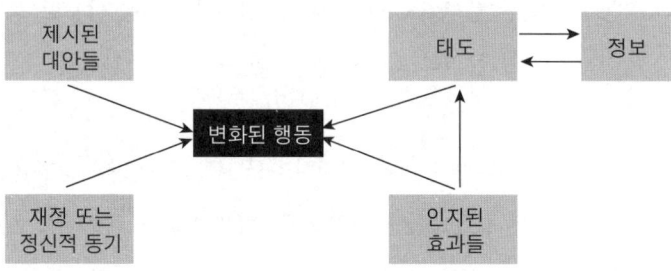

소비자 행동의 변화를 나타내는 5가지 주 요인

문제점과 원인 그리고 가능한 해결책에 대해 알아야 한다.
• 태도
긍정적인 태도는 생각을 행동으로 옮기게 한다. 만약 기본적인 가치 또는 태도가 행동의 변화를 방해한다면 아무리 정보가 축적되어도 쓸모가 없다.
• 제시된 대안들
아무리 좋은 의도를 가지고 있어도 진정으로 실행 가능한 대안이 없다면 행동으로 옮겨질 수 없다.
• 재정 또는 정신적 동기
다행히도 많은 사람에게는 '옳은 편에 선다' '사회 집단에 의해 인정받는다' 같은 윤리적 동기가 변화를 향한 강한 동기부여를 제공할 정도로 중요하다.
• 인지된 효과들
캠페인을 진행하는 사람들이 때때로 잊는 사실이 있다. "내가 행동을 변화시켰음에도 불구하고 문제가 해결되지 않으면, 나는 이전의 행동방식으로 돌아갈래." 이 사실은 왜 성공신화가 협조하려는 사람들에게 결정적인 역할을 하는지를 보여준다.

> ### NEWS!의 캠페인 〈존엄성으로 만듭니다〉
>
> 제 아무리 아름답고 멋진 옷도 종종 불합리한 임금과 비참한 환경에서 만들어지고는 한다. '존엄성으로 만듭니다Made in Dignity' 캠페인은 유럽과 미국의 대형 다국적기업이 고용하는 개발도상국의 노동자가 겪는 노동과 사회적 조건의 현실을 일반 대중에게 알리고자 하는 국제적인 '깨끗한 옷 입기 캠페인 Clean Clothes Campaign, CCC'과 함께 힘을 모았다. 캠페인은 소비자가 알 권리, 선택할 권리, 착취에 분개할 권리, 그들이 구입하는 옷으로 인해 어느 누구도 곤경에 처하지 않도록 요구할 권리를 가지고 있음을 전제로 시작했다.
>
> NEWS!는 한 해 동안 공정무역의 인식 제고를 위한 운동을 펼친 후 1998년 캠페인에 로비활동을 도입했다. NEWS!는 7만 장의 엽서를 자국과 유럽의 대형 다국적기업의 경영진과 정치인에게 발송했고, 1997년과 1998년 2년간 '유럽 월드숍의 날European Worldshops' Day'에 북반구 국가의 대형 다국적기업과 정치인에게 아래와 같은 요구사항을 전달했다.
>
> - 국제무역, 대규모농장, 작업장, 직조공장 그리고 일반공장 등에서 사람답게 일할 수 있는 환경
> - 영세생산자를 위한 부분적 선지불을 포함한 좋은 가격
> - 생산자조직의 개발활동 지원
> - 생산자가 생산방식을 향상시키고, 환경친화적인 신제품을 만들도록 지원
> - 환경에 덜 해로운 생산
> - 남녀의 동등한 처우와 차별 대우를 받는 여성에 대한 지원
> - 개발도상국의 영세 생산자들에게 우호적인 무역조항으로 수정

모두가 알고 있을 법한 캠페인

1997년 '유럽 월드숍의 날'에 시작된 '존엄성으로 만듭니다'는 1997년과 1998년 유럽 월드숍 캠페인이었고, 국제 의류산업의 불공정한 노동조건에 초점을 두었다.

단 하나의 캠페인으로 그런 심각한 문제들이 해결되리라고 기대할 수는 없다. 하지만 우리는 아직 해결단계에 이르지는 못했어도 지난 몇 년간 캠페인활동의 결합된 힘이 눈에 띄는 변화를 가져왔다. 더 많은 기업이 그들의 공급망 내 노동자에 대해 책임을 느끼고 있고, 권리침해 소송이 승소판결을 받았다. 또 CCC 캠페인은 다국적기업과 연합해 감시체제를 시험적으로 도입하기 위한 준비조사를 시행하고 있다.

NEWS!가 1999년과 2001년 사이에 진행한 '생각할 먹을거리Food for Thought' 캠페인은 5가지 요구사항을 내걸었다.

- WTO가 더 높은 수준의 민주주의와 투명성을 가지도록 개혁할 것
- 새 협상을 시작하기 전 현재의 WTO 협정에 대해 평가
- 모든 농업 수출보조금과 다른 형태의 덤핑을 제거
- 식량안보와 식량자치권이 모든 농업협정에서 주된 이론이 되어야 한다는 인식
- 무역자유화보다는 무역 이슈에 더 집중할 것

이 캠페인은 국제정의 분야에서 일하는 다른 비정부단체 활동('무역정의 활동'이나 '빈곤을 역사속으로Make poverty history'처럼 눈에 띄는 전문적인 캠

WTO에 맞서는 '이제 정의를' 캠페인
(출처: '이제 정의를')

페인)에 직접적으로 관련되어 있고, 이러한 이슈에 일반 대중이 관심을 가지는 데 기여한다.

2004년 5월 5일 유럽 월드숍의 날, 독일 월드숍들은 '이제 정의를 Gerechtigkeit jetzt' 캠페인을 23개의 독일 내 단체와 함께 시작했다. 주제는 곧 있을 유럽의회 선거를 세계무역에서 정의가 필요하다는 인식을 높이는 데 활용하자는 것이었다.

캠페인 활동가들은 월드숍과 공공장소에서 더 공정한 무역을 위한 선거용지를 모았다. 유럽의회의 모든 정당 후보자들이, 만약 선출된다면 보다 공정한 유럽 무역정책을 위해 힘쓸 것을 요청하는 캠페인이었다. 결국 이 캠페인으로 90명의 후보자 모두가 문서에 서명했고 독일 대표자의 40퍼센트에 해당하는 43명의 서명자가 유럽의회 의원으로 선출되었다. 몇 년 동안 이들은 유럽 내에서 공정무역운동의 여러 성공적인 활동을 위한 기반으로서 역할을 할 것이다.

요약과 전망

더 많은 소비자가 공정무역에 참여하도록 하려면 다른 종류의 소비자 인식을 이해하는 것이 중요하다. 어떤 사람은 아직 시작단계라서 "공정무역이 뭐죠?" "왜 그것이 중요하죠?" "어떻게 그 제품을 알아볼 수 있죠?" 등과 같은 질문을 한다. 그러나 어떤 사람은 이미 활발한 참여자로 더 실질적이고 정치적인 헌신을 위해 준비하고 있을지도 모른다.

결과적으로 정치적 각성을 이루는 과정으로의 역동적인 접근은 서로 다른 공정무역단체 간의 이해를 돕는 데 일조할 수 있다. 어떤 단체는 일반 소비자가 공정무역 제품을 슈퍼마켓에서 구매하도록 장려하는 것을 목표로 하는 데 비해, 어떤 단체는 좀더 많은 것을 알고 있는 소비자로부터 더 강화된 정치적 참여를 이끌어내는 것을 목표로 한다. 이 둘 모두 삶의 질을 개선하고자 하는 생산자를 지원하는 공통의 목표가 있다. 이는 우리가 서로 다른 공정무역단체들이 유용하게 노동을 분업하는 과정에 진입하고 있음을 뜻한다.

만약 미래에 더 많은 공정무역단체가 여기서 언급된 공정무역 마케팅의 마법의 사각형 안에 제시된 목표를 달성한다면, 그리고 대상집단이 가지는 특성을 고려한다면, 공정무역의 미래는 걱정할 필요가 없을 것이다.

주석

1 장 마리 크리에르, 《유럽의 공정무역 2005: 유럽 25개국에서의 공정무역 숫자와 사실들》, 페어트레이드 어드보카시 사무소, 브뤼셀, 7p.

2 장 마리 크리에르, 《공정무역 2007: 계속되는 성공신화의 새로운 숫자와 사실들》 (33개 소비국에 대한 공정무역 보고서), 네덜란드 월드숍 연합, 2008년.

3 환경사회연구소Institut Fur-Umwelt-Gesellschaft: 이무그 뉴스imug news, 특별판 (2003/6), p. 3.

5장

기업관행을 변화시켜 바닥을 향한 경쟁을 멈추는 방법

샬롯 오팔 Charlotte Opal
트랜스페어 USATransFair USA의 신상품 개발 관리자다. 알렉스 니콜스Alex Nicholls와 《공정무역 : 시장이 이끄는 윤리적 소비Fair Trade: Market-Driven Ethical Consumption》(Sage, 2005)를 공저했다.

사람들은 좀더 저렴하게 물건을 구입하거나 가지고 있는 돈으로 더 많은 것을 사려고 한다. 이러한 목표를 달성하는 유일한 방법은 상인들이 점점 더 낮은 가격으로 제품을 판매하는 것이다. 그리고 그들은 실제로 그렇게 하고 있다. 1930년대 유통비용을 낮추고 소매상인의 구매력을 집중시켜버리는 대형 슈퍼마켓의 급격한 확대와 최근 대형할인점의 성공에서 비롯된 가격전쟁은 제품의 가격을 하락시켰다. 1980년대 중반 이후 월마트가 성장하면서, 미국의 식료품가격은 9퍼센트 하락했고, 다른 제품의 가격도 4퍼센트 낮아졌다. 전문가들은 2006년부터 2010년까지 유럽과 미국의 의류가격이 5~10퍼센트 하락할 것이라고 전망했다.

그렇다면 기업은 어떻게 우리에게 더 값싼 제품을 공급할 수 있을까? 더 현대적인 기술로 생산성을 높이면 생산비용을 낮출 수 있다. 또 대부분의 기업은 저임금 국가로 공장을 옮기는 방법으로 제품의 가격을 낮춘다. 특히 노동집약적 제품인 의류의 경우 더욱 그렇다. 의류는 과거 40여 년 동안 유럽과 북아메리카에서 생산되었다가, 상대적으로 잘사는 아시아 국가인 홍콩, 마카오, 싱가포르, 한국, 대만 등으로 공장을 이전했고, 최종적으로 가장 낮은 임금으로 제품을 생산할 수 있는 중국, 인도네시아, 방글라데시 같은 나라로 옮겨졌다. 몇몇 부유한 아시아 국가가 세계 의류 수출에서 차지하는 비율은 1992년 24퍼센트에서 2002년 12퍼센트로 낮아졌지만, 같은 기간 중국은 21퍼센트에서 25퍼센트로 높아졌다.

기업은 또한 천연자원을 무분별하게 사용하면서 상품의 가격을 낮춘다. 다음 세대를 위한 자원보호는 기업의 입장에서 볼 때 초과비용을 야기하는 것이다. 환경보호에 대한 규제가 엄격하지 않은 국가에서는 제품을 생산하기 위해 파괴된 산림지대에 나무를 다시 심거나 정화활동에 투자하지 않아 더 낮은 비용으로 제품을 생산할 수 있다. 브라질은 2001년 이전까지 유럽이 수입하는 가공쇠고기의 40퍼센트를 공급했지만, 2001년에는 74퍼센트로 증가했다. 이를 위해 대규모 방목으로 소를 키우게 되었고, 브라질의 산림은 파괴되고 있다.

기업이 노동이나 환경을 좀더 쉽게 이용하거나 착취할 수 있는 지역으로 생산지를 이동하면서 물건 가격을 낮추는 것을 '바닥을 향한 경쟁the race to the bottom'이라고 부른다. 개발도상국에서의 제품생산은 그 나라의 일자리 창출에 중요한 요소이기도 하지만, 소비자는 우리가 무심코 만들어내는 개발도상국의 일자리에 대해 근본적인 의문을 가져야 한다. 또 우리가 어렵게 번 돈으로 구입하는 제품이 열악한 근로조건 아래에서 노동자를 착취하거나 혹은 자연자원을 고갈시키면서 생산된 것은 아닌지 다시 한 번 생각할 필요가 있다. 낮은 가격을 위한 소비자의 열망이 개발도상국의 노동자에게 미치는 영향을 보여주는 좋은 사례가 있다. 바로 세계 바나나산업이다.

사례연구 : 점점 증가하는 바나나산업의 노동착취

바나나는 대부분 개발도상국에서 재배되고, 현지에서 80퍼센트 이상이 소비된다. 세계 생산량의 15퍼센트 이하만 선진국으로 수출된다. 바나나를 수출하는 과정은 매우 복잡하다. 왜냐하면 과일류는 수확 후 한 달 이내에 소비되어야 하기 때문이다. 수확에서 선적까지 시간을 줄이기 위해, 수출용 바나나 생산은 소작농생산에서 엄청난 양의 농약 사용과 열대환경에 부담을 주는 대량 단일작물 플랜테이션 생산으로 변모했다.

이처럼 시간에 민감한 바나나 공급망은 대규모의 수직통합구조가 되기 쉽다. 즉 다국적기업이 바나나를 재배하는 플랜테이션 농장은 물론, 바나나를 씻고 상자에 넣는 제품 포장공장, 그 상자들을 유럽과 북미의 소비국으로 운반하는 수출용 선박 등을 소유하거나 장기적관계를 통해 컨트롤하는 것이다. 따라서 세계 바나나 수출업계는 매우 집약적이다. 돌Dole, 델몬트Del Monte, 치키타Chiquita 3개 사가 세계거래량의 55~60퍼센트를 차지하고, EU 내의 피페Fyffes, 미국에선 노보아Noboa가 25퍼센트 정도를 차지하고 있다.

부유한 국가에서 할인 슈퍼마켓이 성장하면서 바나나는 가격 전쟁의 표적이 되고 있다. 왜냐하면 바나나는 북반구 사람이 가장 좋아하는 과일이고, 미국과 유럽 슈퍼마켓에서 가장 잘 팔리는 제품이기 때문이다. 한 수입업체가 경쟁업체보다 바나나를 싸게 팔거나 낮은 가격의 바나나를 소매상에게 제공한다면 사업을 확장시킬 수 있다. 수입업체가 선박을 소유하거나 효율적으로 바나나를 유통시킨다면 비용을 낮출 수 있지만, 가장 일반적인 가격 하락의 방법은 개발도상국 생산자의 몫을 적게 주어 비용을 낮추는 것이다. 그 결과 수입된 바나나의 실제 가격은 1973년부터 2001년까지 매해 평균 1.4퍼센트씩 감소해왔다.

생산자에게 돌아가는 몫이 꾸준하게 줄어들면서, 바나나생산은 코스타리카·파나마 등 고임금에 노동조합이 있는 나라에서 에콰도르·브라질·카메룬과 같이 임금이 낮고 노동법이 느슨하며 노동조건이 열악한 국가로 이동하게 된다. 에콰도르는 바나나가격을 중앙아메리카에서 생산된 바나나가격보다 40~60퍼센트 낮춤으로써 세계에서 가장 큰 바나나 수출국이 되었다. 돌이 에콰도르에서 가져오는 바나나의 비율은 10년 전 판매량의 19퍼센트 정도였으나 지금은 에콰도르에서 3분의 1 가량을 가져오고 있다. 많은 플랜테이션 농장이 노동법을 피하기 위해 단기 노동자를 고용하거나 노동조합을 협박하는 등의 방법으로 임금을 낮추고 있다. 2003년에는 에콰도르의 5천 개가 넘는 바나나 플랜테이션 농장 중 단 다섯 곳에만 노동조합이 있었다.

설령 노동조합이 있다 해도 다국적기업의 간접적 간섭이 늘어남으로써 노동조합은 임금과 노동조건에 대해 협상할 수 있는 힘을 잃고 있다. 다국적기업이 그들의 플랜테이션 농장을 팔아버리고 개인 소유의 플랜테이션 농장에서 제품을 가져오게 되면 노동조합이 있는 농장은 더 이상 다국적기업과 직접 협상할 수 있는 주체로 대응할 수 없다. 오히려 그들은 다국적기업의 사업을 위해 서로 경쟁해 가격을 낮추는 농장들의 확산된 네트워크 안에서 일해야 한다. 농장가격은 이제 점점 농장 소유주들이 다국적기업을 상대로 가격결정을 할 때 가진 힘에 의해 결정되고, 작은 플랜테이션 농장이나 소농 협동조합은 점점 그 과정에서 배제되고 있다.

이렇듯 하향하는 가격이 개발도상국의 농민과 농장 노동자에게 어떤 영향을 미칠까? 뉴욕에 본부가 있는 비정부단체인 휴먼라이트워치 Human Rights Watch는 에콰도르의 바나나 플랜테이션 농장에 대한 보고서에서, "정규직 성인 근로자 두 명의 임금이 가족을 부양하기에는 충분하지 않으며, 이러한 경우에 아이들에게 일을 하게 해서 가족 수입을 보충하려고 할 수도 있다"고 밝혔다(2002:15). 휴먼라이트워치는 현재 바나나 수출농장에서 일하고 있거나 과거에 일했던 45명의 아동들을 대상으로 아동의 노동조건에 대해 인터뷰를 했다. 아동 대부분은 10세에서 11세 정도였는데, 보통 하루에 12시간 일을 했다고 한다. 아이들 대부분은 농약에 직접 닿는 일을 하거나 성희롱을 당하는 등 신체적으로 힘들고 위험한 일에 노출되어 있었다.

> 4명의 소년은 몸에 보호장비를 두르고 바나나 줄기가 매달려 있는 케이블과 연결된 도르래에 몸을 매달아 일을 한다고 말했다. 각각 23~45킬로그램의 무게가 나가는 도르래를 이용해 약 20여 개의 바나나가 매달린 줄기를 끌기 위한 것이다. 하루에 대여섯 번 바나나 줄기를 끌고 포장공장까지 1.6킬로미터 정도의 거리를 이동한다. 그들 중 한 소년은 헐거워진 철 도르래가 머리 위로 떨어져 피를 흘린 경험도 있었다(2002:2-3).

휴먼라이트워치는 또한 노동조합 활동가에 대한 위협이나 노동조합을 조직하려는 노동자를 해고한 사례도 조사했다. 이러한 사례는 국내법에 저촉되는 것이다. 노보아가 소유한 에콰도르에 있는 플랜테이션 농장에서 조합을 결성하려고 했던 150명의 바나나 노동자공동체가 한밤중에 급습당한 유명한 사건이 있었다. 하지만 그로부터 3년이 지난 후에도 누가 체포되거나 어떤 법적 판결도 이루어지지 않았다.

전 세계 바나나산업은 저가생산을 향한 경쟁이 노동과 환경착취의 증가로 이어진다는 것을 보여주는 극명한 사례다. 신발에서 장난감, 의복에 이르기까지 많은 노동집약적인 제품들은 2002년 기준시간당 57센트의 임금으로 운영이 가능한 중국공장으로 옮겨지고 있다. 공장에서 가장 많이 장난감을 생산하는 기간에 중국인 노동자는 일주일에 15~18시간 교내로 일하고 있다. 미국과 유럽에서 팔리는 장난감의 80퍼센트 이상이 중국에서 만들어진다는 건 놀라운 사실이 아니다.

바닥을 향한 경쟁은 기업들이 생산가격을 최대로 낮추려 하고 소비자가 가장 저렴한 물건을 찾는, 이른바 자본주의 시스템의 본성을 타고난 것일지도 모른다. 하지만 다행스럽게도 CCC 캠페인 같이 대중의 인식을 증진시키는 캠페인 덕분에, 개발도상국의 환경을 파괴하지 않으면서 생산과정에서 노동력이 착취되지 않은 제품을 구매하려는 북반구 국가의 소비자가 늘고 있다. 결과적으로 기업은 그들의 세계적인 공급망 도처에서 행하고 있는 착취활동에 대해 조치를 취해야 할 것이다.

> **깨끗한 옷 입기 캠페인CCC**
>
> 1990년 네덜란드에서 조직된 CCC 캠페인은 급속도로 국제적인 운동이 되었다. CCC는 세계적 의류와 스포츠의류산업의 노동조건을 향상시키는 것에 초점을 두었다. 비정부단체와 무역 노동조합의 네트워크인 CCC는 유럽 9개국에 지부가 있으며, 많은 의류 생산국에 파트너 기구를 두고 프로젝트

를 진행하고 있다. 또 CCC는 미국, 호주, 캐나다의 운동과도 긴밀히 연결되어 있다.

CCC의 원칙은 모든 노동자가 안전하고 믿을 만한 노동조건에서 일할 권리가 있다고 명시하고 있다. 노동자들은 결사의 자유와 집단교섭권을 가지며, 품위 있는 생활을 가능하게 하는 임금을 받아야 한다. CCC의 최소기준은 ILO가 정한 국제노동기준의 핵심에 기초하고 있다. CCC는 일반 소비자가 의류나 신발이 어떻게 만들어지는지 알아야 하는 것과 마찬가지로, 노동자도 자신들의 권리를 알 필요가 있다고 주장한다.

CCC는 소식지, 보고서, 웹사이트 등을 이용해 유명상표가 붙은 의류가 만들어지는 공장에서 일어나는 노동조합에 대한 협박과 열악한 노동조건을 유럽의 소비자에게 알리고 있다. 그리고 제휴단체 간 행동을 조율함으로써 수천 명의 사람들이 기업과 정부에게 공장에서 노동학대를 끝내고 행동강령을 도입할 것을 촉구하는 내용의 편지를 보냈다. CCC는 종종 청소년단체와 함께 일하는데, 월드컵이나 올림픽 같은 큰 스포츠행사와 연결해 스포츠의류공장의 노동착취에 대한 대중의 관심을 불러일으키는 시위나 행사를 한다.

소비자와 기업의 반응, 기업의 사회적 책임 이니셔티브

비정부단체의 캠페인과 미디어의 결합은 노동착취공장 노동자와 상품작물을 생산하는 농민의 고통, 농업, 목재생산, 채굴산업의 환경적 영향 등의 쟁점들을 북반구 국가의 수백만에 달하는 소비자의 관심사로 만들었다. 나이키와 네슬레의 노동착취공장 sweatshop[1] 에서 생산한 제품이나 비윤리적인 마케팅을 한 제품에 대한 소비자의 불매시위를 수

많은 미디어에서 크게 다루었다. 미디어는 1999년 시애틀에서 개최된 WTO 회의에서 개발도상국의 노동·환경착취를 반대하는 거대 항의시위에도 초점을 맞춰 보도했다.

제품이 어떻게 생산되고 만들어지는지에 대한 소비자의 관심은 제품과 연결된 브랜드에 대한 소비자의 이미지로 나타나고, 결국 많은 브랜드가 제품생산 방법에 대해 소비자에게 좋은 느낌을 심어주는 것을 중요하게 여기게 되었다. 따라서 브랜드 소유 기업은 브랜드의 평판에 나쁜 영향을 끼칠 스캔들의 위험을 줄이고자 한다. 그 결과 생산과정에 투입되는 환경·노동기준 도입에 대한 관심이 최근 급속도로 증가하고 있다.

하지만 민간산업은 브랜드 가치가 아닌 다른 이유로 노동조건을 향상시키고 환경 파괴를 줄여야 할지도 모르겠다. 파업과 현장항의는 근무일수를 줄여 생산성을 낮추기 때문에, 기업으로서는 노사관계를 개선하고 광산업 같이 거대한 프로젝트로 인한 환경파괴의 영향을 받을 수 있는 지역사회와 직접 일하는 것이 더 이익이 될 것이다. 공급처에 대한 투자는 양질의 제품을 계속 공급받을 수 있도록 해주며, 노사관계 개선과 같이 노동자와 장기적으로 긍정적인 관계를 맺는 것은 결과적으로 생산성을 높인다.

불명예스러운 일로부터 브랜드를 보호하고, 파업과 현장시위로 인한 생산성 감소의 위험을 낮추며, 지속적으로 양질의 제품공급을 보장하는 등의 이유로, 많은 기업은 그들의 전 지구적 공급망에 사회적이고 환경적인 책임개념을 도입하기 시작했다. 이러한 '기업의 사회적 책임 Corporate Social Responsibility, CSR'을 통한 활동은 다양하다. 지역민에 대한 지원을 늘리기 위해 지역사회에 기부를 하거나 노동자의 권리를 보호하기 위해 노동조합과 협약을 체결하거나 환경적 영향을 상쇄하기 위해 활동을 하거나 좀더 광범위한 방법으로 기업이나 산업계 전반의 노동과 근로조건, 유해물질의 사용, 환경보호와 관련된 기준과 행동강령을 도입하기도 한다. 행동강령은 매우 폭넓게 사용되므로 상세히 검토할 필요가 있다.

기업과 산업계의 행동강령

많은 기업의 행동강령은 구매관행과 원료를 공급받는 공급처에 대한 기준뿐 아니라 노동자를 대하는 방법까지 포함하고 있다. 그들만의 최소기준을 정의하려고 할 때, 많은 기업은 가장 널리 통용되는 기본 원칙을 적용했다. ILO의 노동자 권리에 관한 핵심규약이 그것이다. '핵심 노동기준'이라고도 불리는 8가지 규약은 ILO의 이사회가 노동자가 일하는 나라의 가난이나 개발수준과 무관하게 일하는 인간의 근본적인 권리라고 규정한 내용이다. 이 규약은 인권으로 간주되므로 한 국가의 정부가 공식적으로 이 규약을 비준하지 않더라도 어디에서나 적용되어야 한다.

ILO의 핵심 노동기준

결사의 자유
- 결사의 자유 및 단결권 보호 규약, 1948년, (No.87)
- 단결권 및 단체 교섭의 권리 규약, 1949년, (No.98)

강제노동 철폐
- 강제노동 규약, 1930년, (No.29)
- 강제노동 철폐 규약, 1957년, (No.105)

차별대우로부터의 자유
- 고용 및 직업상 차별대우에 관한 규약, 1958년, (No.111)
- 동일보수 규약, 1951년, (No.100)

아동노동 철폐
- 최소 연령 규약, 1973년, (No.138)
- 최악의 형태의 아동노동에 대한 규약, 1999년, (No.182)

나이키 같은 다국적기업도 그들의 규범을 개정하고 비정부단체 및 활동가들과의 협의를 거쳐 모니터링하는 노력을 보이고 있다. 하지만 기업 고유의 행동강령은 투명하지 않거나 제3의 기구에 의한 독립된 감시를 허용하지 않는다는 점에서 비판을 받아왔다. 또 몇몇 기업은 개별적인 행동강령보다는 대체로 유사한 공동의 행동강령을 채택하기 위해 움직이고 있지만, 릭센Rixen(2005)이 말한 것처럼 기업에 의해 시작된 그런 움직임은 '기준의 사유화와 적용의 통제'를 초래할 수도 있다. 노동자, 소농, 환경그룹의 참여 없이 행동강령을 디자인하고 모니터링 규약을 제정하면 궁극적으로는 기업이 실천관행을 결정하게 된다.

몇몇 기업은 동일산업의 경쟁기업이나 다른 산업부문의 기업과 함께 더 넓은 범위의 규범에 따르기도 한다. 산업계 전반을 아우르는 행동강령은 업계의 모든 기업이 동일한 표준을 충족시키도록 함으로써 동일 선상에서 경쟁할 수 있게 한다(또는 경쟁적으로 함께 달려 내려갈 '바닥'을 마련해준다). 하지만 산업계 전반의 행동강령 준수는 거의 자발적

기업의 행동강령 예시

이니셔티브	지역	내용	모니터링
나이키의 행동강령	전 세계	신발 생산공장의 노동착취에 대한 항의가 많아져, 1992년 행동강령을 도입했다. 비정부단체의 비판에 대응해 지속적으로 행동강령과 모니터링 시스템을 개선해왔다. 다른 다국적기업의 행동강령처럼 안전한 노동조건, 적정한 임금, 결사의 자유 등을 포함한다.	나이키는 독립적인 감시기구인 공정노동연합FAL, Fair Labor Association에 자사 공급망의 5퍼센트에 대한 불시조사를 허용했는데, 공정노동협회는 일부 조사 결과를 http://www.fairlabor.org에 공개한다. 그밖에도 나이키는 공급업체 공장 목록을 공개했다.
이케아Ikea의 'IWAY' 기준	전 세계	1980년대 중반 가구에서 검출된 포름알데히드 잔류물에 대한 사람들의 공포심과 기업 카탈로그 인쇄를 위해 사용되는 엄청난 자원에 대한 비정부단체의 항의 이후, 환경 및 사회적 기준을 원료와 제조공정에 포함시키기 위한 노력을 시작했다. 2001년 도입된 IWAY 행동강령은 강제노동, 아동노동, 임금, 근로조건, 결사의 자유 등에 관한 국제연합과 ILO의 주요 규약을 모두 포함한다.	이케아는 유엔아동기금UNICEF, 세이브더칠드런Save the Children, 세계야생동물기금World Wildlife Fund 등의 비정부단체들과 아동노동, 지속가능한 삼림과 관련된 특정 프로젝트에 긴밀히 협력하며, 산림관리협의회Forest Stewardship Council 인증을 받은 목재를 일부 구매하나, IWAY 기준은 자체 모니터링에 따른다. 원료공급관행을 감시하는 독립기구가 없다.

산업 혹은 업종 전반의 행동강령 예시

이니셔티브	지역	내용
유럽소매자 우수 농산물 관리제도 The Euro-Retailer Good Agricultural Practices, EUREP-GAP	EU 소매업체, 국제 공급망	EUREP-GAP 이니셔티브는 광우병 사태와 살충제 잔류물에 대한 대중의 공포심이 커진 후 식품안전을 보장하는 농장인증을 위해 만들어졌다. 후에 농장 노동자의 건강과 안전조건을 포함한 기준으로 확장되기도 했다. 점점 유럽과 선진국의 소매업자들은 그들의 공급업체들이 EUREP-GAP의 기준을 준수할 것을 요구하고 있다. 그러나 생산자들이 EUREP-GAP 기준을 준수했다고 해서 추가적인 보상을 받는 것도 아니다. 또 그 기준은 대규모 플랜테이션 농장을 염두에 두고 정했기 때문에, 개발도상국의 많은 소농들은 그 기준이 비현실적이고 기준 준수를 위한 비용이 많이 들며 이로 인해 유럽 소매시장에서의 교역에 장애가 된다고 불평을 토로한다.
윤리적무역 이니셔티브 Ethical Trade Initiative, ETI	영국 기업과 그들의 국제 공급망	1998년 기업, 비정부단체, 무역조합들의 연합에 의해 만들어진 ETI는 영국 대부분의 식품류 판매업자 사이에서의 행동강령을 하나로 묶어내는 것을 목표로 한다. 이 행동강령의 기초는 노동조합 가입의 자유, 생계임금 지불, 아동노동 금지 조항을 포함하고 노동자에 대한 차별과 가혹한 처우를 방지한다. 참여 기업은 매년 ETI 기준에 다가가야 한다. ETI는 강령이 실제로 어떻게 준수되는지를 밝히기 위해 여러 연구 프로젝트를 지원해왔다. 이에 따라 남아프리카공화국의 와인 노동자, 중국의 의류 노동자, 영국의 가사 노동자나 비정규직 노동자 등에 대한 연구가 진행되고 있다.

이니셔티브	지역	내용
유엔글로벌컴팩 UN Global Compact	전 세계	2400여 개 이상의 기업은 2006년 유엔의 '포용과 지원embrace and support'에 참가할 것에 서명했다. 이것은 노동 및 환경에 대한 주요원칙을 준수하겠다는 약속인데, 이를테면 ILO의 핵심 규약이나 환경과 발전에 관한 리우선언, 인권에 관한 보편선언, 유엔 반부패협약 등을 포함한다. 기업의 자발적인 참여가 장려되고 독립된 기구에 의한 모니터링이나 평가는 필수적으로 이루어지지는 않는다.
경제협력개발기구OECD의 다국적 기업 가이드라인	OECD 회원국 내에 부분적으로라도 기반을 두고 있는 기업(미국, 호주, 캐나다, 대부분의 유럽국가를 포함)	이 가이드라인은 조직 구성의 자유로부터 환경을 보호하는 것, 카르텔을 구성해 경쟁을 제한하는 것을 막는 것까지 모든 것을 포함한다. 위반행위로 기소된 조직들은 보통은 정부에 의해 운영되는 구성국가의 '연락사무소'에 의해 그들의 사례를 검토 받는다. 이 가이드라인에는 법적인 강제 적용이 존재하지 않지만, 이 가이드라인을 따르지 않는다고 밝혀진 회사는 달갑지 않은 대중매체의 주목을 받을 위험이 있다.

이며, 회사 행동강령과 마찬가지로 제3의 독립된 기구의 모니터링이 거의 존재하지 않는다. 위의 표는 하나 이상의 기업이 참여할 수 있는 좀더 광범위한 이니셔티브의 예를 보여준다.

하지만 기업의 사회적 책임CSR 이니셔티브와 행동강령이 환경을 보호하고 농민과 노동자의 삶의 질 향상을 가져올 수 있을지라도, 이런 접근에는 약간의 결함이 존재한다. 첫째는 앞에서 언급한 것처럼 대부분 기업의 주장을 공적으로 검증할 제3의 기구가 없다는 점이다. 예를 들어 기업은 공급자에게 높은 가격을 지불하고 있다고 소비자에게 말할 수는 있지만, 정작 계약이나 지불에 관한 정보가 모두에게 공개되는 경우는 드물다. 두 번째 결함은 몇몇 제도는 제정할 때 비정부단체나 무역조합의 영향을 받았지만(예를 들어 영국의 ETI는 기준의 필요성과 영향평가에 NGO가 적극 참여했다) 정책결정이나 영향평가에 소농이나 수공예업자는 거의 배제되었다는 점이다. 결과적으로 EUREP-GAP의 사례처럼, 소규모의 생산자에게 이런 제도가 무역을 하는 데 또다른 장벽이 될 수 있다.

마지막으로, 대부분의 기업과 업계의 강령은 어떠한 추가 보상은 주지 않으면서 제품 공급자에게 돈이 많이 드는 환경 및 노동자 보호를 요구한다. 많은 의류기업은 최저임금 지불 등 하청공장에서 원료를 들여올 때 필요한 통합된 행동강령을 가지고 있지만, 막상 공장이 그 기준에 따를 수 있도록 아무런 추가적 수익도 제공하지 않고 있다. 기업 내 구매부서는 오히려 매년 더 낮은 원자재 구매가를 요구하고 있는 실정이다. 결과적으로 하청공장은 검사를 통과하기 위해 기록을 조작하고, 기업 제품가격은 여전히 낮게 유지하게 되는 것이다. 결국 기업이 행동강령을 지키고 원래의 사업관행에 대한 기준을 높일 수는 있겠지만, 기업이 그에 상응하는 수준의 실천으로 옮기는 것은 거의 불가능하다. 그보다는 이러한 산업 이니셔티브들은 기업윤리에 대한 낮은 수준의 기준과 높은 수준의 기준 사이의 타협점으로 간주될 수 있다.

행동강령을 넘어 공정무역이 등장할 차례

언론매체의 스캔들이나 노동자 항의에 대한 대응책으로 행동강령을 도입하는 기존의 기업과는 달리, 공정무역단체들은 시작단계부터 그들의 공급망에 윤리적인 요소를 통합시킨다. 제2차 세계대전 직후, 미국의 텐사우전드빌리지가 수공예품 수입을 시작한 데 이어 1970년대 후반 영국의 트레이드크라프트, 독일 게파공정무역상사, 스위스 클라로 같은 식품 및 수공예품 수입업체는 농민과 장인에게서 직접 제품을 구매해 물건을 판매했다. 그들은 생산자의 역량강화에 초점을 두고 장기적인 관계를 유지하면서 기존시장보다 높은 값을 생산자에게 지불한다. 공정무역단체는 공정무역 제품을 자선단체나 월드숍, 그리고 대부분 교회를 통해 판매했다. 또 윤리적인 소비자그룹으로 판매를 넓혀갔으며, 보통 기존 시장체제 바깥에서 운영되었다.

대부분의 행동강령과는 다르게 공정무역 운영모델은 소규모 생산자들이 의사결정에 영향을 미칠 수 있는 공식적인 통로를 제공한다. 또 공정무역은 환경보호와 노동자 안전보장, 개발효과 등을 위한 노력에 높은 비용이 따른다는 것을 인식하고 추가수입과 노동자 역량강화를 보장한다. 결국 특정한 상품에 대한 국제 공정무역 기준이 존재할 때, 기업은 제3의 독립된 기구에 의해 공정무역 인증 생산품을 선택함으로써 소비자에게 자신들의 주장이 정당하다는 것을 보증할 수 있게 된다.

공정무역단체는 1990년대 초반 공정무역 제품의 인지도와 유용성이 갑자기 확대되기 전까지, 40여 년간은 주로 틈새시장에서 활동했다. 그러다 제품이 어떻게 생산되는지에 대한 기업 스캔들이 소비자의 관심을 불러일으키면서, 네덜란드의 막스하벨라르, 독일의 트랜스페어 같은 기관들이 공정무역 인증 제품을 취급하는 제3의 인증기관으로 떠올랐고, 영국 디바인초콜릿의 초콜릿, 카페다이렉트의 커피 등 좀더 대중적인 상품을 출시했다. 또 개발도상국의 농민과 노동자의 상황을 보

스포츠용품 기업, 축구공 생산에서 아동노동 근절을 위해 협력중!

고품질의 축구공은 흔히 손바느질로 만들어지고, 이런 축구공의 대부분은 파키스탄 라호르 인근의 시알코트지역에서 만들어진다. 예전부터 수출업자들은 바늘, 실, 가죽조각, 공기 주머니 등이 든 축구공 제작세트를 가정에 나눠주었고, 가족 구성원이 하루 종일 그것을 꿰매 완성된 공 하나에 얼마씩 임금을 받았다. 1996년 6월, 《라이프》지는 파키스탄 아이들이 축구공을 만들고 있는 사진을 공개했고, 스포츠용품산업은 위기를 맞았다.

소비자의 항의와 비정부단체의 압력에 직면해, 세계 축구공 판매의 80퍼센트 이상을 차지하는 관련 업계 사람들이 만나 축구공 생산과정에서 아동노동 근절을 위해 협력하기로 결정했다. 그들은 1997년 생산과정을 검사받는 것에 동의하는 공급자에게만 제품을 구매하겠다는 협정을 체결했다. ILO, 유엔아동기금, 세이브더칠드런이 감시과정과 평가에 참여했다. 8년 후 제품 제조는 각 가정에서 좀더 용이하게 생산과정을 지켜볼 수 있는 공장으로 옮겨졌고, 이 분야에서의 아동노동은 급격히 줄었다.

많은 정부단체는 업계와 비정부단체가 노동조건을 향상시키기 위해 협력한 성공적인 이야기인 이 제도를 환영했다. 하지만 이 행동강령이 저임금에 대한 문제를 다루고 있지 않다는 점은 분명히 짚고 넘어가야 한다. 부모가 생계를 위한 돈을 벌지 못하는 경우 아이들이 일을 하게 되는 것이 가장 근본적인 원인이기 때문에, 저임금은 언제든지 아동노동을 야기할 수 있다.

미국의 이퀄 익스체인지

미국 공정무역운동의 선구자인 이퀄 익스체인지Equal Exchange는 1986년 미국 메사추세츠 주의 보스턴 인근에서 설립되었다. 이퀄 익스체인지는 처음부터 100퍼센트 공정무역 커피를 수입하여 로스팅을 해왔으며, 공정무역 커피 첫 수입 이후 13년이 지난 1999년부터 국제적 공정무역 인증 모델을 채택해 공정무역 인증 로고를 커피에 붙이기 시작했다. 이 회사는 1998년 공정무역 차, 2002년 코코아, 2004년 초콜릿바를 선보였다.

이 회사는 커피, 차, 코코아 등을 공정무역 조건으로 구매하는 것에서 한 걸음 더 나아가, 대안적 비즈니스 구조가 성공적일 수 있다는 것을 증명하기 위해 근로자가 소유하는 협동조합으로 구성되어 있다. 근로자가 1년간 이 회사에서 일하면 A등급 주식 한 주를 살 수 있다. 따라서 이퀄 익스체인지 구성원들은 설립자에서부터 신입직원에 이르기까지 모두를 동등한 위치에 두는 '1주 1표' 시스템에 참여하게 된다. 주주사원은 신상품 개발이나 회사 위치 변경 등과 같은 중요한 의사결정 과정에서 한 표를 행사한다. 주주사원은 회사의 이사회를 선출할 수 있으며, 9석 중 6석을 차지하고 있다.

링크 디킨슨, 마이클 로진과 함께 회사를 설립한 조나단 로젠탈은 이렇게 말한다. "우리의 꿈은 단순했어요. 단지 이익만 창출하는 것 대신, 경제적 정의의 전파에 힘쓰는 노동자들이 직접 경영하는 소규모 사업을 만드는 것이었죠. 13년에 걸친 실험에서 우리는 생각했던 것보다 더 많은 것을 이루었습니다. 우리는 기존 사업에 대한 대안을 증명해냈고, 그럼으로써 좀더 공정한 세계를 위한 희망은 물론 사업을 더 잘하는 방법을 만들어냈습니다"(Equal Exchange 1999:2). 이 회사는 공정무역으로 원료를 들여오는 것이 사업에서 윈윈전략이 될 수 있다는 것을 보여주었으며, 2005년 연간 판매량이 거의 2100만 달러에 달했다. 이퀄 익스체인지는 1999년 자연상품박람회 Natural Products Expo의 '사회적 책임 기업가상'을 받았고, 2000년에는 '기업

> 윤리잡지상' 주주관계 부문을 수상했다.
>
> 전통적으로 자연식품 매장과 식품류 생활협동조합에서 강세를 보이고 있는 이퀄 익스체인지는 공정무역에 대해 좀더 알기 시작한 기존의 소비자들 덕에 미국 북동부의 스톱앤숍Stop & Shop이나 샤우즈Shaw's, 북서부의 알버트선즈Albertson's 같은 대규모시장의 소매업체를 대상으로도 성공을 거두고 있다. 또 종교단체를 대상으로 혁신적인 접근을 하고 있는데, 교회에 직접 훈련용 교재를 제공하며 틈새시장에 진출하라고 조언하기도 한다. 가톨릭구호서비스Catholic Relief Services, 메노나이트 중앙위원회Mennonite Central Committee, 유니테리언 유니버셜리스트Unitarian Universalists, 루터교세계구호기구Lutheran World Relief, 미국퀘이커봉사회American Friends Service Committee 등과의 파트너십을 통해, 종교단체에서의 판매는 2003년 260만 달러에 달했고, 그해 전체 매출의 20퍼센트를 차지했다.

여주는 소비자 인식 캠페인은 공정무역 시장의 성공에 중요한 역할을 했다. 바나나링크BananaLink나 옥스팜인터내셔널Oxfam International 같은 비정부단체는 공정무역 지지자와 함께 교육 캠페인을 했고, 소비자는 소매업체에게 공정무역 상품을 판매할 것을 요구했다.

캠페인 활동가, 비정부단체, 공정무역 기업의 노력의 효과는 인상적이다. 식품류와 수공예품을 포함한 공정무역 제품의 소매 판매는 2004년 10억 유로에 달했으며, 세계적으로 1천 개 이상의 기업이 동참하고 있다. 공정무역 라벨에 대한 인지도는 스위스, 독일, 영국 인구의 40퍼센트가 인지할 정도로 성장했다. 평균적으로 일주일에 하나씩 새로운 기업이 미국 공정무역 시장에 진입할 정도이며, 이 성장률은 2005년 35퍼센트로 상승세는 멈출 기세를 보이지 않고 있다.

선구적인 사회적 회계감사로 여왕상을 받은
공정무역회사 트레이드크라프트

영국의 공정무역기구 트레이드크라프트는 사회적 회계와 파트너 평가절차에 대한 선구적인 노력으로 '영국여왕기업가상'을 받았다. 그 노력은 모든 이해관계자 사이에서 대화를 촉진하기 위한 것이었다. 1979년 무역을 통해 빈곤과 싸운다는 사명으로 시작한 트레이드크라프트는 지금은 아프리카, 아시아, 남아메리카의 30개국 이상의 100여 개가 넘는 생산자단체와 함께 일한다.

경영책임자 폴 챈들러는 말한다. "우리는 공정무역이 정직한 대화와 모든 관계자 사이의 투명성을 기반으로 한다고 믿습니다. 트레이드크라프트는 개도국에서의 빈곤과 싸우는 수단으로 무역을 사용한다는 사명을 수행하기 위해 항상 이해관계자의 참여를 추구해왔습니다." 실제로 이것은 해외의 파트너와 공급자는 물론 영국의 소비자, 공급자, 주주, 후원자, 일반대중, 정부기관, 직원을 모두 망라하는 이해관계자 공동체와 정기적으로 대화하는 것을 의미한다. "트레이드크라프트는 25년 이상 기존 기업사회에 공정하고 지속가능한 사업 방법론을 받아들일 것을 요구하는 개척자 역할을 해왔습니다"라고 챈들러는 말한다. "이 상은 그러한 성과에 대한 인정이며, 만일 트레이드크라프트 같은 작은 단체도 그것을 할 수 있고 그것으로부터 이익을 얻을 수 있다면, 당연히 다른 모두도 그렇게 할 수 있다는 우리의 메시지를 지지해준 것입니다."

트레이드크라프트는 1993년 영국에서 완전한 사회적 회계감사 보고서를 발표한 첫 번째 기업이며, 그후로 계속 그 관행을 유지하고 있다. 2000년 이래로 트레이드크라프트는 전년 대비 17퍼센트의 성장을 기록하고 있고, 4년 동안 총거래액이 2배로 늘었다.

* 트레이드크라프트는 2005년 전략적 계획을 세워, 2006년부터 2011년까지 개발도상국 생산자들로부터 사들이는 공정무역 제품의 구매액을 3배로 늘리고, 자선사업과 옹호활동 규모도 3배로 늘리기 위해 힘쓰고 있다(옮긴이).

공정무역에 대한 기업들의 반응

공정무역 시장이 커지고 소비자의 인식이 확대되면서, 기존의 기업과 소매업체들은 여러 반응을 보이고 있다. 영국과 스위스의 일부 소매상은 공정무역을 그들 브랜드의 한 부분으로 만들었다. 영국의 테스코Tesco는 각각의 점포에 90종이 넘는 공정무역 제품을 갖추고 있다. 프랑스의 까르푸Carrefour도 커피에서부터 쌀, 설탕에 이르기까지 공정무역 제품을 판매하고 있다. 2004년 미국의 던킨도너츠Dunkin' Donuts는 미국의 3천 개가 넘는 점포에서 공정무역 에스프레소 커피를 출시했다.

크고 유명한 브랜드는 다른 상품의 비윤리적인 거래에 대한 주의를 분산시키기 위해 공정무역 물건을 판매할 것이라는 활동가들의 우려 섞인 비판에도 불구하고, 네슬레나 프록터앤드갬블Procter & Gamble 같은 다국적기업도 공정무역 커피를 출시했다. 미국 버몬트주에 위치한 공공 무역회사인 그린마운틴커피 로스터스Green Mountain Coffee Roasters, GMCR는 상업적인 성장전략의 부분으로서 공정무역을 껴안은 기업의 대표적인 사례다(상자 참조).

하지만 모든 기업이 공정무역을 환영하지는 않았다. 생산자에게 기존시장가보다 높은 가격을 지불해야 하기 때문에, 공정무역 인증은 본질적으로 시장에서 주류에 속하는 기업의 공급망에 사회적 책임을 도입하려는 값비싼 방법이다. 결과적으로 일부 대기업은 그들이 다른 기존 기업들보다 더 책임감 있는 거래를 한다는 것을 소비자에게 보증하기 위해 상품에 제3자가 인증한 라벨을 사용하기로 결정했다. 커피산업에서는 우츠카페Utz Kapeh와 열대림동맹Rainforest Alliance이 가장 중요한 인증제도라고 할 수 있다.

그린마운틴 커피 로스터스GMCR의 공정무역

2005년 1억 6천만 달러의 매출을 기록한 상장회사인 GMCR은 2000년 유기농커피를 공정무역 제품으로 바꾸었다. 그때부터 GMCR은 2001년 7퍼센트 정도였던 공정무역 제품 비율을 2004년 15퍼센트로 증가시키는 등 사업의 상당 부분을 공정무역으로 바꾸었다. 기업 전체 성장률 15퍼센트와 비교했을 때, 공정무역 제품 판매량은 2003년 92퍼센트나 상승했다. 이 기업은 2008년까지 공정무역 제품 판매량을 전체 판매량의 25퍼센트로 늘리겠다는 목표를 선언했다.

GMCR은 공정무역 커피를 도입함으로써 인상적인 성장률을 달성했다. 2003년 남동부의 플로리다주에서 동부의 메인주에 이르기까지 1천 개가 넘는 슈퍼마켓에서 5종의 커피제품을 판매하게 했고, 지금은 공정무역 차와 핫코코아 믹스를 더해 20종 이상을 납품하고 있다. 2005년 10월, 이 기업은 미국의 북서부와 중부 아틀란타주에 있는 650개 이상의 맥도날드 점포에서 공정무역 커피를 내놓을 것이라고 발표했다.

* GMCR은 2009년 1월, 650개 이상의 매장에서 2005년부터 공급하고 있는 뉴 맨스 온 유기농 커피를 판매하는 협정을 연장했다. GMCR의 CEO인 래리 블랜포드는 "우리가 2005년에 맥도날드와 관계를 맺을 때, 우리의 목표는 뉴 잉글랜드와 알바니, 뉴욕의 소비자들에게 최고급 커피를 제공하는 것이었다. 우리는 맥도날드에 계속 최상의 맛을 가진 공정무역 커피를 공급하게 되어 기쁘다"고 말했다(옮긴이).

우츠카페와 열대림동맹마크는 공정무역 마크보다 소비자의 인지도가 낮다. 하지만 그들은 다국적기업과 긴밀하게 연합하고 있기 때문에 소비자를 대상으로 한 마케팅에는 신경을 덜 써도 된다. 열대림

공정무역과 윤리적 무역제도 사이의 차이점은 무엇일까

**우츠카페 : 커피 로스터들의 행동강령,
하지만 공정한 가격을 보장하지는 않는다**

우츠카페(마야어로 '좋은 커피')는 1997년 과테말라 커피 생산자와 수출업자, 네덜란드의 커피 로스터인 아홀드 커피 컴퍼니Ahold Coffee Company가 개발했다. 이 프로그램은 과일과 채소에 대한 유럽소매업체 EUREP-GAP 의정서에 기반하고 있다. 유럽의 유수한 소매업체들이 개발한 EUREP-GAP은 음식 안전성, 환경 및 사회적으로 적합한 재배방법에 관한 기본적인 보증을 제공한다. 우츠카페는 EUREP-GAP을 커피 생산을 위한 특정체계로 환원시켜, 시장에서 독립된 상표로서의 지위를 유지하기보다 이미 존재하는 브랜드를 지원하는 것에 목적을 두었다. 우츠카페는 대형 농장이나 소농들의 협동조합 모두에게 인증을 부여할 수 있다. 한 팩에 든 커피의 90퍼센트 이상이 우츠카페 재단에 의해 인증받은 커피인 경우, 제품 생산자나 로스터들은 우츠카페가 부여한 '책임인증Certified Responsible' 커피 라벨을 사용할 수 있다. 회계 감사는 독립된 제3의 감사관이 매년 시행하며, 이들은 농장이나 플랜테이션과 관련된 모든 자료와 정보를 검사한다.

우츠카페는 공정무역을 틈새시장으로 인식해 자신들과 거리를 둔다. 다른 행동강령과 마찬가지로 우츠카페의 강령에서도 최저가격이나 최저생계임금 등을 정해두지 않지만, 구매자와 생산자 간 장기적인 관계 형성에 대한 노력은 명시돼 있다. 우츠카페 인증을 받은 커피의 가격은 구매자와 판매자 사이의 협상과정에서 결정된다. 우츠카페는 커피가격을 결정하지는 않지만, 구매자가 시장가격과 품질 프리미엄 외에도 '지속가능성 프리미엄'을 지불하도록 장려한다. 따라서 공급망에서의 불균형적인 힘의 문제나 생산자의 생계비용 문제는 다루지 않는다.

> **열대림동맹 : 천연·열대산림의 보존**
>
> 열대림동맹의 지속가능 커피 프로그램은 지속가능한 농장관리를 장려한다. 광범위한 일반 기준을 충족하는 농장은 열대림동맹 인증서를 받는다. 농장은 이 인증을 통해 그들의 제품을 시장에서 다른 제품과 차별화할 수 있다. 이 기준은 열대환경 보존을 촉진하고 열대지역에서의 상업적 농업관행을 더 지속적인 방법으로 유도하기 위해 만들어졌다.
>
> 열대림동맹은 인증된 제품이 해충 및 질병관리, 토양 및 물 보존, 인간적인 노동조건과 지역사회와의 관계 등의 측면에서 환경적으로 책임 있는 관리시스템에서 재배되었음을 보증한다. 노동자들은 최저임금을 받아야 하고, 노조를 구성할 권리를 가지고 있다. 우츠카페와 마찬가지로 열대림동맹 인증제품에 최저가격이나 프리미엄이 반드시 지불되는 것은 아니다.

동맹은 커피, 바나나, 감귤류, 코코아, 고사리, 화훼, 열대목재 등을 인증하는데, 다양한 제품의 구매에 대한 라이프스타일의 또다른 방법을 제시한다는 면에서 공정무역과 경쟁관계에 있다. 반면 우츠카페는 오직 커피 생산자와 로스터에만 관련되어 있다. 공정무역 모델이 보장하는 농민과 노동자의 추가적인 수입은 이 마크를 통해서는 보장되지 않고, 생산자의 역량강화도 확실한 목표는 아니다. 최저가격을 보장하지 않는 이 마크들은 공정무역과 비교했을 때 생산자에게 돌아가는 몫이 적을 때도 있었다. 예를 들어, 2001년에서 2003년에 공정무역 커피의 최저가격은 시장가격보다 2배 이상 높았다. 그러므로 이 3년간 공정무역 시장에 판매한 커피농민은, 시장가격 이상의 가격을 보장하지 않는 다른 제도를 통해 판매하는 것에 비해 2배 이상의 가격을 받을 수 있었다.

마지막으로, 커피와 차를 취급하는 대기업은 공정무역 교육이나 인식증진 캠페인에 의해 제고된 원료공급 관행에 관한 소비자의 관심에 대한 대응책으로서 제3의 인증제도를 도입하는 것보다는 그들이 가진 업계 전반의 행동강령(또는 새로운 제도)을 펴냈다. 2004년 9월, 세계 커피 로스팅시장의 40퍼센트를 차지하는 네슬레, 사라리Sara Lee, 크라프트Kraft, 치보Tchibo는 커피농장의 노동 및 환경조건을 향상시키기 위한 '커피공동체를 위한 공동강령Common Code for the Coffee Community'을 만들었다. 이 규범은 노동자 최저임금, 아동노동 금지, 노동조합 허가, 국제환경기준 준수 등을 포함한다.

이외 유시힌 사례로 유니레버Unilever, 테틀리그룹Tetley Group, 사라리 같은 대형 차茶 기업도 최근 아시아와 아프리카의 차농장에서 현지 노동법이나 조합협약 등을 보장하는 '차 공급 파트너십Tea Sourcing Partnership'에 '윤리적 차 파트너십Ethical Tea Partnership'이란 새 이름을 붙였다. 아마도 공정무역을 하는 다른 회사들의 성공에 자극 받아 기업의 윤리적 활동에 대한 홍보의 필요성을 느꼈던 것 같다. 그러나 이 제도의 운영조직에는 노동조합이나 비정부단체, 소농이 포함되지 않으며 농민이나 노동자에게 최저가격을 보장하거나 그들의 역량강화를 지원하지도 않는다. 공정무역에 대한 소비자의 관심이 식품기업으로 하여금 시장점유율을 크게 잃지 않게 하기 위해 노동과 환경조건에 신경을 쓰도록 영향력을 발휘하고 있는 것이다.

결론

공정무역의 성장과 노동 및 환경착취에 관한 소비자 의식의 성장은 대기업들이 공급망 내 윤리적 이슈에 신경쓸 수밖에 없도록 만들었다. 기업들은 공정무역 방식을 도입하거나 특정기업 행동강령을 개발하거나 업계의 제도에 참여하거나 진정한 공정무역보다 비용이 적게 드는 제3의 제도를 만들기도 했다. 이런 방법 중 몇몇은 실제로 노동자나 소농의 생활과 환경기준을 향상시키기도 했지만, 회사 홍보에 그치기도 했다.

개발도상국의 공급자들이 대우받는 방식을 어떤 식으로든 개선하는 것은 칭찬받을 만한 일이지만, 공정무역 소비자와 활동가는 스스로와 대중에게 공정무역과 다른 모델들의 차이점을 꾸준히 인지시켜야 한다. 공정무역을 '훌륭한 기준'으로 발전시키고 공정무역과 다른 모델 사이의 중요한 차이점을 계속 부각시키기 위해, 공정무역 기업과 공정무역 마크 인증기관은 스스로의 마케팅 노력과 풀뿌리 교육단체와의 파트너십을 강화해야 한다. 소비자는 공정무역 제품의 취급만이 진정으로 세계의 가난한 생산자에게 더 나은 제품가격과 임금을 보장하는 유일한 길이라는 사실을 알고 소매업자와 기업에게 압력을 넣어야 한다. 그리고 공정무역 마크가 붙은 제품을 구입하거나 월드숍에서 제품을 사는 방식으로 공정무역 지지를 계속해야 한다. 공정무역 제품을 구입함으로써 소비자는 자신들이 사는 제품이 책임 있는 방식으로 만들어진 경우에만 구매력을 사용할 것이라는 신호를 기업들에게 보낼 수 있다.

정부의 공정무역 지원을 촉구하는 캠페인에서 소비자는 중요한 역할을 한다. 일부 이해관계자는 인증기준과 마크가 법적인 지위를 부여 받는 것을 공정무역운동의 목표로 두어야 한다고 말한다. 하지만 기준을 법제화하기 위해서는 엄격한 규칙이 필요하며, 이것은 소규모 비공식적인 생산자의 필요를 존중하기에 충분할 만큼 탄력적이지 못하다. 또 개발도상국 생산자의 이익이 소비국에서의 법적인 절차에서 어떻게 대변될지도 불확실하다. 게다가 공정무역 인증에 필요한 공적 규제로 소규모 생산자들이 공정무역 시스템에서 배제되지 않도록 하기 위해서는 인증비용 조절이나 보조금 제공계획 등이 포함되어야 할 것이다. 한편 지역, 지방, 국가 정부의 조달 프로그램에 공정무역 도입을 촉구하는 캠페인은 긍정적인 결과를 가져왔다. 소비자와 공정무역 활동가들은 샌프란시스코에서 런던, 브뤼셀에 이르기까지 지역 정부가, 개발도상국의 발전과 빈곤감소를 정책운영의 중심에 둘 수 있는 유일한 방법인 공정무역을 지원하도록 했다.

　세계에서 가장 가난한 생산자의 생계에 대한 공정무역의 영향력은 늘어난 판매량, 자금지원, 공정무역에 대한 미디어의 관심을 통해 실질적이고 측정가능한 형태로 나타나고 있다. 소비자는 공공기관에 공정무역 외의 방법으로도 노동과 환경기준 개선을 위해 노력하라고 압력을 넣을 수도 있다. 정부는 최소한의 법적 기준이 지켜지도록 보장해야 하고, 인권·ILO의 국제노동기준·OECD의 다국적기업 가이드라인에 대한 인식을 증진시켜야 한다. OECD의 가이드라인 준수가 실패한 것에 대한 비판은 적절한 방식으로 후속 조치와 평가로 이루어져야 하고, 사업관행이 가지는 사회·인권·환경의 영향에 대한 보고가 의무적으로 되어야 한다.

　공정무역 시장의 급속한 성장은 단순히 가장 값싼 제품을 찾는 것이 아니라 그들의 가치에 부합하는 방식으로 만들어진 제품에 값을 좀더 지불할 의향이 있는 소비자그룹이 점점 늘어나고 있다는 것을 보여주었다. 공정무역 시장은 개발도상국 생산자에게 돌아가는 수백만 달러의 추가 수입과 그들의 복지에 기여하는 지속가능한 무역이 만들어내는 밝은 희망을 대변한다. 그것의 영향은 커피, 차에서부터 바나나산업까지 미쳐왔고, 기업은 공정무역을 도입하지 않더라도 공급관행을 개선하도록 압력을 받았다. 공정무역 시스템이 섬유나 다른 비식품군 품목으로 확대됨에 따라 다른 산업에서도 변화의 바람이 불 것이다.

공정무역운동의 과제는 셀 수 없이 많지만, 공정무역의 빠른 성장에 기여해온 생산자, 기업, 활동가, 소비자는 기존 기업에게 공급망의 가장 취약한 곳에 있는 사람들에게 힘을 실어주면서도 이익을 창출하는 것이 가능하다는 것을 보여준 것만으로도 축하받아 마땅하다. 천천히 그러나 확실하게, 공정무역운동의 영향력은 바닥을 향한 경쟁을 거꾸로 바꿀 수 있다.

참고문헌

- Appelbaum, R.P., Bonacich, E. and Quan, K. "The End of Apparel Quotas: A Faster Race to the Bottom?" February 5, 2005.
  http://www.studentsagainstsweatshops.org/docs/end_apparel_quotas_article.doc
  http://www.studentsagainstsweatshops.org/docs/end_apparel_quatas_article.doc

- Arias, P., Danker, C., Liu, P. and Pilkauskas, P. (2003). *The world banana economy 1985-2002*. Rome: Food and Agriculture Organisation of the United Nations; Raw Materials, Tropical and Horticultural Products Service (ESCR), Commodity and Trade Division.

- Bannister, Judith (2005). "Manufacturing earnings and compensation in China", August 2005, Vol. 128, No.8. Available at:
  http://www.bls.gov/opub/mlr/2005/08/art3exc.htm.

- Bureau of Transportation Statistics, US Department of Transportation. "Price Trends of Gasoline v. Other Consumer Goods and Services". Available at:
  http://www.bts.gov/publications/national_transportation_statistics/2004/html/table_03_09.html

- China Labor Watch and National Labor Committee (2005). "Blood & Exhaustion: Behind Bargain Toys Made in China for Wal-Mart and Dollar General". New York: China Labor Watch, December 21, 2005.

- Clean Clothes Campaign (2006). "Frequently Asked Questions".
  http://www.cleanclothes.org/faq/faq02.htm. Last accessed 6/2/2006.

- EIU (2003) Economist Intelligence Unit. "UK food: price war going bananas". Executive Briefing. London: August 4.

- Equal Exchange (1999). "Conscious Coffee" joins ranks of nation's ethical businesses', Press Release 15 November. Available at www.equalexchange.com/news_info/prbizethics.html.

- Global Insight (2005). "Measuring the Economic Impact of Wal-Mart on the U.S. Economy".
  http://www.globalinsight.com/Highlight/HighlightDetail2436.htm

- Gorgemans, A. (2005). Addressing Child Labor: An Industry Approach. E-Journal USA: Economic Perspectives, May 2005.
  http://usinfo.state.gov/journals/ites/0505/ijee/gorgemans.htm

- Green Mountain Coffee Roasters (2003). *2003 Annual Report*. Waterbury, VT: Green Mountain Coffee Roasters.

- Green Mountain Coffee Roasters (2004). *2004 Annual Report*. Waterbury, VT: Green Mountain Coffee Roasters.

- Green Mountain Coffee Roasters (2005). "Green Mountain Coffee Roasters reports continued growth in sales and earnings for fiscal 2005 fourth quarter and full year". Waterbury, VT; November 10, 2005. Available at:
  http://www.greenmountaincoffee.com/GMCRContent/press/PR_Q4_FY05.pdf

- Gresser, C. and Tickell, S (2002). *Mugged: poverty in your coffee cup*. Oxford: Oxfam International.

- International Labour Organisation. "The OECD Guidelines for Multinational Enterprises". ILO: International Training Centre.
  http://www.itcilo.it/english/actrav/telearn/global/ilo/guide/oecd.htm#Experience%20with%20the%20Guidelines. Last accessed 6/2/2006.

- McCarthy (2001). "Football Ban Sends Child Workers Into Worse Jobs". The Guardian. London: April 25.

- Natural Step (2005). "Organizational case study: Ikea". Available at:
  http://www.naturalstep.org/learn/docs/cs/case_ikea.pdf

- New Mexico State University (2005). References on Working Children in Pakistan:
  http://cbae.nmsu.edu/~dboje/nike/pakistan.html. Last accessed on 5/1/06.

- Nicholls, A. and Opal, C. (2005). *Fair Trade: Market-Driven Ethical Consumption*. London: Sage Publications.

- North, Rodney (2006). "Equal Exchange Collaborates and Thrives". http://www.ourbiz.biz/2006/03/equal_exchange_.html.

- Otis, J. (2003). "Fruitless labor: ruled by fear, banana workers resist unions"; Houston Chronicle, 14 September, 1A.

- Panhuysen, S. (2005). *Codes of conduct for the mainstream coffee sector: a challenge for local trade unions and NGOs*. Amsterdam: Dutch Coffee Coalition.

- Ponte, S. (2004). *Standards and sustainability in the coffee sector: a global value chain approach*. Winnipeg, Canada: International Institute for Sustainable Development, 2004.

- Rainforest Alliance (2005). "Generic Coffee Standards". Available at: ⟨www.rainforest-alliance.org/programs/agriculture/pdfs/coffee.pdf⟩.

- Rainforest Alliance (2004). "Sustainable agriculture network social and environmental principles". Available at: http://www.rainforest-alliance.org/programs/agriculture/certified-crops/principles.html

- Rice, P. and McLean, J. (1999). *sustainable Coffee at the Crossroads*. Washington; DC: Consumers' Choice Council.

- Rixen, J. (2005). "IKEA: Des modeles a monter, un modele a demonter". Wavre, Belgium: Oxfam Magasins du Monde. Available at http://www.madeindignity.be/Public/News.php?ID=809&parentID=67&gdparentID=4&type=&cover=

- Roozen, N. and van der Hoff, F. (2003). Comercio Justo. Amsterdam: Uitgeverig Van Gennep.

- Slob, B. & Oldenzel, J. (2003). *Coffee & Codes: overview of codes of conduct and ethical trade initiatives in the coffee sector*. Amsterdam: SOMO, 2003.

- Smith, A. (2004). "Marketing Fair Trade bananas in an unsustainable banana economy". Norwich, UK: Banana Link.

- Tallontire, A. (2002). "Challenges facing Fair Trade: which way now?" *Small Enterprise Development*, 13(3): 12-24.

- United Nations (2006). "The Global Compact: The Ten principles". Available at:

www.unglobalcompact.org/AbouttheGC/TheTenPrinciples/index.html

- US Department of Agriculture, Economic Research Service (2005).
- http://www.ers.usda.gov/Data/FiberTextileTrade/chartstables/Figure1.xls
- Utz Kapeh Foundation (2005). *Code of Conduct*. Available at: http://www.utzkapeh.org/index.php?pageID=114

주석

1 노동착취공장sweatshop이란 종업원의 인권이 과도한 노동시간, 낮은 임금, 또는 무자비한 노동조건 등에 의해 침해되는 공장을 나타낼 때 사용되는 용어다.

6장

면화와 면직물, 목숨을 구하다

크리스틴 겐트 Christine Gent · **피터 브레드웨이트**Peter Braithwaite
크리스틴 겐트는 수년 동안 공정무역과 윤리적 무역을 위해 일해 왔다. 최근에는 방글라데시와 인도로부터 공정무역 침구제품을 수입하는 회사를 경영하고 있다. 피터 브레드웨이트는 영국 서섹스 대학교 개발학연구소 박사과정에 있고 공공부문과 민간부문에 걸쳐 폭넓은 사업적 경험을 지니고 있다.

세계 섬유산업

면화와 면직물은 가장 오래된 교역상품 중 하나다. 대부분의 나라가 면화 생산에 어떤 식으로든 관련되어 있고, 국내 거래뿐 아니라 국가 간에도 많은 거래가 이루어지고 있다. 섬유는 가볍고 곰팡이가 잘 슬지 않기 때문에 품질의 저하 없이 저장과 운반이 용이하다. 우간다에서 재배된 면화가 터키에서 가공처리되고 크로아티아에서 의류로 제작되어 마지막으로 스위스에서 팔리는 과정을 거친다. 그야말로 진정한 글로벌산업이다.

섬유산업은 강력한 정치·경제적 이해관계 아래 놓여 있다. 최근까지 국제무역은 엄격한 규제 아래 있었다. 다자간섬유협상Multi Fibre Arrangement, MFA는 섬유수출쿼터를 할당해 남반구-북반구의 국내산업을 보호했다. 그러나 2005년 2월 협상이 만료된 이후로 섬유산업은 사방으로 국제경쟁에 노출되었다. 그러나 면화재배농과 제조업자에게 주

면화 현황

- 연간 2350만 톤의 면화가 생산된다. 생산량은 꾸준히 증가하고 있지만 가격은 계속 하락하고 있다.
- 섬유생산에 들어가는 면화의 비율은 1970년 55퍼센트에서 2000년 17퍼센트까지 떨어졌다.
- 90개국에서 면화재배가 이루어지고 있다.
- 160개국에서 면직물이 만들어지고 있고 많은 나라가 그 수출에 크게 의존하고 있다.
- 세계 섬유 무역량은 연간 3420억 달러다.
- 다자간섬유협상 만료로 중국 수입이 급등하고 있다.
- 세계 살충제의 22.5퍼센트는 면화에 쓰이고 있다. 인도에서는 경작지의 5퍼센트가 면화재배에 사용되고 있고, 모든 농업살충제의 54퍼센트가 이를 위해 쓰이고 있다.
- 일반적인 미국 면화재배 농가는 1년에 정부로부터 14만 4천 달러의 보조금을 받고 있다. 서아프리카 베냉의 1인당 GDP는 연 380달러다.
- 미국 면화의 70퍼센트는 유전자가 조작됐다.
- 면화재배에 물이 이용되면서 아랄해가 거의 반으로 줄었다.
- 방글라데시에서는 섬유산업이 140만 명을 고용하고 국가 수출 전체의 84퍼센트를 차지하고 있다(파키스탄 72퍼센트, 모리셔스 69퍼센트).
- 인도에서는 6~14세의 아동 45만 명이 면화재배지에서 일하며 인공 꽃 가루받이, 사이짓기, 수확하기 등의 일을 하고 있다.

> ### 다자간섬유협상 MFA
>
> MFA은 1974년 가동되었다. 주로 선진국 생산자를 보호하기 위해 미국과 유럽으로 수출하는 의류 및 섬유 등 여러 종류에 쿼터를 설정했다. 이 협정은 몇 차례 개정되었고 결국 2005년 1월 단계적으로 폐지되었다.
> 방글라데시, 스리랑카, 레소토 같은 몇몇 개발도상국은 이 협정의 혜택을 받았다. 이 쿼터제는 가장 경쟁력 있는 생산자가 아니더라도 시장으로의 접근을 보장했다. MFA의 만료와 함께 세계섬유산업은 사업의 운영을 세계적으로 좀더 자유롭게 할 수 있었다. 많은 빈국들은 불이익을 받게 되었다. MFA의 단계적 폐지 후, 레소토에서는 크리스마스 기간 동안 섬유공장에서 6천 개의 일자리가 없어졌다.

는 보조금은 여전히 시장을 크게 왜곡하고 있고, 이는 특히 북반구에서 심하게 나타나고 있다. 면화 생산과 가공처리는 여전히 규제되고 있으며, 국가·지역 정치의 영향을 많이 받고 있다.

개발도상국에서 면화와 면직물은 매우 중요하다. 수만의 빈농에게 귀중한 환금성 작물이 될 뿐 아니라 개발도상국 내에서 가공되어 상품으로 제조되기까지의 과정에서 많은 저소득 노동자의 고용을 창출해낸다. 방적, 직조, 마무리 등의 전통 수공업 방식이 널리 펴져 있고, 섬유제조업은 산업화 초기 단계에 적합한 산업으로 간주된다.

엄청나게 다양한 상품이 면화에서 얻어진다. 솜과 티셔츠부터 패션 아이템까지, 면화는 여러 가지 용도에 맞게 처리되어 넓고 다양한 시장으로 분산된다. 각 상품은 여러 곳에 위치한 기관에서 운영하는 고유의 공급망을 가지고 있다. 동일한 상품 종류라도 공급망은 크게 다르다. 제조공정의 각 부분에서 많은 고용이 이루어지는데, 일부는 소규모 조

600만 벌의 셔츠를 생산하는 데 들어가는 자원	연간 고용인원	생산단위 량	장비 자본 투자(€)	1인당 자본투자(€)
경작 소규모 농업으로 목화 6천 톤 재배	12000	4000	1350	0.11
조면 목화 6천 톤의 씨를 앗아 틀어 솜 2천 톤 만듦	40	1	82500	2050
방적 솜 2천 톤을 자아 실 1480톤 만듦	250	2	390000	1560
직조 베틀을 이용해 실 1480톤으로 천을 짬	10000	1000	750000	75
직조 동력직조기를 이용해 실 1480톤으로 천을 짬	45	1	1200000	26500
제조 고도로 기계화된 방법으로 셔츠 600만 벌 제조	2500	4	390000	156
제조 소규모 방식으로 셔츠 600만 벌 제조	5000	100	250000	50

업에 일부는 대규모 공장에 고용된다. 어떤 부문은 소수의 전문 노동자와 노동조합을 고용해 자본 집약적으로 운영되고 있다. 위쪽의 표는 일반적인 면 의류의 주요 생산단계의 상대적 규모와 자본집약도를 나타낸다.[1]

면화재배는 화학물질과 물을 사용한다는 점에서 환경과 건강에 큰 영향을 미친다. 아랄해의 축소와 주변지역 황폐화는 이 두 자원을 무책임하게 사용함으로써 발생하는 해악을 여실히 보여준다. 면화는 아직 환경적 결과가 알려지지 않은 초기 유전자변형 작물 중 하나다. 면화에 쓰이는 살충제는 금지된 화학물질을 포함하고 있고, 건강에 해로울 만큼 경작지에 과도하게 뿌려지는 실정이다.

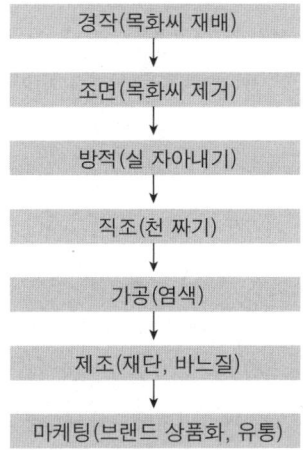

생산자의 실상

면화산업은 광범위하게 퍼져 있고 다양하며, 그에 따라 생산자의 상황 또한 다양하다. 그러나 대체로 여러 가지 점에서 생산자의 상황은 열악하다.

┃생산자는 총 부가가치의 아주 적은 몫만 받는다

유럽에서 소매가 22~30유로의 통상적인 면 의류인 경우, 공급망의 모든 단계에서 드는 총 인건비는 소비자들이 지불하는 가격의 3~4퍼센트인 약 90센트 정도다. 생산자가 자산을 축적하거나 생활수준을 개선시키기에는 임금이나 소득이 부족하다.

> ### 인도 농민의 사례
>
> 인도에서 면화농사는 점점 더 어려워지고 있다. 에루칼라 꾸마라스와미는 안드라 프라데쉬주에서 지난 20년 동안 면화를 재배해왔다. 그는 화학비료 상점을 차리고 지역 농민에게 외상으로 물건을 팔았지만, 흉년이 들면 농민에게서 돈을 받을 수 없었다. 고추와 쌀 두 가지 작물을 다양하게 재배했음에도 불구하고 에루칼라는 자신의 빚을 갚지 못했다. 2004년 3월 15일 암울한 미래에 직면한 그는 모노크로포스monocrotophos라는 화학약품을 마시고 자살을 시도했다. 아시아와 아프리카에서 자신의 목숨을 끊어버린 많은 농민과 달리 다행히 그는 살아났다. 그 후, 그는 지역의 한 시민단체와 협력하고 있는 새 협동조합에 가입해 유기농 면화를 재배하고 있다. 그가 참여하는 이 협동조합은 현재 공정무역단체로 전환중이다. 이곳 조합원은 기술 및 생산능력 확충교육을 받고 있으며 여성 조합원은 보다 적극적인 역할을 하도록 장려된다. 이곳에서 에루칼라 또한 다른 농민에게 유기농 재배법을 가르치며 활동하고 있다.

그들의 노력에 비해 얻는 몫이 보잘것없이 적은 이유는 면화소작농과 섬유노동자들이 자체 브랜드를 갖고 있지 않거나 공급망의 다른 단계를 통제할 수 없기 때문이다.

소득은 불확실하고 생산자는 취약하다

면화재배 농가는 주로 면화의 세계시장가격에 의존하는데, 세계시장가격의 변동폭은 심하고, 과거 70년 동안 실질액수 면에서 하락세를 지속해왔다. 또 면화재배 농가는 무역업자, 종자상인, 대부업자 들 외에 기타 관계 기관에 이용당하기 쉽다. 영세기업에서 일하는 많은 섬유

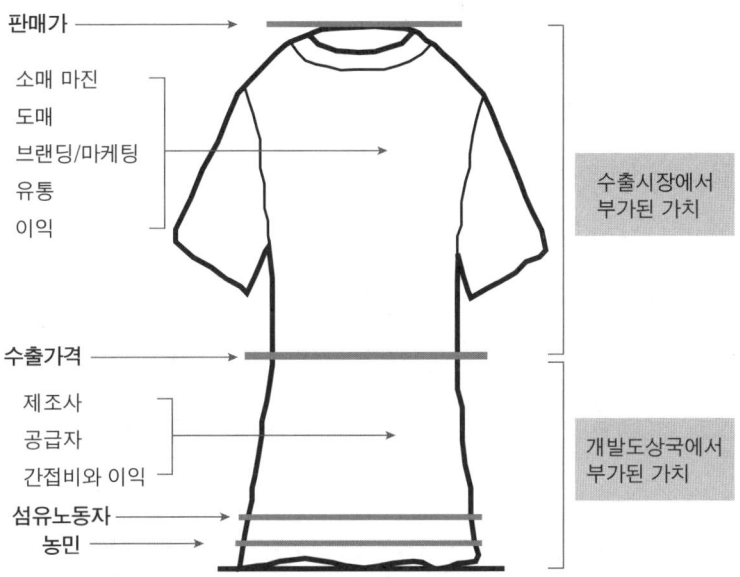

노동자는 고용의 안정성 없이 계절노동자로 일하고 있다. 대규모 제조 공장에서는 과도한 장시간 노동과 열악한 노동환경 등 노동착취가 벌어지고 있다. 일반적으로 사회적인 보호가 없는 환경에서, 노동자는 실직에 대한 두려움으로 그들의 권리를 주장하거나 권위에 도전하기 쉽지 않다. 대부분 여성노동자가 많아 그들은 차별대우뿐 아니라 성희롱까지 겪고 있다.

| 그들의 건강은 위험에 처해 있다

최소한의 안전조치와 함께 사용되는 화학제품이 널리 보급되면서 면화재배농민들이 병을 앓거나 일찍 죽게 된다. 세계보건기구는 자살

> ### ⑥ 나미비아 섬유공장에서 일하는 방글라데시 노동자 이야기
>
> 라마텍스Ramatex는 남아프리카, 모리셔스, 브루나이, 캄보디아에 공장을 가진 초국적 의류업체다. 2004년 9월, 라마텍스공장 기숙사에 경찰이 출동했다. 400명의 미숙련 방글라데시 노동자가 열악한 생활여건을 이유로 폭동을 일으킨 것이다. 그들은 종종 전 재산을 모두 팔아서 나미비아에 있는 일자리를 얻기 위해 채용 알선업자에게 3500달러씩 지불했다. 도착하자마자 그들 봉급의 3분의 1이 숙식비로 공제됐다. 폭동 이후, 그들은 비자가 없는 것으로 밝혀졌다. 나미비아 정부는 어떤 경우도 미숙련노동자에게 비자를 내주지 않는다. 방글라데시 노동자들은 집으로 보내졌고, 그중 일부는 여전히 빚이 남아 있는 상태다. 라마텍스는 나미비아 GDP의 1.5퍼센트를 차지하고 있다.

과 사고사의 수많은 사례를 기록해왔다. 제조업, 특히 공급망의 규제되지 않은 부문에서는 노동자가 안전장치 없는 기계에 가까이 일하거나 해로운 먼지와 화학약품, 염료에 노출되는 등 안전기준이 너무도 빈약한 상황이다.

| 전통적 일자리와 지역사회가 위협받는다

현대적인 방적공장은 실 뽑기, 천 짜기, 옷 만들기 같은 공정 일부에서 생산 효율성을 대폭 증가시켰고 보수가 좋은 일자리를 제공하고 있다. 그러나 이것은 전통적인 수작업 방식의 실 뽑기와 베 짜기, 소규모 생산의 희생을 가져왔다. 많은 농촌지역에서 발생한 손실이나 이와 관련한 사회적 혼란으로 인한 영향은 아직 제대로 평가되지 않고 있다.

새로운 제조공장의 노동자들은 일하기 위해 자주 장거리 이동을 해

> ### 틈새시장을 공략한 수제직물
>
>
>
> 방글라데시의 장인오두막 Artisan Hut은 손으로 짠 독특한 의류와 침구를 만든다. 2002년부터 함께 일하게 된 전통 직조공인 압두스 살람은 말한다. "장인오두막은 우리가 만드는 상품을 시장에 팔 것을 약속했고 그것이 어떻게 팔리는지 이해시켜 주었습니다. 우리는 독특하고 희소성 있는 직물을 만들며 한번에 500~1천 미터 정도만 만들기 때문에 기계로 만드는 천은 경쟁상대가 되지 않지요. 주문은 늘고 있고 영국, 미국 그리고 일본에서도 팔립니다. 다른 소규모업체도 우리의 성공사례를 따르려고 합니다."

야 하거나 심지어는 집에서 멀리 떨어져 숙소를 찾아야 한다. 이 때문에 그들이 속한 지역사회 활동에 참여할 수 없다. 사람들이 공장으로 일하러 가면 지역 고유의 전통공예와 여러 활동의 손실은 이만저만이 아니다. 아이들은 친척 손에 키워지거나 양육이 가능한 다른 곳으로 보내야 하고, 가족농장은 외면 당할지도 모른다.

일부 소외계층은 철저하게 외면당한다

수많은 노동자는 계절에 따라 면화농장에 고용된다. 빈민층에 속하는 이들은 가장 취약한 집단이며 단체의 지원도 제대로 받지 못한다. 최근 수십 년 동안 면화를 이용한 경제발전의 주요 수혜자는 낮은 가격으로 이득을 얻은 소비자(주로 부유한 나라의 소비자)와 제조과정에서 주요 요소들을 효율적으로 통제할 수 있던 기업(역시 주로 선진국 기업)이다.

면화와 면직물에서의 공정무역

공정무역은 오랫동안 소규모 생산자를 지원하고 공정무역단체를 통해 그들이 만든 수공예품을 팔 수 있도록 관여해왔다. 섬유제품도 다른 수공예품과 동일한 방법으로 다루어왔고 손으로 짜서 장식과 자수를 넣는 과정을 통해 부가가치를 창출해내는 데 주력해왔다.

인도, 방글라데시, 네팔, 필리핀, 스리랑카, 모리셔스, 페루, 브라질, 나이지리아 등의 여러 국가에서 공정무역단체들이 면제품을 생산하고 있다. 생산자는 소규모 직조공부터 대량 생산자까지 다양하다. 그러나 현재 수십 억 유로 규모의 세계 섬유산업에서 그들의 경제적 중요성은 매우 작다.

일부 단체들은 지금까지는 보통 공정무역 조건을 충족하지 않았던 염색과 공정과정에 좀더 신경을 쓰고 공정무역 면섬유를 제공하는 등 제조 공정의 많은 부분에서 제품의 가치를 높일 수 있는 공정무역의 요소를 강화하는 데 힘쓰고 있다.

다른 공정무역단체도 통합망을 만들어 면화재배지부터 마지막 제조과정까지 전 공정을 공정무역 조건에 맞추어 처리하고 있다. 이것은 면화 생산자나 섬유노동자 모두에게 기회를 제공한다. 이러한 네트워크는 생산자에게 권한을 부여하고 있으며, 그들의 복지에 진심으로 관

면화농장 지원 서비스센터가 농민에게 주는 혜택

주로 북인도지역의 면화재배 농가는 기술지원 서비스를 제공하는 아그로셀 Agrocel을 수 년 동안 이용해왔다. 아그로셀은 농민들이 지속가능한 방법으로 농법을 전환해 유기재배, 공정무역을 포함하는 통합적인 방법에 따라 생산하도록 돕고 있다.

아그로셀과 파트너들이 컨설팅회사 DMM에 의뢰한 보고서에 따르면, 3년 또는 그 이상 면화 기술지원 서비스를 이용해온 농민의 건강상태가 100퍼센트 개선되었음을 알 수 있다. 생산방법을 바꾼 결과 그들은 평균 14~20퍼센트 정도 높은 수익을 올렸다. 농민 중 86퍼센트가 토질 향상을 경험했고, 96퍼센트는 재정적 어려움이 감소했다. 이러한 이익은 아그로셀이 제공한 기술과 재정적 도움 덕분이었다.

인도네시아의 전통 직조공들, 전통기술을 재조명하다

인도네시아 시장에서 구입하는 면의 대부분은 레이온이 30퍼센트 정도 혼용되어 있다. 공정무역단체 생명의실재단Threads of Life은 동인도네시아 7개 섬, 15개 원주민공동체의 직조공 96명이 참가해 6일에 걸쳐 회의를 했다. 참가자들은 전통적 천연염색 직조 기술인 이카트ikat를 보존하고 발전시키기로 합의했다. 합의된 목표 가운데 염색 작물과 면화재배는 가장 중요하게 다루어진 부분이다. 여러 참가 단체들은 면화재배를 다시 일으킬 계획을 세웠고, 참가자 사이에서는 염색작물 재료를 위한 목화씨 교환이 이루어졌다.

심을 갖는 단체와 연결되었다. 피플트리People Tree, 고시피움Gossypium, 리메/바이오레Remei/BioRe, 맥도날드앤드테일러MacDonald & Taylor, 캐서린햄넷Katherine Hamnett 등이 이러한 통합망을 사용하는 혁신적인 기업들이다.

2002년 공정무역 옷을 생산하거나 소매 판매하는 사람들로 구성된 영국 윤리적패션포럼Ethical Fashion Forum의 시작은 공정무역 제품 생산자와 판매시장 수가 현저히 늘어났음을 보여준다. 공정무역 의류만 전문적으로 취급하는 월드숍도 생겨나고 있다. 하지만 많은 공정무역 섬유 노동자는 규모 면에서 여전히 작고, 만약 규모를 키우려 한다면 틈새시장을 벗어나 잠재적 시장 확보와 공급과 수요 균형 맞추기, 수량이 적을 때도 크게 떨어지지 않는 가격 매기기, 사업확장관리 능의 주요한 과제에 직면할 수밖에 없다.

유기농운동은 20년 정도 면화농민과 함께 해왔다. 단체들은 공정무역 인증이 도입되었을 때 공정무역 마크가 유기농 생산자에게 유리하게 쓰일 수 있도록 공정무역과 유기농법을 결합시켰다.

공정무역은 농민에게 협동조합, 협회, 생산자단체 등을 만들도록 장려했다. 공동활동은 농민에게 더 유리한 교섭능력은 물론 서로 배우고 서비스를 공유할 기회를 제공했다. 이것은 그들의 취약점을 보완하고 교육을 촉진하며 소액 금융지원, 건강관리, 기타 서비스로의 접근을 쉽게 한다. 조면과정을 관리함으로써 그들은 상품의 질을 보증할 수 있고 부가가치를 얻으며 면실유 등 상품다각화가 가능해진다.

또 공정무역은 생산단체나 산업 클러스터를 형성하고 그들을 초기단계에서 돕는 데 중요한 역할을 한다. 섬유산업을 잘 아는 상부기관은 필수적이며, 생산자들이 스스로 능력을 신장할수록 상부기관의 역할은 커져갈 것이다. 심지어 모든 생산자가 직접 그들의 고객과 거래하는

> ### 인도의 공정무역 가치사슬
>
> 비숍스톤 트레이딩Bishopston Trading은 남인도의 한 마을인 KV쿠빰KV Kuppam에서 만들어진 제품들을 파는 공정무역단체다. KV쿠빰에서는 베틀을 이용해 직접 면직물을 짜고 이것으로 옷과 가사용품을 만든다. 몇 해 전부터 KV쿠빰은 일반시장에서 목화를 사지 않고 직접 유기농 목화를 구하기 시작했다. 비록 큰 재정적 도움이 필요했지만 이 새로운 목화는 일반시장에서 산 기존 목화보다 값이 저렴하고 질적으로도 더 나았다. 비숍스톤의 공급망은 농민에서부터 고객까지 100퍼센트 투명하게 관리되고 있으며 통합 체인망의 아주 좋은 예가 되고 있다.

인도 남부 티루푸르의 거대한 양말·니트 산업단지에서도, 공동조직은 정부와 여러 기관들을 상대하고 무역박람회를 개최하며 기반시설 개선과 기타 다른 많은 활동에서 중요한 역할을 하고 있다.

생산역량이 향상되면, 공정무역 브랜드 내에서 혹은 기존 브랜드 소유자의 협력을 통해 고부가가치 공정무역 제품 시장이 개발될 수 있다. 공정무역의 경험은 생산자에게 실질적인 사회적 가치 전달을 보장하는 사례가 될 것이다.

> ### 공정무역 면화를 얻는 방법
>
> 공정무역 면화와 섬유의 경우 아래의 사이트에 공정무역 인증단체와 일하는 회사의 정보가 나와 있다.
>
> www.maxhavelaar.ch
> www.maxhavelaarfrance.org
> www.maxhavelaar.be
> www.fairtrade.net
>
> 공정무역단체가 생산하고 파는 면화에 대한 정보가 상품사진과 함께 실려 있다.
>
> www. ifat.org(www.wfto.com_옮긴이)
>
> NEWS! 웹사이트 www.worldshops.org에는 월드숍이 파는 면화상품을 살 수 있는 유럽 13개국의 월드숍 네트워크 15개 사이트가 링크되어 있다.

면화 공정무역 인증

2004년 FLO는 면화재배에 대한 기준을 마련했다. 면화재배의 복잡한 과정 탓에 기준을 마련하는 데 몇 년이 걸렸다.

2004년 이후 공정무역 마크가 붙은 면직물 제품은 스위스, 프랑스, 영국에 수입되었으며 세네갈, 말리, 카메룬, 부르기나 파소, 인도, 파키스탄, 페루에서 생산된 면화가 FLO 인증을 받았다. 이것은 전통적인 섬유 제조업자와 브랜드 소유자와의 협력을 위한 계기가 되었다. 이 새로운 시작은 업계에서의 공정무역 입지가 크게 향상될 것이라는 기대를 가져다 주었다. 그들의 경험은 공정무역운동이 농민에게 주는 혜택을 판단할 수 있게 해줄 것이다.

많은 주요 의류 브랜드 소유자는 공정무역 면직물을 취급하고 싶어한다. 그러나 지금 당장은 가공되지 않은 면화만이 인증을 받을 수 있다는 점에 공정무역의 딜레마가 존재한다. 최종상품에서 섬유의 부가가치 비율이 일반적으로 5퍼센트 미만, 더 낮게는 1퍼센트 미만이라는 점을 생각할 때, 과연 이것이 공정무역의 위치를 보장하기에 충분할까?

면화 공정무역의 기회와 과제

공정무역운동은 면화와 섬유분야에서 소기의 성과를 이루어왔다. 공급망의 주요 부분인 재배와 소규모 제작에서 각각 제품 인증과 공정무역단체를 통해 기준이 확립되고 이러한 상품이 소량이나마 팔리고 있는 것이다. 그러나 공정무역이 면직물산업에서 확고한 기반을 마련하려면 여전히 해야 할 일이 많다. 생산력은 아직도 상당 부분 제한되어 있으며 기존 시장에서 공정무역 면직물을 팔려면 제품이 더 많이 늘어날 필요가 있다.

다른 공정무역 제품과 면화 사이에는 상당한 차이가 있다. 이것은 공정무역 면화가 공정무역 식품의 성공을 따라가기 어렵게 만드는 이유다. 거대 섬유시장은 공정무역을 하기에는 매우 어려운 환경으로, 거래는 대규모로 이루어지고 경쟁은 치열하며 상품회전율이 빠르다. 가공업자들은 최대한의 효율경영과 까다로운 품질관리, 대규모·저비용

> ⑥ 소규모 전문 생산그룹은 협동을 통해 수출시장 진출이 가능하다
>
>
>
> 한 소규모 공정무역 생산자단체가 자아낸 실을 이용해 만든 드레스가 있다. 이 드레스는 피플트리가 디자인을 맡고 다른 공정무역 생산자단체가 염색하고, 다시 또다른 공정무역 생산자단체가 재단해 현지 공정무역 제품 판매사인 사샤Sasha의 전문기술과 여러 지원을 거쳐 영국으로 수출되었다. 소규모 공정무역 생산자단체가 개별적으로는 수출시장에 접근할 수 없었지만, 공정무역 제품 판매사와 협력함으로써 수출시장 접근이 가능해졌다. 구매자는 생산자단체와 직접 일하는 것의 중요성을 강조함으로써 각 생산자단체의 역량이 공정무역 제품 판매사의 역량과 함께 성장할 수 있다.

기반의 운영을 하도록 시장의 압력을 받고 있다. 게다가 소비자가 면화제품 구입을 결정하게 하는 요소를 만들어내는 것은 가공과 제조과정이다. 원료의 질은 소비자와 상관이 없으며 원료의 출처는 거의 명시되지 않는다. 게다가 면은 대체재인 합성섬유와 직접적인 경쟁관계에 놓일 수밖에 없다. 끝으로 제조업자가 새로운 디자인을 생산해내는 데 허용되는 시간은 매우 짧다. 어떤 때는 약 6주만 주어질 때도 있다.

한편 소비자는 점점 면화재배에 과도하게 사용되는 살충제, 노동착취, 아동노동착취 같은 문제점을 인식해가고 있다. 더 많은 소비자가

공정무역 조건을 고려하고 그러한 조건 하에 생산되는 섬유와 의류 제품들을 찾고 있다. 이것은 공정무역 생산자와 노동자에게 커다란 기회를 제공하며 공정무역운동은 이 기회를 이용할 것이다.

IFAT, EFTA와 FLO에 의한 이 글의 바탕이 된 최근의 공정무역 관련 가치사슬 분석은 특화된 분야에 공정무역의 가능성이 있을 것으로 보고 있다. 특화된 분야는 거래량이 일반시장보다 낮은 고품질 분야로 이 분야의 제품은 뚜렷하게 차별화되고 일반적으로 높은 마진이 적용된다. 패션 아이템, 액세서리 같은 부가가치 제품은 세계의류 무역량의 약 25~30퍼센트 정도를 차지하지만 수요예측의 어려움과 제품의 짧은 구매기간 때문에 생면화를 다시 취급하기가 어렵다. 그러나 프랑스와 네덜란드의 공정무역단체의 경우처럼 강력한 사회적 가치를 지니고 기꺼이 앞서 말한 문제를 해결하려는 좋은 상업적 파트너를 찾을 수도 있다.

이러한 기회를 잡기 위해 다양한 분야의 발전이 필요하다. 공정무역단체는 섬유산업에 대한 지식에 기초하여 보다 전문적인 경영활동을 하는 것이 필요하다. 고객행동을 이해하는 데 많은 관심을 기울이고 보다 분명하게 공정무역에 대한 입장을 전달해야 한다. 또 공정무역단체의 사회적 임무 달성 정도를 공식적으로 평가하는 '사회적 성과관리'가 강화되어야 한다.

농민들에게 돌아가는 현지의 이익증대를 위해서 농민은 협동조합과 협회, 생산자단체를 조직해야 한다. 소규모 섬유 생산자들은 단체를 만들 수 있고 이 단체는 다시 모여서 하나의 클러스터를 형성할 수 있다. 상업분야의 경험은 기업으로 하여금 클러스터를 통해 부족한 자원의 공유와 제품의 특화, 마케팅 강화의 중요성을 알게 한다.

새로운 공정무역 면화상품은 코코아 재배 농민이 회사의 소유권을 공유한 디바인초콜릿의 사례처럼 생산자가 참여하는 형태로 개발될 것이다.

　공정무역운동은 완전한 통합 체인망이든 독립적인 생산자단체든 새로운 사업기획의 구상과 전달에 도움을 줄 수 있으며 새로운 기업가적 능력을 이끌어내고 키우는 데 긍정적 역할을 할 것이다.

　남반구의 면직물 국내 및 지역시장의 성장은 공정무역 활동에 또다른 기회다. 해외시장뿐 아니라 국내 및 지역시장으로의 접근이 가능하다면 생산자의 위치는 좀더 안정적으로 되기 때문이다.

　면화 및 섬유분야의 공정무역 가능성을 완전히 탐색하기 위해서는 상당한 투자와 새로운 기금 마련이 필요하다. 개발도상국의 면화재배 농가와 섬유노동자는 노동에 대한 공정한 조건이 절실하며, 공정무역운동은 그들이 필요한 것을 제대로 제공해줄 수 있는 위치에 있다. 이 분야에 대한 투자는 분명히 사업적 가능성이 있으며, 수많은 사람에게 인간다운 생활에 대한 희망을 주기 위해 필수적이다.

이 글을 위해 조사된 면화 생산자, 제조업자, 소매업자, 통합망 중 일부 목록

- Agrocel, India
- Artisan Du Monde, France
- Artisan Hut Bangladesh
- Assisi, India
- Clean Clothes Campaign, The Netherlands
- Craft Aid, Mauritius
- Dezign Inc, Zimbabwe
- Ecotrading
- ENDA, Senegal
- Fabindia, India
- Fair Wear Foundation, The Netherlands
- Gossypium, UK
- HOFA, Tanzania
- KV Kuppan, India
- Levi Strauss: various countries
- MacDonald and Taylor, UK
- Made By Belgium
- Maikaal, India
- Marks and Spencer UK
- Mobium, Mali
- Oro Blanco, Peru
- Pantaloon, India
- People Tree, UK
- Prem/Switcher, India/China
- Remei/biore, Switzerland
- RTU, India
- Teddy Exports India
- Tudo Bom, France
- Twin Trading, UK
- Wolicami Initative, Uganda
- Yassin Enterprise, Eritrea

참고문헌

- African Asian Networking (2005) Report on the Solidarity Workshop for African Garment Workers in Swaziland *African Asian Networking*
- Badiane, O. et al (2002) "Cotton Sector Strategies in West and Central Africa" *The World Bank*
- Baffes, J. (2003) Trade Note Cotton and developing countries: A case study in policy in coherence The World Bank Group
- Baier, A. and Hammer, (2004) "Back to the roots - Workshop proceedings" *PAN* Crisis Group (2005) "The Curse of Cotton" *Crisis Group*
- EFTA (2003) Challenges of Fair Trade *EFTA*
- Ferrigno, S. (2004) "Social Aspects Workshop" *PAN*
- Ferrigno, So. et al (2003) "Greening the cotton production chain" *PAN*
- FLO (2004) "Fairtrade Standards for Seed Cotton" *FLO*
- Furst, M. et al (2005) "Recommendations for Inspection of Social Standards Final" *IFOAM*
- Garner Petit, A. (2005) "Cotton round the Globe" *Gossypium*
- Gereffi, G. and Memedovic, O. "The global apparel chain: what prospects for upgrading by developing countries" *UNIDO Sectoral Studies Report*
- Gillson, I. and Page, (2003) "Understanding the impact of OECD agricultural and trade policies on developing countries and poor people in those countries - piloting and approach with cotton" *ODI*
- Hale, A. et al (2003) "Bridging the Gap" *WWW*
- Humphrey, J. and Schmitz, H. (2001) "Governance in global value chains" *IDS*

Bulletin 32.3

- IFAT (2004) Building trust in Fair Trade *IFAT*
- IFOAM (2002) "Norms for organic production and processing" *IFOAM*
- IMO. Background Report development FLO Standards for Fair Trade Textiles *IMO*
- Impact Group (2005) "Social Performance Management in Microfinance: Guidelines" IMPACT
- ITGLWF (2005) International Garment Workers Union web site *www.itglwf.org ITGLWF*
- Kapanda, P. et al (2002) "Organic cotton country reports: Benin, Senegal and sub-Saharan Africa" *PAN*
- Lewis, M. (2004) "Cotton: The truth behind the image" *Oxfam*
- Nordas, H. (2004) "The global textile and clothing industry post the multifibre agreement" WTO discussion paper
- Oxfam Briefing Paper 30 "Cultivation poverty the impact of US cotton subsidies on Africa" *Oxfam*
- Oxfam. (2005) "A Round for Free" *Oxfam*
- Oxfam (2004) "Trading Away Our Rights Women Working in Global Supply Chains" *Oxfam*
- Parmentier, S. and Bailly, O. (2005) "Coton: Des vies sur le fil" *Oxfam-Magasins du Monde*
- Parmentier, S. et al (2005) " Cotton seminar of the 17th, 18th, and 19th of April 2005 Report" *Oxfam-Magasins Du Monde*
- Pallister, M. (2005) "A Bitter Harvest" *New Consumer*
- Taru (2005) "The Cotton textile supply chain" *Oxfam*
- Traidcraft, The Shell Foundation, Agrocel, Vericott (2004) Agri Impact Assessment Study for Organic Cotton Farmers of Kutchchh & Surendranagar *Dalal Mott MacDonald*
- Vidal, J. (2005) "New Choc on the Block" *Guardian*

주석

1 이 표에 실린 정보들의 출처는 다음과 같다.
- 셔츠를 만드는 데 들어간 면화의 양은 코트넷Cot Net에서 인용.
- 하루 셔츠 생산량과 생산단위 당 고용인원 수는 스위스의 의류산업에 대한 보고서 인용.
- 베틀을 이용한 직조량은 방글라데시에 있는 장인 오두막Artisan Hut의 자료 인용.
- 표의 나머지 정보 대다수는 옥스팜의 보고서에서 인용했다. 또 인도 안드라 프라데쉬의 옥스팜 팀에 의해 확인된 것으로 마크 루이스Mark Lewis에 의해 수요 수치들을 점검했다.

2 토지와 공장부지 제외

7장

커피 생산자들에게 공정한 몫 찾아주기

바트 슬롭 Bart Slob
네덜란드 암스테르담의 다국적기업연구센터SOMO 연구원으로, 여러 산업분야(커피, IT 하드웨어, 의류, 여행산업)에서 지속가능성 이슈에 대해 연구해왔다.

이 장은 IFAT, EFTA, FLO를 대표해 수행된 가치사슬분석에 기반을 두었다.

2005년 9월, 영국 신문 《가디언》 지는 벤저민 조페-월트와 올리버 버크맨이 에티오피아 마을 초체Choche의 커피콩이 어떻게 런던 남부의 커피숍까지 오게 되는지 설명한 글을 실었다.[1] 일부는 초체마을에 대해 들어봤겠지만, 실제로 이 마을은 카페인의 각성효과가 처음 발견된 곳이다. 아랍 세계에서 온 염소를 치던 칼리드는 잔지바르Zanzibar를 통하는 동아프리카의 무역로를 따라가고 있었다. 그가 잠자리에 들려고 하는데 몇 마리의 염소가 알 수 없는 체리 열매를 먹고 시끄럽게 울기 시작했다. 염소들은 밤새도록 잠을 이루지 못했고, 칼리드는 왜 염소들이 흥분했는지 의아하게 생각했다. 그는 직접 체리 열매를 따서 먹었는데 갑자기 피곤함이 사라졌다. 체리에는 뭔가 신비한 것이 있는 게 틀림없다고 생각한 염소치기는 신비한 체리를 따서 중동으로 돌아갔다.

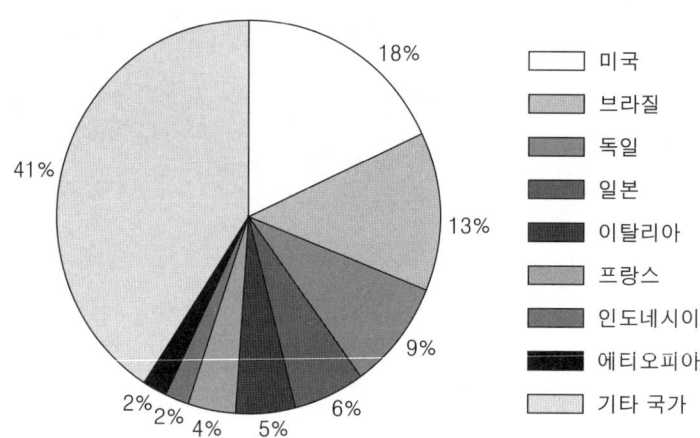

* 2008년 국제커피협회의 자료에 따르면 몇몇 국가의 커피 소비량은 미국 22퍼센트, 브라질 18퍼센트, 독일 10퍼센트, 일본 7퍼센트, 이탈리아 6퍼센트, 프랑스 5퍼센트, 인도네시아 3퍼센트, 에티오피아 2퍼센트, 기타 국가가 27퍼센트로 미국을 비롯한 일부 국가의 소비량이 늘어났으며, 기타 국가는 줄어들었다(옮긴이).

커피의 발견 이후 2005년 세계 총소비가 1억 1700만 자루(한 자루는 보통 60킬로그램_옮긴이)에 이를 정도로 커피산업은 놀라운 성공을 이루었다.[2] 커피는 이제 외화 수입의 67퍼센트를 차지할 정도로 에티오피아 경제의 활력이 되었으며, 초체지역은 여전히 아라비카 커피의 주요 생산지다. 그러나 초체마을 주민에게는 마을의 역사적 가치를 경제성으로 전환시킬 능력이 없다. 아직도 그들 중 대다수는 절망적인 가난에 허덕이고 있으며, 그들의 삶은 위기와 불확실성 위에 놓여 있다. 그들은 국제가격 결정 메커니즘을 당연히 모르며, 무역장벽이나 수출장려금, 스타벅스나 네슬레, 공정무역에 대해서도 알지 못한다.

초체마을에 사는 커피농민인 45세 메코눔 아와커Mekonum Awakker 씨는 요즘 커피 1킬로그램마다 미화 0.85달러를 받고 있다. 1990년대 중

반만 하더라도 1킬로그램당 미화 3.47달러를 받았다. 커피가격의 붕괴는 메코눔 아와커 가족의 생계에 심각한 타격을 주고 있다. 그의 자녀들은 학교에 가지 못하고, 그는 가족의 의료비를 감당할 능력이 없다. 버터, 오일, 설탕은 가족의 식단에서 빠졌고, 아와커 씨는 소, 염소, 양 등 가축들을 하나씩 팔아야 했다.

그사이 커피 국제무역을 장악한 4대 다국적 로스팅업체 중 하나인 네슬레는 여러 개의 커피 브랜드에서 26퍼센트에 이르는 순익률을 냈다.[3] 커피 공급망의 모든 관계자가 커피가격 불황에 동일하게 영향을 받는 것은 아니라는 이야기다. 소규모 생산자가 그들의 커피를 헐값에 팔도록 강요받을 때, 다국적기업은 더 많은 돈을 벌어들이고 있다. 커피 유통망의 가치 배분에서 무엇이 잘못된 것일까?

세계 커피시장

지난 20년 동안 주요 농산품가격은 50~86퍼센트 정도 하락했고, 커피는 그중에서 가장 크게 폭락했다. 1980년대 후반 그리고 1990년대에 걸친 수 년간 커피 생산국가의 소득은 본선인도FOB 수출 조건에서 연간 100~130억 달러 정도였다. 2004년에는 이 소득이 55억 달러까지 떨어졌다. 같은 기간에 소비국의 커피 소매가격은 1980년대의 미화 300억 달러에서 800억 달러로 상승했다.

1998~2003년까지 5년 연속 커피 생산은 수요를 초과했다.[4] 초과 공급의 배경에는 기존의 커피농장과 플랜테이션에 생산 증가를 가져다 준 기술혁신, 식목증가, 커피소비의 낮은 성장률 등을 포함해 여러 이

유가 있다.[5] 일부 국가는 IMF와 세계은행으로부터 수출 소득증가를 위해 커피나무를 키우라는 권고를 받기도 했다. 예를 들어, 세계은행은 베트남에 대규모의 커피재배 확장을 장려했다. 지난 10년간, 베트남은 미미했던 커피 생산국에서 세계에서 두 번째로 큰 커피 수출국으로 발전했다. 2000년 말까지 베트남의 커피 생산량은 콜롬비아의 생산량을 뛰어넘었고, 브라질에 이어 두 번째 커피 생산국이 되었다. 베트남 커피 생산의 엄청난 증가는 초과 공급으로 이어졌고, 커피 수출가격의 급격한 하락을 불러왔다.[6]

2004년 국제 커피시장은 회복의 징후를 보였다. 2005년 2월, 1999년의 평균가격 수준(파운드당 미화 0.85달러 이상)이 되었다. 그러나 이것이 모든 커피 종류에 대한 지속적인 상승세라고 판단하기는 아직 이르다.

낮고 변동이 심한 국제 커피가격

커피가격은 변동이 심하다. 가격 변동성은 커피농민의 삶을 어렵게 한다. 수확 직후의 국제가격을 미리 알 수 없으므로, 그에 맞는 생산 계획도 세울 수 없다. 커피가격의 급격한 변동은 비단 최근 발생한 현상이 아니다. 커피 생산은 기온, 강수량, 병충해에 취약하기 때문에 해마다 생산량은 동일할 수 없고 가격은 최고점에 다다르게 된다. 세계 커피 공급이 상대적으로 브라질에 많이 의존하고 있기 때문에 그 취약성은 배가된다.[7]

커피소비의 침체

커피 생산의 90퍼센트 이상이 개발도상국에서 이뤄진다. 그러나 커피는 산업화가 진행된 국가에서 주로 소비된다. 물론 브라질은 세계에서 최다생산국인 동시에 주요 소비국이기도 하다. 에티오피아 역시 생산한 커피의 많은 양을 소비한다. 국가 커피 총 생산량의 36퍼센트 정도는 에티오피아에서 소비된다.[8]

국제커피협회The International Coffee Organisation, ICO의 지속적인 노력에도 불구하고, 커피소비는 지난 수년 동안 침체되어 있다.[9] 스페셜티 커피에 대한 수요는 상당히 증가하고 있지만, 2004년에도 여전히 연간 커피 생산의 8퍼센트만이 스페셜티 커피시장으로 갔다.[10] 전 세계적인 커피소비는 앞으로 눈에 띄게 성장할 것이다. 왜냐하면 오랫동안 기대해왔던 중국 커피시장의 팽창으로 2003~2008년 사이에 총판매가 11,073톤에 이르며 70퍼센트까지 성장할 것으로 예측되기 때문이다.[11]

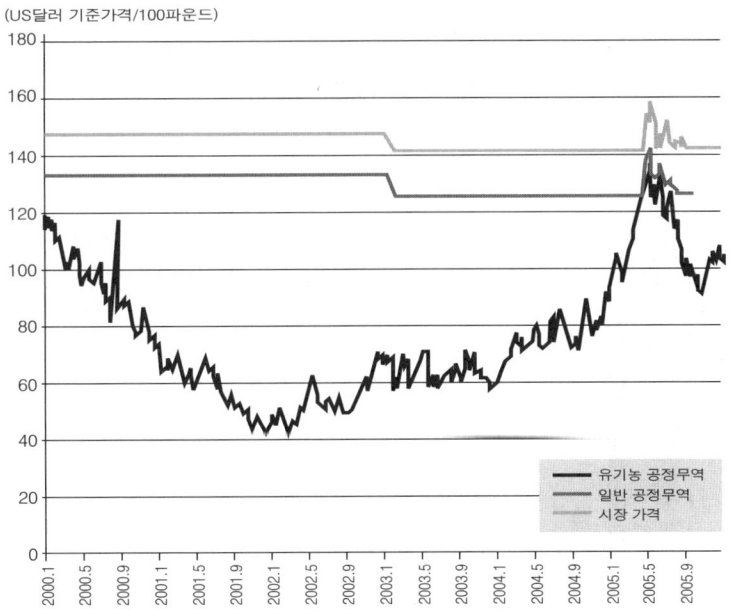

가격 변동성 : 아라비카 커피의 시장가격 대비 공정무역 가격(2000년)

(출처: 게파공정무역상사)

아라비카 커피시장 1989~2010년 공정무역과 뉴욕 가격 비교

(출처: 영국공정무역재단, 옮긴이 보충)

주요 커피 생산국

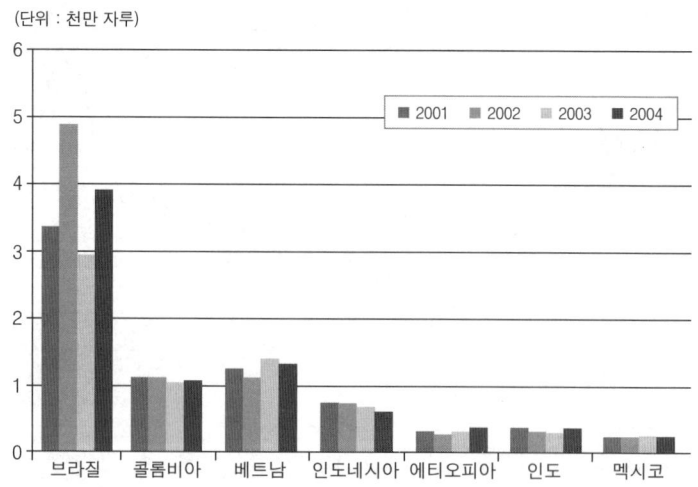

* 2008년 국제커피협회의 자료에 따르면 주요 커피 생산국의 생산량은 브라질 4599만 2천 자루, 베트남 1600만 자루, 콜롬비아 1050만 자루, 인도네시아 863만 8천 자루, 에티오피아 613만 3천 자루, 인도 437만 2천 자루 그리고 멕시코 465만 자루로 2004년과 비슷한 수준을 유지하고 있다(옮긴이).

선정된 국가에서의 1인당 커피 소비

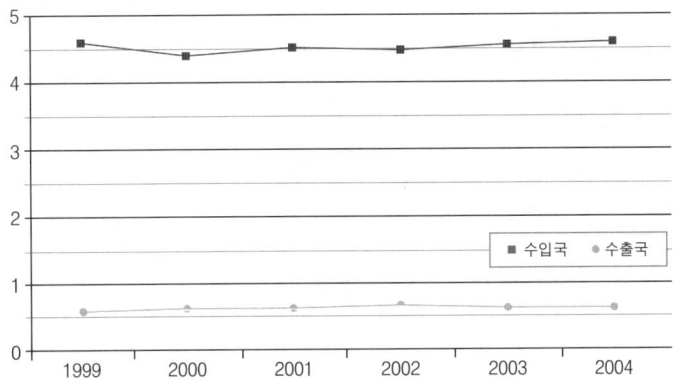

*수입국: 모든 EU 국가, 일본, 노르웨이, 스위스, 미국
*수출국: 브라질, 코스타리카, 도미니카공화국, 아이티, 니카라과, 콜롬비아, 온두라스, 이디오피아, 베네수엘라, 과테말라, 마다가스카르, 엘 살바도르, 파나마, 쿠바, 코트디부아르, 멕시코, 에콰도르, 필리핀, 태국, 트리니다드토바고, 인도네시아

커피의 수입관세

커피에 대한 수입관세는 WTO를 통해 규제된다. 생두에 붙는 관세

가공커피에 대한 국제관세(2005)

국가/지역	로스팅	디카페인/로스팅	수용성
미국	0	0	0
유럽연합	7.5% 2.6% GSP 0 ACP	9.0% 3.1% GSP 0 ACP	9.0% 3.1% GSP 0 ACP
캐나다	4.15 cents/kg 0 GSP	4.15 cents/kg 0 GSP	14.32 cents/kg 0 GSP

*GSP: 일반특혜관세제도
*ACP: 아프리카, 카리브해, 태평양의 79개국

국제커피협회 ICO

ICO는 1963년에 설립되었다. 첫 번째 국제커피협약 International Coffee Agreement, ICA이 1962년까지 5년간 효력을 발휘한 직후다. 첫 번째 ICA는 커피 생산국과 소비국간 협상에 기초했다. 커피 생산국은 소비국과 대면해 시장에서의 지위를 향상시키고 싶어했다. 소비국은 기본적으로 마셜플랜Marshall Plan 논리를 따랐다. 즉, 경제적 빈곤이 공산주의자들이 주도하는 선동에 영향을 준다고 여겼기 때문에 지나치게 낮은 커피가격으로 유발되는 빈곤은 개발도상국에서 일어나서는 안 되는 현상으로 인식되었다.[12]

1962년부터 1989년까지 세계 커피시장은 ICA에 의해 규제되었다. 이 기간 동안 커피가격을 안정적으로 유지하기 위해 ICO 회원(생산국과 소비국 모두)에게 할당량이 정해졌다. 가장 큰 생산국과 소비국 회원의 경제적, 정치적 이해를 맞추기 위해 커피가격은 여러 해 동안 비교적 높게 유지되었다. 1980년대 말 협정이 갱신되지 않은 시점에서 ICA 지원은 중단되었다. 엄격한 할당제도는 변화하는 소비자의 입맛에 맞추는 데 실패한 것이다. 커피의 특정 종류에 대한 수요와 가격은 높아졌으나 이러한 새로운 과제들은 ICO 체제 하에서 해결될 수 없었다. 이러한 상황은 할당량을 초과하는 생산과 불법 무역으로 이어졌다.

1994년까지 많은 회원들은 ICO를 떠났고, 협회는 무역진흥 조직으로 재편되었다. 현재 ICO는 세계 커피시장을 분석하고, 경제적·사회적 개발을 위한 커피의 중요성과 관련된 문제들을 밝혀내는 역할을 하고 있다. ICO는 커

> 피 위기에 대해 알리고, 수요와 공급 사이의 보다 건강한 균형을 만드는 여러 방법을 제시하고 있다.[13]

는 점점 낮아지고 사라지는 추세다. EU는 여전히 디카페인 생두에 8.3퍼센트의 관세를 규정하고 있다. 그러나 커피가 가공됨에 따라 관세는 점점 높아진다. 많은 수입국은 산업화된 국가에 부여하는 관세보다 낮은 관세를 개발도상국에 제시하고 있다.

EU는 일반특혜관세제도에 따라, 개발도상국에 더 낮은 관세를 적용한다. 코토누협정[14]에 가입한 ACP 국가는 EU에 면세 혜택을 받으며 무역을 할 수 있다. 이런 혜택은 ACP에 속하지 않은 콜롬비아, 볼리비아, 코스타리카, 라오스 등 다른 개발도상국에도 주어진다.

커피농장에서 소비자로 이어지는 커피의 가치사슬

커피 유통망은 일련의 단계로 나뉜다. 커피 체리가 수확된 후, 수세식wet 또는 건조식dry의 두 가지 주요 방법 중 하나로 처리된다. 두 가지 가공 방법 모두 농장이나 혹은 근처에서 이뤄진다.

수세식 공정을 거친 파치먼트 커피Parchment coffee[15]는 도정milling된다. 바짝 마른 커피는 여전히 씨를 감싸고 있는 말린 커피일 뿐이다. 가치사슬 상의 이 단계에서 규모의 경제가 더 많이 적용된다. 그리고 도정은 주로 커피가 자라는 농촌지역에서 집중된 형태로 이뤄진다. 파치먼

> ### 커피가공에 대한 설명
>
> 수세식 공정은 커피 체리를 둘러싼 네 겹의 층을 제거하는 비교적 새로운 방법이다. 이 과정은 커피를 더 밝고 깨끗하게 하며 맛을 풍부하게 만든다. 산도(신맛)로 유명한 커피를 생산하는 대부분의 나라에서 이 수세식 공정으로 커피를 가공한다.
>
> 건조식 공정을 거치면 무게감 있으면서도 더 달콤하고 부드러운 복합적인 맛을 낸다. 강우량이 적은 나라에서 주로 사용되는데 장기간 햇빛을 받아 커피가 제대로 건조하게 된다. 인도네시아, 에티오피아, 브라질, 예멘의 커피 대부분이 이 공정을 거친다.

트와 생두체리 모두 저장 가능하며, 이 단계 후에는 기술적으로 어느 곳에나 저장이 가능하다. 그러나 생두는 파치먼트보다 부피가 작고 가볍다. 그래서 도정은 커피가 자라는 나라에서 주로 이뤄지는 경향이 있다.

도정 이후, 생두를 볶고roasted, 볶은 생두는 주로 앵글로색슨 국가와 많은 개발도상국에 인스턴트커피, 혹은 원두 분쇄 형태로 시장에 도달한다. 인스턴트커피는 6개월이나 그 이상의 유통기한을 가지고 생산국이나 소비국 모두에서 수출을 위한 제조가 가능한 반면, 원두분쇄커피는 항상 최종 소비시장 인근에 위치해 있어야 한다.[16]

주류 커피의 공급망은 많은 연결고리를 포함할 수 있다. 커피콩은 생산자에서 소비자에 이를 때까지 150번 정도의 공정을 거친다.[17] 주류 커피 공급망을 단순화해보면 다음과 같다. 먼저 생산자는 가공되지 않은 커피를 가공공장으로 운송하는 개인 중개업자에게 판매한다. 가공된 후 커피는 지역 수출업자에게서 국제거래업자에게로 넘어간다. 로

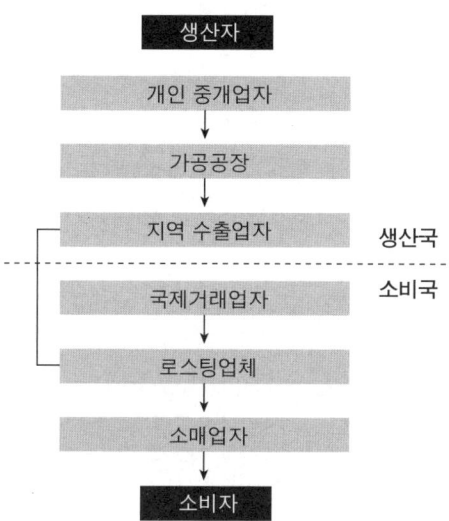

스팅업체는 주로 이 국제거래업자로부터 커피를 구매하고, 슈퍼마켓, 레스토랑, 호텔 등 소매업자에게 판매한다. 이러한 과정은 커피가 어떻게 소비자에게 최종적으로 도달하는지 보여준다.

커피산업에서 점점 늘고 있는 합병은 세계시장의 병목현상을 초래했다. 이것은 명백히 구매자와 운송업자에 의한 사슬이다. 따라서 적은 숫자의 다국적거래업자와 로스팅업체가 공급 사슬을 지배하고 그 사슬 안의 다른 이들에게 요구사항을 설정할 수 있는 것이다. 예를 들어, 로스팅업체는 커피의 주요 배합에 포함될 특정지역 원료의 최소 수량에 대한 기준을 미리 규정할 수 있다.

| 커피시장의 주체

역사적으로 네 주체가 커피산업에서 핵심역할을 담당해오고 있다.

당연히 농민은 사슬의 중심이며 다수가 소작농이다. 생산국은 대부분 시장거래위원회와 생산자연합의 형태로 농장이 참여하지 않는 작업인 도정·구매·수출 등을 담당한다. 국제무역업체는 다양한 원산지에서 커피를 가져오고, 사슬의 네 번째 주체인 로스팅업체에게 판매한다. 로스팅업체는 커피를 브랜드화하고 소매업체에 커피를 판매한다.[18]

많은 제품의 국제 공급망과 유사하게, 커피산업은 많은 중개업체의 참여와 불균형한 힘의 분배로 특징 지어진다. 1990년대 중반까지 커피산업의 공급망을 제어할 수 있는 유일한 존재는 다양한 형태의 국영 시장거래위원회였다. 이들은 생산자 협동조합에서 커피를 사고, 수출이나 국내 소비를 위해 판매했다.[19] 가격은 월이나 연 단위로 고정되어 있었다. 또한 저가격이 계속되던 시기에는 탄자니아를 비롯한 많은 국가가 훨씬 높은 내부가격을 설정해놓아 생산자를 보호했다. 이 체제는 생산자를 변동성으로부터 보호하긴 했지만, 수출가격에서 생산자에게 돌아가는 몫을 줄였다. 많은 국가별 시장거래위원회는 비효율적이었고, 종종 높은 수출관세를 부과했으며, 세계은행과 IMF의 압박으로 1980년대와 1990년대 초기에 대부분의 시장거래위원회가 해산되고 수출관세가 폐지됐다.[20] 커피산업 자유화의 결과, 이제 생두는 개별거래업자와 수출업자들이 농민으로부터 직접 구매한다. 협동조합은 때때로 커피를 자체적으로 수출하기도 한다. 대부분의 국가에서 시장거래위원회가 없어지면서 생겨난 새로운 방식의 민간공급체제가 세계 커피시장을 지배하고 조정하고 있다.

| 세계 커피무역, 4개 회사의 지배

4개 회사가 커피 국제거래의 40퍼센트가량을 지배한다.

- 노이만커피그룹Neumann Kaffee Gruppe AG : 독일 NK그룹은 남아메리카, 아프리카, 아시아의 17개 커피 생산국에 영리사업체를 가지고 있다(온두라스, 니카라과, 코스타리카, 페루, 멕시코, 엘살바도르, 브라질, 콜롬비아, 과테말라, 르완다, 부룬디, 케냐, 우간다, 탄자니아, 베트남, 파푸아뉴기니, 인도네시아).
- 볼카페홀딩스Volcafe Holdings Ltd. : 스위스 볼카페그룹은 남아메리카, 아프리카, 아시아의 12개 커피 생산국에 수출사업체를 가지고 있다(멕시코, 과테말라, 온두라스, 코스타리카, 콜롬비아, 페루, 브라질, 케냐, 탄자니아, 우간다, 인도네시아, 파푸아뉴기니).
- 에콤농산업회사Ecom Agroindustrial Corp Ltd. : 스위스-스페인 에콤커피그룹은 남아메리카, 서아프리카, 아시아의 13개 커피수출국에서 영리사업체를 운영하면서, 커피의 도정, 물류보관, 수출, 무역에 관여한다(콜롬비아, 과테말라, 코스타리카, 브라질, 멕시코, 온두라스, 니카라과, 페루, 코트디부아르, 인도, 파푸아뉴기니, 베트남, 인도네시아).
- 드레이퓌스Dreyfus : 세계적 재벌인 루이드레이퓌스그룹은 53개국 이상에서 사업체를 가지고, 가공, 무역, 농산품 판촉에 관여한다. 이 회사는 매년 약 400만 자루의 커피를 거래하며 중앙아메리카와 남아메리카, 아프리카, 극동의 수많은 국가로부터 조달한다.[21]

커피 로스팅은 소수를 위한 거대사업

커피 공급망에서 로스팅 단계는 높은 수준의 집중화를 필요로 한다. 브랜드 개발 비용과 마케팅 비용은 절대적인 힘을 가진 소수의 다국적

로스팅업체나 마케팅회사만이 감당할 수 있는 상당한 액수다. 이 회사들은 인스턴트커피와 분쇄커피를 제조하고, 커피소비국에서 광고에 상당한 비용을 들여 만든 브랜드를 기반으로 서로 경쟁한다. 세계시장의 약 45퍼센트를 지배하는 로스팅업체는 모두 4곳이다.

- 네슬레(스위스): 스위스의 다국적기업 네슬레의 주요 브랜드는 네스카페Nescafé, 봉카Bonka, 리코르Ricore다.
- 크라프트푸드Kraft Foods Inc(미국): 미국에서 크라프트푸드의 핵심 브랜드는 맥스웰하우스Maxwell House, 유반Yuban이다. 유럽의 주요 브랜드는 맥스웰하우스, 까르뜨 누아르Carte Noire, 맥심Maxim, 블렌디Blendy, 제발리아Gevalia, 쟈크 바블Jacques Vable, 켄코Kenco, 하그Hag, 세마자Saimaza다. 크라프트푸드는 알트리카그룹Altrica Group Inc., 형식적으로는 필립모리스의 자회사다.
- 프록터앤드갬블(미국): 프록터앤드갬블의 주요 브랜드는 폴거Folgers(분쇄커피와 인스턴트커피), 밀스톤Millstone이다.
- 사라리(미국): 유럽에서 사라리의 주요 브랜드는 두웨 에그베르Douwe Egberts, 메종드카페Maison du Café, 마르실라Marcilla, 메릴드Merrild, 반넬Van Nelle, 센세오Senseo다. 미국에서, 가장 중요한 브랜드는 힐스브로스Hills Bros, 수페리어Superior(식품 서비스산업)이며, 브라질에서 사라리는 브랜드 카페도폰토Café do Ponto와 필라오Pilão를 소유하고 있다.[22]

우리는 공급망 연구를 통해 커피 공급망에서 힘의 불균형(병목현상)이 어떻게 생산자에게 막대한 불이익으로 가져다 주는지 확인할 수 있다.²³ 연구원 카렌 생 장 쿠포는 공급망의 구성을 통해 커피 체리를 가공하지 않는 농민은 최종 소매가격의 6.5퍼센트만을 받는다는 것을 알아냈다.²⁴ 다른 전문가가 수행한 연구도 비슷한 결과를 보여준다. 네덜란드 막스하벨라르 설립 15주년을 기념해 발행된 보고서에서 연구원들은 2002년에 생산자인 농민의 총수입은 네덜란드에서 판매되는 주류시장 커피의 패키지(250g) 당 0.10유로임을 증명했다. 같은 커피 패키지의 소매가격은 1.57유로이며, 생산자가 가지는 몫은 소매가격의 6.37퍼센트다.²⁵ 그러나 이러한 조사결과가 모든 커피 공급망에 적용되는 것은 아니다. 커피산업의 틈새시장을 겨냥해 다른 종류의 커피 생두를 생산하는 농민은 일반 커피를 생산하는 소규모 자작농보다 더 높은 비율의 몫을 얻을 것이다.

공정무역 시장

커피는 유럽, 북미, 일본의 소비자 사이에서 가장 잘 알려진 공정무역 제품이다. 공정무역 커피는 처음으로 공정하게 거래된 식품이고, 공정무역 마크를 처음 붙인 제품이기도 하며, 현재 모든 FLO 회원국에서 팔리고 있다.²⁶

지난 수 년 동안, 전 세계적으로 공정무역 커피의 전체 판매량은 급격하게 증가해왔다. 그러나 여러 국가의 판매상황은 현저하게 다르다. 일부 국가의 시장은 지난 몇 년 동안 상당히 성장한 반면, 다른 전통적인 커피 공정무역 시장은 침체 징후를 보이고 있다. 공정무역 커피의 시장점유율은 거의 모든 국가에서 3퍼센트 이하에 머물러 있다. 그러나 주목할 만한 예도 있다. 스위스는 커피시장의 6퍼센트를 공정무역 커피가 차지하고 있고, 2004년 영국에서는 분쇄커피의 다섯 잔 중 한 잔이 공정무역 조건 하에서 생산되고 거래되었다.[27]

| 공정무역 커피 생산자

대부분의 공정무역 커피는 FLO의 인증을 받는다. 또 대부분의 공정무역 커피는 인증 받은 유기농커피다.

2006년 초, FLO는 아프리카, 아시아, 남아메리카의 243개 커피 생산자 파트너들과 일했다. 이들 중 대다수는 그들 스스로 직접 수출한다. 추가적으로 38개 수출 파트너가 FLO에 등록되어 있다. 21개 회원국에서 100개 이상의 수입업체, 제조업체, 로스팅업체, 유통업체와 548개

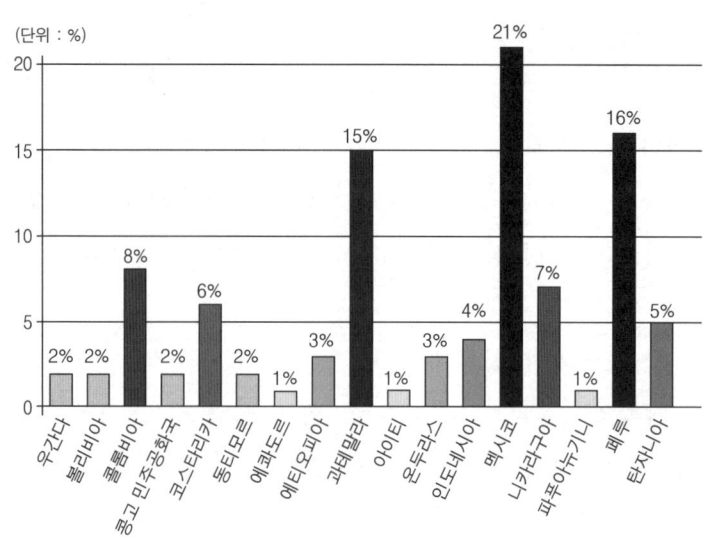

FLO 인증 생두 원산지

(출처: FLO 2003)

의 등록된 무역업체들이 FLO 공정무역 시스템에 포함되어 있다. 대부분의 FLO 인증커피는 남아메리카에서 오지만 점차 많은 아프리카 커피 생산자들이 인증을 받고 있다.

커피의 경우, 생산자그룹(협동조합이나 농민연합)은 그룹의 회원들이 소규모 자작농일 때나 그룹이 민주적으로 운영되고 정치적으로 독립적일 때, FLO에 등록될 수 있다. 지금까지는 FLO의 인증을 받은 커피 플랜테이션이 없다. FLO는 또 생산자가 화학비료 사용의 최소화와 환경보호 차원의 몇 가지 기본 지침을 따르도록 요구한다.[28] FLO 인증 비용은 필요에 따라 350유로(서류상의 검토 시)에서 1만 유로로 천차만별이다. 비용은 생산단체의 구조, 가공 설비의 존재 여부, 작업자의 수, 인증받을 상품의 수에 근거해 산출된다.

인증된 협동조합은 지속가능한 생산의 비용과 적절한 생활수준을 가능하게 하는 최소가격을 보장받는다. 최소가격은 실제 생산비용과 생계비를 반영하기 위해 세계의 여러 지역마다 약간씩 다르다. 거의 일어나지 않는 경우지만, 국제 커피가격이 공정무역의 최소가격을 초과할 때 모든 생산자단체는 시장가격을 받는다. 추가적으로 공정무역 생산자들은 파운드당 미화 0.05달러의 고정 프리미엄을 받는다. 가격 프리미엄의 혜택을 어떻게 활용하는지는 민주적인 절차에 의해 결정된다. 생산자단체는 주기적으로 FLO 검사관에게 일련의 기준에 따라 평가된다.

공정무역 시스템의 커피거래업체

커피거래업체들은 공정무역 원리를 준수하는 것 외에도, 생산자단체와 양측의 권리와 이해가 상호존중되는 장기적이고 지속적인 관계

⑥ 커피 생산국에서의 가공

소규모 생산자단체가 공급망의 단계를 관리한다면, 커피 생두를 가공하는 과정에서 단계별로 제품의 가치를 높이기 때문에 더 많은 수익을 낼 수 있다.[29] 조직화된 농민은 중앙집중화된 인프라를 통해 공동으로 커피를 가공하게 되며, 중앙집중화된 가공은 소규모 자작농이 높은 표준과 일관된 품질을 유지할 수 있도록 한다. 역량구축과 기술원조는 이 분야의 발전에 중요한 역할을 한다. 탄자니아에 있는 카제라협동조합Kagera Co-operative Union, KCU의 존 칸자가일은 커피협동조합이 스스로 생두를 가공하면 더 높은 수익을 얻을 수 있다고 말한다. "소규모 생산자는 기존시장에 공급하던 생두의 감량을 진지하게 고려해야 합니다. 대신 생두를 가공해 완제품으로 만들 수 있죠. 이를 위해서는 지원이 필요합니다. 완제품이 외국 소비자에게 전달되는 것이 쉽지는 않겠지만, 대부분의 경우 국내 소비도 많은 잠재성을 지니고 있습니다." KCU는 부코바의 타니카에 있는 협동조합의 생산물을 가공하는 공장의 약 51퍼센트의 주식을 소유하고 있다. 타니카는 국내시장과 수출을 위한 인스턴트커피를 생산하며, 동부아프리카에서 유일하게 인스턴트커피를 가공하는 공장이다.[30] KCU는 또한 커피의 품질을 평가할 수 있고 커핑(맛보기)을 할 수 있다. 1991년부터 KCU는 직수출 부서를 두어 우선 공정무역시장에 판매하고 있으며, 이 경험을 바탕으로 기존의 구매자를 목표로 하는 시장을 만들고자 한다. KCU는 공정무역네트워크에서 얻은 지식과 경험으로 경매에서 커피가격에 영향력을 발휘할 수 있었다. "공정무역 소비자와의 협력관계를 통해 탄자니아 경매에 참여함으로써 우리는 평균 50킬로그램당 미화 2~3달러 정도의 영향을 줄 수 있습니다." 농민들은 KCU가 받는 공정무역 프리미엄을 어떻게 사용할지에 대해 공동으로 결정한다. 프리미엄의 일부는 타니카 인스턴트커피공장에 농민의 주식을 사는 데 사용되었다. KCU는 교육환경 개선에도 프리미엄을 사용했으며, 최근에는 3개의 중등학

> 교를 돕기도 했다. 프리미엄은 또 의료, 의류, 보호소 건설 등 기타 사회적 목적을 위해 사용되기도 한다.[31] KCU가 이어받은 공급망의 요소(가공·커핑·수출)는 전통적으로 공급망의 다른 주체에 의해 지배되어온 것들이다.

를 구축해야 한다. 공정무역 수입업체들은 생산자단체에게 기술적인 지원을 제공하며, 국내나 국제포럼에서 생산자를 위해 옹호하는 역할을 담당해야 한다.

소농을 위한 공정무역의 혜택

일반 커피를 공정무역과 비교해보면 공급망 주체간 가치분배과정에서 현격한 차이가 난다. 최종 소비자가격에서 생산자가 받는 몫의 비율은 주류시장보다 공정무역을 통해 이루어졌을 때 훨씬 높다. 공정무역 커피에서 얻어지는 수입은 기존 커피의 실질 판매가격의 2배 정도 된다. 예를 들어, 2003년에 멕시코의 마호무트협동조합Majomut Co-operative의 농민은, 코요테라는 별명을 가진 국내 중개업체에게 팔리는 커피가 1500파운드당 미화 550달러에 거래될 때, 유기농 인증커피로 미화 1700달러를 받았다.[32] 마호무트협동조합은 연간 생산된 커피의 60퍼센트를 공정무역으로 판매한다.[33]

소농을 위한 공정무역의 재정적 혜택을 명확하게 규정하기는 어렵다. 가장 큰 이유는 협동조합이 스스로 회원 사이에서 받은 금액을 어떻게 분배할지를 정하기 때문이다. 커피를 생산하는 협동조합들은 대개 생산량의 일부만을 공정무역 조건 하에서 판매하지만, 안정적이고 높은 가격과 부가적 프리미엄은 조합원의 생계에 영향을 준다. 공정무

2005년 공정무역 최저가격(US달러/파운드, 생두)

	일반 커피		유기농 인증커피		공정무역 프리미엄
커피 종류	중앙 아메리카, 멕시코, 아프리카, 아시아	남아메리카, 카리브해 지역	중앙 아메리카, 멕시코, 아프리카, 아시아	남아메리카, 카리브해 지역	일반 커피, 유기농커피
습식 아라비카	1.26	1.24	1.41	1.39	0.05
비습식 아라비카	1.20	1.20	1.35	1.35	0.05
습식 로부스타	1.10	1.10	1.25	1.25	0.05

2008년 공정무역 최저가격(US달러/파운드, 생두)

	일반 커피	유기농 인증커피	공정무역 프리미엄
습식 아라비카	1.25	1.45	0.1
비습식 아라비카	1.20	1.40	0.1
습식 로부스타	1.05	1.25	0.1
비습식 로부스타	1.01	1.21	0.1

(출처 : FLO, 옮긴이)

역 프리미엄은 커피 협동조합들이 소규모 운용자금을 구축할 수 있도록 해주며, 품질 향상, 차별화, 기술지원 등을 가능하게 한다.

선지불제도 역시 공정무역의 중요한 특징이다. 특히 생산량 중 일부만을 공정무역 조건 하에서 팔 수 있는 협동조합에게는, 선지불제도가 생산자단체에게 더 나은 신용대출을 할 수 있도록 한다. 어떤 협동조합은 프리미엄의 일부로 긴급자금 또는 공동기금을 조성하기도 했다. 더불어 공정무역 협동조합은 기존의 대출 공급원에 대해서도 더 나은 접근성을 가진다. 보장된 최소가격, 프리미엄, 선지불제도, 신용대출에 대한 접근성 증가를 가능하게 하는 조합은 소규모 커피 생산자들의 경제적·사회적 안정성에 상당 부분 기여하고 있다.

공정무역의 영향은 경제적 혜택 그 이상이다. 공정무역 커피의 가치사슬에는 소농에게 여러 비재정적인 이익이 존재한다. 훈련, 정보의 접근, 역량구축이 주요항목이다. 훈련 기회와 기술적인 지원으로 농민은 커피의 품질을 향상시킬 수 있으며, 정보에 대한 접근으로 협동조합은 커피를 어떻게 생산하고 시장에서 거래하고 판매할지에 대해 적절한 결정할 수 있다. 또한, 생산자단체의 역량구축은 커피 공급망에서 그들의 지위를 강화할 수 있도록 한다. 새로운 기술의 사용으로 생산자는 그들 제품에 대한 최신 정보에 쉽게 접근할 수 있다. 많은 소규모 자작농에게 커뮤니케이션은 성공을 위해 아주 중요한 요소다. 공정무역운동에서 모든 정보는 네트워킹을 통해 공유된다. 공정무역 시스템으로 조성된 커피 생산 협동조합과 구매자 사이의 지속적 관계는 농민에게 피드백을 제공함으로써 커피 품질을 향상시켜왔다.

공정무역 협동조합들은 단체의 안정성, 커피시장에 대한 지식습득 그리고 농법에 따른 환경적 영향에 대한 인식 증가 덕분에, 기존 시장만을 거냥해 생산하는 소삭농보다 수직·수평적으로 다각화할 수 있는 더 좋은 위치에 있다.

이 생산자의 대부분은 생산에 관한 정보에 근거한 결정이 필요할 때 시장정보를 충분히 얻지 못한다. 이 정보란 유기농커피와 스페셜티 커피에 대한 소비자의 수요에 관한 미묘하고도 정확한 정보와 세계 생산 추세에 대한 정보를 말한다. 그러한 정보를 어떻게 사용할지에 대한 이해 없이, 농민과 농민 단체들이 가격 변동성에 대처하는 계획을 세우는 것은 불가능하다.[34] 더욱이 주류시장의 소규모 생산자는 많은 경우 상업적인 신용대출이 막혀 있다. 융자 서비스(무이자나 저리대출, 리볼빙자금, 소액대출)를 생산자단체가 이용가능하도록 하는 것은, 운용자금의 형성과 수확 전 대출, 중앙화된 인프라와 농장 내 인프라, 사업다각화, 커피 위기로 발생한 부채와 위험성 관리를 위해 아주 중요하다.

과테말라의 마노스캄뻬시나스협동조합Manos Campesinas co-operative의 매니저인 헤로니모 볼렌은 공정무역 농민과 다른 농민 간 차이점을 이렇게 진술했다. "공정무역 농민들은 계속 현장에서 일하면서 가족을 먹이고 입힐 수 있는 충분한 수입을 얻습니다. 공정무역을 하지 않는 농민과의 차이가 명백하지요. 공정무역 조합원이 아닌 농민들은 그들 자신의 생산품을 포기해야 하고, 그들의 커피나무를 유지할 수 없으며, 그로 인해 멕시코시티로 대규모 인구 이동이 발생하고 있죠. 이 지역에서 공정무역의 주요 혜택은 인구 이동이 거의 없어졌다는 것입니다."[35]

공정무역의 자급자족 프로젝트

공정무역 참여는 생산자 가족에게 협동조합이 후원하는 광범위한 프로젝트에 참여할 기회를 제공한다. 많은 가족이 유기농 원예와 부분적으로 공정무역 수익에 의해 지원되는 자급자족 프로젝트에 참여한다. 몇몇 협동조합은 회전자금이나 소액대출 프로그램을 만들어, 생산자 가정에 여러 긴급 상황이 발생했을 때 비용을 지불할 수 있도록 돕는다. 멕시코와 엘살바도르의 공정무역 협동조합은 다른 소득원을 개발하기 위해 생산자에게 교육과 마케팅을 지원해왔다. 여기에는 수공예품 생산과 마케팅, 지역사회에 매장과 베이커리 설립, 기초작물 생산 증대 및 기타 계획이 포함된다.[36] 많은 협동조합 회원은 공정무역이 그들의 자녀교육에 공헌을 해왔다고 믿는다. 코스타리카 쿠카페의 회원 협동조합장인 사비노 몬떼로 브레네스는 자신의 경험을 말해주었다. "10년 전, 우리 아이들은 8세가 지나도록 공부할 수 없었습니다. 통학버스도 없었고 돈도 없었죠. 공정무역 덕분에 우리는 도로를 정비했고 통학버스가 다닙니다. 우리 아이들은 협동조합 기금이 제공하는 장학금으로 학교에 갈 수 있습니다. 제 아이중 하나는 최근 대학에서 경영학 학위를 받았고, 다른 아이는 고등학교에 다니고 있습니다." 엘살바도르의 협동조합 라스콜리나스Las Colinas의 회원인 후안 싸까리아스는 그의 가족에 대한 공정무역의 혜택을 간결하게 말한다. "공정무역 가격을 받음으로써, 저는 자녀들을 고등학교에 보낼 수 있었고, 전기와 식수를 통해 가정 생활을 향상시킬 수 있었습니다."[37]

커피산업에서 공정무역의 전망과 도전

공정무역 커피의 핵심 과제는 시장 확대다. 협동조합은 대체로 그들 커피의 10~15퍼센트만 공정무역 커피로 판매한다. 나머지 85~90퍼센트는 일반적인 주류 공급망에서 중개업자, 수출업자, 무역업자에게 판매해야 한다. 공정무역 커피의 초과 공급은 전 세계적으로 공정무역 커피의 수요를 증가시킴으로써만 해결될 수 있다. 일부 국가에서는 공정무역 커피시장이 현저하게 커지고 있지만, 다른 공정무역 커피시장은 지난 몇 년간 침체의 징후를 보여왔다. 기존시장을 확장하고 새로운 시장을 개척할 새롭고 혁신적인 방법들을 찾아야 하는 것이다.

| 새로운 시장 개발

유럽국가의 공정무역은, 특히 스페인, 포르투갈, 그리스, 중앙유럽과 동유럽국가 사이에서 두드러지게 확장될 수 있을 것이다. 북미시장 점유율도 더 증가할 것으로 보인다. 그럼에도 불구하고 새로운 시장은 브라질, 중국, 인도 같은 커피 생산국이나 신흥경제권에서 개척되어야 한다. IFAT는 이미 신흥경제권과 커피 생산국의 국제무역박람회에 참여함으로써 이 영역을 개척하기 시작했다.[38] 1999년에 국내 인증 체제를 도입해서 2004년에 생두 4만 5천 파운드를 수출한 멕시코처럼 국내 공정무역 인증제도는 커피 생산국에서 성공적으로 도입될 수 있다.

| 공정무역 제품 조달

공정무역 커피시장을 확장하는 또다른 방법은 공정한 조달을 촉진하는 것이다. 이를 위해서 북반구 국가의 공정무역운동은 지속가능한 제품 조달과 책임 있는 구매를 공정무역과 연결시켜 공정무역에 대한 인지도를 높이는 데 투자해야 한다. 글로벌 익스체인지Global exchange, 옥스팜, 트랜스페어 캐나다Transfair Canada, 트랜스페어 미국Transfair USA은 공정무역 주제에 대한 대학생의 인지도를 높이고, 대학 내 기관이 공정무역 인증 커피를 구매하도록 하는 등의 많은 일을 해냈다. 미국에 있는 최소 90개의 단과대학이나 대학교가 현재 식품판매점에서 공정무역 커피를 판매하도록 허용했고, 몇몇은 독점적으로 제공하고 있다.[39]

특히 유럽의 정부기관이 점점 더 지속가능한 제품 조달에 대한 관심과 매입을 표명하고 있다. 현재 유럽조달지침European procurement Directives 하에서 정부기관은 구매절차에 사회적·환경적 영역을 포함시킬 수 있다. 유럽의 공정무역단체들은 이미 정부기관을 대상으로 아주 성공적인 활동을 해왔다. 공정무역 커피는 시청, 국회, 유럽의회, EC의 사내매장에서 판매되고 있다. 커피 제품과 케이터링 서비스를 제공하려는 공개 입찰자들은 공정무역과 연관되어 있어야만 입찰을 할 수 있다.

| 기존 기업들과 공정무역 커피

무역정의와 무책임한 거래 관행에 대한 집중적인 캠페인에 따른 인지도 향상 덕분에 이제 점점 더 많은 대형 다국적기업이 윤리적인 상품에 대한 소비자 증가에 반응하고 있다. 어떤 기업은 열대우림동맹Rainforest Alliance과 우츠카페Utz Kapeh(자세한 내용은 5장 참고) 같은 윤리적인 협정과 뜻을 같이해 일하고 있다. 스타벅스, 피츠Peet's, 시애틀 베스트 커피Seattle's Best Coffee, 던킨도너츠, 툴리즈Tully's 같은 기업은 공정무역 인증커피를 그들의 제품군에 추가했다.[40] 영국에서는 여러 슈퍼마켓 체인이 공정무역 제품을 판매하고 있다.

공정무역 커피를 판매하는 회사들이 소비자를 교육하고 공정무역 제품 소비를 촉진하도록 해야 한다는 공식 지침은 없다. 소매업체는 공정무역을 소비자에게 광고할 때 어려움에 직면할 것이다. 가령 다른 지속가능하거나 책임감 있는 커피와 포화상태의 시장과의 과도한 브랜드 경쟁으로 혼란을 겪을 수도 있다. 이러한 장애를 무릅쓰고 대형 소매업체는 소비자를 상대로 공정무역 제품의 판매 촉진을 위한 공익 마케팅cause-related marketing(기업이 사회적으로 가치 있는 대의명분의 실현을 위해 비영리기관과 파트너십을 맺고, 제품이나 서비스의 판매와 기업의 자선, 공익활동을 연결시키는 마케팅 전략_옮긴이) 캠페인을 진행하고 있다.

기존 일반회사의 참여에 대한 공정무역운동의 태도는 다소 이중적이다. 한쪽에서는 대형 로스팅업체와 소매업체가 공정무역 커피의 매출을 상당하게 증가시킬 수 있고, 그 결과 소농은 제품을 공정무역 조건 하에서 더 많이 판매할 수 있다고 본다. 그러나 다른 한쪽에서는 대기업이 전반적인 회사정책 상에서 책임감 있는 거래 관행을 준수하지 않으면서도 공정무역의 참여를 기업 홍보에 사용하려는 경향에 대해 우려한다. 이 모순은 모든 가난하고 소외된 생산자의 삶의 질과 작업환경을 개선하고 전반적인 무역정의를 위해 일하는 것을 활동목표로 삼는 공정무역운동에 도전하는 것이다.

이 문제를 해결하기 위해 공정무역운동은 회사의 총 커피판매액 중 공정무역 커피를 적은 비율로 판매하는 기존 회사를 위한 최소 조건과 과정에서의 준수 조건을 제시하는 행동강령을 개발해야 한다. 이 행동강령을 준수함으로써 공정무역에 관여된 기존 회사들은 커피 유통 전체에서의 지속가능성을 향상시키기 위해 노력했다는 것을 증명할 수 있을 것이다. 공정무역 커피시장 성장의 관점에서, 시장의 거대주체들이 공정무역에 지속적으로 참여하는 것은 필수 요소다. 소규모 생산자단체들은 더 많은 생산물을 공정무역조건 하에서 판매할 수 있게 됨에 따라, 점차 나은 혜택을 받을 것이다. 그러나 공정무역운동은 기존 대기업의 공정무역 관여에 대한 규범을 설정함으로써 경계선을 명확하게 그어야 한다.

┃생산자단체, 권한부여, 역량구축

공정무역 모델은 연합 같은 형태의 소규모 생산자단체가 매우 중요한 역할을 하며 많은 이점을 가지고 있다는 것을 보여준다. 그렇지만 여전히 많은 소규모 생산자들은 조직화되어 있지 않으며, 조직화를 위한 지원이 필요한 상황이다. 이미 만들어진 생산자단체도 기본적인 조직의 형성과 강화를 위해 장기적으로 재정적·제도적 지원을 필요로 한다.[41]

생산자단체가 성공적으로 사업을 운영하기 위해서는 재정적, 조직적인 면에서 관리 역량을 키워야 한다. 각 생산자단체에 맞는 관리기술이 개발되고 강화되어야 한다. 지식과 기술은 생산자단체 간 교환 프로그램을 통해 전해질 수 있다.

┃커피 생산국에서의 가공을 장려

기존 성공사례를 바탕으로 공정무역 생산자는 생두를 가공할 수 있도록 지원이 뒷받침되어야 한다. 이는 수익을 증가시킬 뿐 아니라 부가적인 지식과 기술을 창출시킨다. 공급망의 다른 단계까지 관리하는 공정무역 생산자는 권한을 가지게 되고 커피가격에 긍정적으로 영향을 줄 수 있다. 그들은 자국시장에 그들의 커피를 팔 때도 더 유리한 위치에 설 수 있다.

　이제 다시 에티오피아의 초체지역에서 온 농민의 슬픈 이야기로 돌아가보자. 어떻게 공정무역이 메코눔 아와커 씨와 그의 가족의 생계를 향상시키는 데 공헌할 수 있었을까? 이것은 분명히 엄청난 도전 과제이며, 앞으로 공정무역 커피시장의 확장가능성에 달려 있다. 공정무역은 오늘날 주류 커피시장의 특징인 불공평한 가치 분배에 대한 실행가능한 대안이다. 더 많은 소비자, 소매업자, 로스팅업체, 무역업체들이 신념을 가지고 공정무역 관계에 투자할수록, 더 가까운 미래에 초체의 농민이 공정무역 조건 하에서 생산품을 판매하고 그들의 삶의 질을 향상시킬 수 있을 것이다.

주석

1 조페 왈츠 & 버크만JOFFE-WALT B. & BURKEMAN O., 〈커피의 발자국Coffee Trail〉, 《The Guardian》, London, 2005년 9월 16일.

2 커피시장 보고서, 국제커피협회International Coffee Organisation, ICO, 2006년 6월.

3 조페 왈츠 & 버크만, 앞의 글.

4 ICO, 〈세계 커피위기의 교훈: 지속가능한 개발의 심각한 문제점Lessons From the world coffee crisis: a serious problem for sustainable development〉, 2004년 6월, p. 2.

5 메이, 마스카레나스 & 팟츠MAY P. H., MASCARENHAS G. C. C. & POTTS J., 〈지속가능한 커피무역: 커피협정의 역할Sustainable coffee trade: the role of coffee contracts〉, Winnipeg, Canada: International Institute for Sustainable Development, 2004년, p. 4.

6 하드스태프 P.HARDSTAFF P., 〈믿을 수 없는 조건: IMF와 세계은행의 개발을 저해하는 유상지원Treacherous conditions: how IMF and World Bank tied to debt are undermining development〉, London: World Development Movement, 2003년, p. 13.

7 브라운, 체어베리엣 & 이글턴BROWN, O., CHARVERIAT, C., & EAGLETON D., 〈커피시장: 배경연구The coffee market: a background study〉, Oxfam, p. 6.

8 폰트PONTE S., 〈커피산업의 표준과 지속가능성: 세계적인 가치망으로의 접근Standards and sustainability in the coffee sector: a global value chain approach〉, Winnipeg, Canada: International Institute for Sustainable Development, 2004년, p. 2-3.

9 다음 사례를 찾아보라. ICO, 〈커피 소비를 위한 단계별 가이드step-by-step guide to promotion coffee consumption〉, 2004년 12월; www.ico.org/documents/guide/pm-all.swf(2005년 8월 9일)

10 린톤, 치아유안 리우 & 샤LINTON A., CHIAYUAN LIOU C. & SHAW K. A., 〈무역정의의 맛: 공정무역 커피를 통해 세계의 사회적 책임을 마케팅하다A taste of trade justice: marketing global social responsibility via Fair Trade coffee〉, 《Globalizations》, Vol. 1, no. 2,

2004년 12월, p. 223-246, p. 238.

11 리LEE H., 〈커피는 중국에서 미래를 끓여내고 있는 걸까Coffee brews a future in China〉, 《Euromonitor International》, 2004년 9월 13일; www.franchiseek.com/Market_Trends_Coffee_China_1004.htm(2005년 8월 9일).

12 린톤, 치아유안 리우 & 샤, 앞의 글, p. 226.

13 앞의 글.

14 코토누협정은 EU-ACP 국가들의 경제개발을 보다 체계적이고 실질적으로 지원하는 한편 이들 국가의 정치사회적 발전을 도모하기 위한 일종의 협력협정이다. EU-ACP 국가들은 아프리카, 카리브해, 태평양 지역 대부분에 걸쳐 있는 과거 유럽제국의 식민지였던 나라들로 유럽연합은 이들 국가의 경제개발을 지원하기 위해 특혜관세, 할당제도보장 등 무역상의 혜택을 제공하고 있다.

15 파치먼트 커피란 열매와 은피(실버스킨) 사이에 있는 다갈색의 얇은 껍질인 파치먼트가 붙어 있는 상태의 커피를 말한다(옮긴이).

16 카프린스키KAPLINSKY R., 〈경쟁정책과 세계 커피와 카카오 공급망Competitions policy and the global coffee and cocoa value chains〉, 서섹스/브링톤 개발학연구소Sussex / Brighton: Institute of Development Studies, 서섹스대학교University of Sussex, 혁신관리연구센터Centre for Research in Innovation Management, 브링톤대학교University of Brighton, 2004년, p. 8.

17 밀포드MILFORD A., 〈커피, 협동조합, 경쟁: 공정무역의 효과Coffee, co?operatives and competition: the impact of Fair Trade〉, Bergen, Norway: Chr. Michelsen Institute, p. 5, 2004년.

18 카프린스키, 앞의 글, p. 9.

19 앞의 글, p. 10.

20 브라운, 체어베리엣 & 이글턴., 앞의 글, p. 8.

21 카프린스키, 앞의 글, p. 15; 볼리VORLEY B., Food, Inc., 〈농장에서 소비자에게 이르는 기업의집중corporate concentration from farm to consumer〉, London : IIED, 2003년, P. 48.

22 카프린스키, 앞의 글, p. 16.

23 볼리, 앞의 글, p. 47.

24 그레설 & 틱켈GRESSER C. & TICKELL S., 〈당신의 커피잔에 가득 담긴 빈곤 Mugged: poverty in you coffee cup〉, 《Oxfam International》, p. 21, 2002년.

25 에쉬스 & 함센ESHUIS F. & HARMSEN J., 〈막스 하벨라르를 바느질하다〉 Max Havelaar, Utrecht : Stichting Max Havelaar, 2003, p. 14.

26 FLO 회원국은 미국, 캐나다, 일본, 멕시코, 뉴질랜드, 호주, 덴마크, 노르웨이, 스웨덴, 핀란드, 독일, 벨기에, 룩셈부르크, 오스트리아, 이탈리아, 스위스, 프랑스, 네덜란드, 아일랜드, 영국이다. FLO 웹사이트, FAQ, "FLO 커피시장" www.fairtrade.net/sites/products/coffee/markets.html(2005년 8월).

27 장 마리 크리에르, 《유럽의 공정무역 2005: 유럽 25개국에서의 공정무역 숫자와 사실들Fair Trade in Europe 2005: Facts and Figures on Fair Trade in 25 European Countries》, Fair Trade Advocacy Office, 브뤼셀, 2006년.

28 폰트, 앞의 글, p. 22.

29 워크숍 '커피, 공급망을 살펴보다', IFAT 퀴토 컨퍼런스(2005년 5월 4일).

30 저자와 KANJAGAILE J., KCU Ltd.와의 인터뷰(2005년 9월 6일).

31 카페다이렉트 웹사이트 '탄자니아 커피' www.cafedirect.co.uk/growers/tanzania_coffee.php(2005년 9월).

32 머레이, 레이놀즈 & 테일러MURRAY D., RAYNOLDS L. T. & TAYLOR P. L., 〈한 번에 한 컵: 라틴아메리카의 빈곤감소와 공정무역 커피One cup at a time: poverty alleviation and Fair Trade coffee in Latin America〉, Fort Collins: Colorado State University, p. 7, 2003년.

33 마호무트 연합 웹사이트 'Comercio Justo' www.majomut.org/comercio%20justo/comjusto.html(2005년 9월).

34 워크숍 '커피, 공급망을 살펴보다', IFAT 퀴토 컨퍼런스(2005년 5월 4일).

35 트랜스페어 미국 웹사이트, 생산자 소개 'Manos Campesinas', www.transfairusa.org/pdfs/profiles/ManosCampesinas-Guat.PDF(2005년 9월).

36 머레이, 레이놀즈 & 테일러, 앞의 글, p. 9.

37 트랜스페어 미국 웹사이트, 생산자 소개, '아페카페Apecafe', www.transfairusa.org/pdfs/profiles/Apecafe-ElSalvador.PDF(2005년 5월).

38 데이비드DAVID C., 〈남반구의 시장접근과 제도〉, 퀴토 IFAT 컨퍼런스 발표(2005

년 5월 4일).

39   린톤, 치아유안 리우 & 샤, 앞의 글, p. 233.

40   앞의 책, p. 232.

41   다니엘스 & 펫처스DANIELS S. & PETCHERS S., 〈커피위기는 계속된다: 커피산업의 빈곤감소를 위한 시장평가와 정책 제안The coffee crisis continues: situation assessment and policy recommendations for reducing poverty in the coffee sector〉, Oxfam America, 2005년, p. 16.

8장

창의력을 중시하는 수공예품

캐롤 윌스Carol Wills cwills@oxfordhr.co.uk

캐롤 윌스는 1997~2005년까지 IFAT의 사무총장을 역임했고,
현재 IFAT의 명예회원이다.

이 글은 헬렌 맥크리Helen McCree가 IFAT, EFTA, FLO의 의뢰를 받아 진행한 수공예품 공정무역에서의 가치사슬분석 연구결과에 일부 기반을 두고 있다.

희망의 수공예품

수공예품은 우리의 문화유산 중 하나다. 세계 곳곳의 박물관에는 선사시대부터 인간의 훌륭한 손재주와 창의력을 보여주는 아름다운 직물, 바구니, 도자기 등 여러 수공예품들이 전시되어 있다. 하지만 애석하게도 오늘날 수공예품으로 생계를 잇는 사람들은 세상에서 가장 가난한 사람에 속한다. 그들은 대부분 농촌지역에 살고 있으면서 자신이 소유하고 있는 땅은 없다. 그들은 1년에 몇 달은 다른 사람의 경작지에서 모내기와 추수를 도우며 일하고, 나머지 시간에는 부모에게 전수받은 기술로 가족에게 당장 필요한 돈을 벌기 위해 일한다. 공정무역 운동가들은 가난에 대한 대책으로 수공예품 무역을 시작했다.

과거에는 우리 모두가 수공예 기술을 공유했다. 인류는 가장 초기 단계부터 모든 것을 주변의 자연소재를 이용해 손으로 만들어왔다. 의식주와 안전이라는 기본적 욕구를 모두 충족시키고 정착된 삶을 살게 된 이후부터는, 기능만이 아니라 자신과 주변의 아름다움을 향상시키기 위해, 사회적 지위를 표현하기 위해, 결혼과 탄생을 축하하기 위해, 죽은 사람을 애도하기 위해, 조상을 기리기 위해 또 유희를 위해 물건을 만들기 시작했다. 인간의 거주지가 어디든 간에, 그곳에는 도자기를 만들고, 바구니를 짜고, 나무나 돌을 조각하고, 직조를 하거나 염색을 하고, 보석을 만들거나 기타 모든 필요한 것을 만드는 사람들이 있게 마련이었다.

사람들은 자신의 공동체를 벗어나는 여행을 시작하면서 무역을 시작했다. 여행자는 그들 자신의 공동체의 가치 있는 물품을 선물과 공물용으로 가져가 방문한 장소의 새로운 물품으로 교환했다. 물물교환은 생각의 교환을 가져왔다. 수공예업자들은 새로운 디자인과 기술을 보면 그것을 베끼는 한편 더 세련되게 만들었다. 17세기 인도의 사라사 천은 유럽의 디자인을 바탕으로 하여 인도에서 손으로 칠해진 후 다시 유럽에 판매되었다. 수공예 기술자들은 한 제품에서 좋은 디자인을 보면 다른 제품으로 옮겼다. 지구 한 구석에서 직조된 천 위에 있던 문양이 다른 구석에서는 나무나 돌 공예품 위에 새겨졌다. 수공예품 디자인을 변형하고 적용시키는 것은 특정 시장을 위해 흔한 일이다. 디자인은 언제나 변한다.

18세기 후반과 19세기에 걸쳐 진행된 유럽과 미국의 산업화는 거대한 사회적 변화와 도시화로 이어졌다. 그리고 이전에는 아시아, 아프리카, 남아메리카에서 수입되거나 원주민 수공예업자들이 만들었던 많은 물품이 대량생산되기 시작했다. 하지만 오늘날에도 개발도상국에서는 수백만의 사람이 생계를 위해 전통적인 수작업 기술에 의존하고 있다.

21세기 초인 지금 개발도상국에서 살며 문맹이거나 땅이 없는 사람들은 살아가는 데 선택의 여지가 거의 없다. 그들의 국가가 산업화되어 감에도 불구하고 대부분은 점점 늘어나는 도시의 공장에서 일할 기회조차 얻지 못할 것이다(도시 취업이 농촌의 가족과 공동체의 삶을 파괴해 여성에게 가족의 의식주를 홀로 책임지게 하는 부정적인 결과를 가져오지만, 기회조차 얻기 힘들 정도로 도시 취업을 원하는 농민이 많다). 농촌 여성은 생계 유지를 위해 전통적인 지식과 기술에 의존한다. 또 그들의 생산품을 팔기 위해 비전통적인 시장에 의존하고 있다. 공동체를 위해 그들 스스로 만들던 생산품은 점점 플라스틱 바구니나 샌달, 기계로 제조된 옷감과 가벼운 금속 냄비처럼 값 싸고 대량생산된 물품으로 교체되고 있다.

벨기에의 《옥스팜 매거진Oxfam Magasins du Monde》은 수공예품 부문은 대부분의 생산자들이 비공식적으로 일하기 때문에 통계가 부족하다고 보고했다.[1] 수공예업자들은 독립적으로 일하기도 하고 가족 소유의 작은 기업이나 큰 협동조합, 마을모임, 혹은 좀더 공식적으로 조직된 작업장의 형태로 일하기도 한다. 이 분야를 규정짓는 특징 중 하나는 대다수 생산자가 가족의 삶을 개선하기 위해 일하는 여성이라는 것이다. 이 비공식적인 분야에서 일하는 사람들은 그들에게 하청을 주는 중간상인, 중개 무역업자나 다른 상업적 공장들에게 착취당하기 쉽다. 이러한 점을 보여주는 몇 가지 사례가 있다.

몇 년 전 필리핀의 세부 섬에서는 마을 사람 몇몇이 개인적으로 근

가랄리라 쿠드라푸쉬파 모힐라공동체의 카이룬

카이룬은 11세에 부양할 어린 남동생 2명과 함께 고아가 되었다. 카이룬과 그녀의 남동생들이 살고 있는 마을 가랄리아는 다카에서 35킬로미터 북동쪽으로 떨어져 있는 곳이다. 코어황마제작소Corr the Jute Works, CJW는 막 그곳에 수공예업자 모임을 만들었으며 카이룬은 지도자에게 그녀도 모임에 들어갈 수 있는지 물어보았다. 처음엔 카이룬이 너무 어려 허락하지 않았지만, 그녀는 포기하지 않고 계속 요구했고 다른 구성원이 그녀의 어려운 사정을 고려해서 받아주었다. 그녀는 훈련된 구성원들로부터 매우 빠르게 기술을 배웠으며, 이제는 가랄리라 쿠드라푸쉬파 모힐라공동체Garalia Kudrapushpa Mohila Society에서 가장 생산성이 뛰어난 구성원이 되었다. 카이룬은 말한다. "저는 열심히 일했어요. 모임에서 일하는 것 말고도, 바나나 파파야 같은 과일나무를 심었지요. 야채와 과일, 쌀을 팔아서 우리에게 6~7개월간 필요한 음식과 다른 것들을 살 수 있었죠. 황마 수공예품을 만든 수입으로 나머지 기간 동안 우리 가족을 부양할 수 있었어요."

카이룬은 이제 숙련된 수공예업자다. 황마 섬유로 많은 종류의 수공예품을 만들 수 있는 훈련을 했고, 마크라메 가방, 아기 요람, 해먹과 스윙백 등을 만들고 있다. 이 모든 공예품들은 코어황마제작소를 통해 유럽과 일본, 북아메리카의 바이어에게 수출된다.

카이룬은 자랑스럽게 말한다. "나는 북반구 바이어들과 남반구 수공예업자 사이를 연결하는 고리예요."(밀튼 수란짓 라트나Milton Suranjit Ratna, CJW)

처의 커다란 보석공장에서 구슬을 꿰거나 작은 부품을 만드는 일을 하고 있었다. 공장 대리인은 언제나 가장 적은 돈을 받고도 일할 준비가 되어 있는 가족을 찾아냈기 때문에 그들은 노동에 비해 매우 적은 급여를 받았다. 그래서 필리핀 수공업공동체연합The Community Craft Association of the Philippines(공정무역단체로 IFAT 회원)은 이 마을에서 사람들을 조직해 그들의 노동에 대해 더 나은 대가를 받을 수 있는 협상을 할 수 있도록 돕는 활동을 시작했다.

인도네시아 변방의 어느 섬에는 1년 중 음식이 매우 부족해지는 시기가 있다. 중간상인들은 이때를 기다렸다가 그들이 손으로 짠 이카트²옷감을 매우 낮은 가격에 구입한다. 지금은 공정무역 조직인 미트라 발리Mitra Bali가 많은 직조공동체와 접촉해서 특화된 바이어들과 여행자에게 팔기 위해 그들의 물품을 공정한 가격에 구입하고 있다.

> ### 공정무역이 필요하다
>
> 생산자가 좀더 착취에 대항하고, 소비자 요구에 맞게 전통적 디자인을 변형하고 새로운 생산품을 개발하며, 시장개척을 위한 정보와 훈련을 제공받기 위해서는 공정무역이 필요하다. 이것은 또한 생산자에게 산업화 이전에 가지고 있던 품위와 존중, 사회적 지위를 되찾아주는 것이며, 모든 수공예품에 대한 소비자의 관심을 최대한 이용하는 것이다. 대량생산과 획일화 시대에 수공예품은 우리에게 세상의 다양한 문화와 그것을 만든 사람의 놀라운 창의력과 기술에 대해 이야기해줄 수 있는 제품이다.

수공예품의 공정무역은 어떻게 시작되었나

1940년대 후반 이후 전 세계적으로 가난한 사람들을 도와 조직하고 그들이 속한 지역을 넘어서는 시장을 개척할 수 있는 제품을 만들도록 도와주는 회사가 세워졌다. 초기에는 미국의 텐사우전드빌리지와 SERRV 인터내셔널SERRV International, 네덜란드 공정무역기구, 영국의 옥스팜과 트레이드크라프트가 있었다. 독일의 게파공정무역상사와 스위스의 까리따스Caritas, 클라로가 뒤를 따랐다. 그들은 가난한 국가에서 수공예품을 수입해 생산자에게 시장을 연결해주고 공정한 수입을 제공하고자 했다. 그들은 또 세계무역의 부정의를 알리기 위해 소비자에게 생산품 뒤에 숨겨진 이야기를 전했다.

이러한 조직이 수공예품에 집중한 이유는 수공예품을 만드는 사람들이 집이나 마을에서 전통적인 기술을 이용해 편리한 시간에 일하는 사람이었기 때문이다. 이들 대다수 생산자는 여성이며 이들에게 수공예품 생산은 생계 유지를 위해 필수적이었다. 한 연구에 따르면 많은 가난한 마을에서 남자들이 도시에서 일을 구하기 위해 가족을 떠나면 아내가 아이를 키우고 노인을 부양하며 가축을 돌보고 요리와 기타 잡일을 모두 떠맡는다. 여가를 이용해 만드는 수공예품은 음식과 약, 기타 생필품을 마련하기 위해 매우 중요한 수입원이다.

개발도상국에서 생산자가 착취에 대항하기 위해 협동조합이나 연합형태로 조직하게 되면서 이들에게 도움을 제공하기 위해 새로운 단체들도 만들어졌다. 인도네시아어로 '인도네시아 수공예품 재단Indonesian People's Handicraft Foundation'을 뜻하는 페커티Pekerti재단도 그중 하나다. 이 재단은 가난한 사람들이 필요로 하는 것을 깨닫고 무역을 통해 이를 도울 방법을 찾고 있던 인도네시아 사회적 모임, 종교단체, NGO 의 주요 인사들이 1975년 설립한 것이다. 이들은 불공정한 무역환경과 대기업과의 경쟁으로 시장에 접근할 수 없던 사람들에게 접근성을 높여주고자 했다.

또다른 종류의 무역관계

수공예품의 공정무역이 기존 무역과 가장 크게 다른 점은 생산자 모임과 지역 공정무역 마케팅 조직, 그리고 단순히 사고파는 것 이상의 일을 해내는 수입업자 간의 포괄적인 관계다.

수입업자는 선지불을 하고 시장과 유행에 대한 정보를 제공한다. 그들은 자본 투자를 촉진하고 생산자의 디자인, 생산공정, 품질관리 등의 능력향상을 돕는다. 그들은 또한 모니터링을 통해 생산자가 공정무역 요건을 갖추도록 한다.

남반구 공정무역단체들은 기본적인 의료보장이나 문자교육 등을 통해 생산자그룹을 훈련시키고 있다. 그들은 비용과 가격책정에 있어 기술적인 훈련을 제공하며, 저축계획을 세우거나 건강과 출산, 보험 등을 조사하는 조직적인 발전을 돕고 있다. 공정무역 생산자는 그들의 생산품에 대해 '공정한 가격'을 받는다. 이것은 대화와 참여를 통해 서로 동의한 가격을 뜻하며, 생산자에게는 공정한 수입을 제공하고 시장에서도 유지될 수 있을 만한 수준이다. 공정한 수입이란 생산자 스스로 공정하다고 여기며[3] (지역적 차원에서) 사회적으로 인정받을 만한 수준의 수입을 말한다.

생산자그룹은 선지불금과 저축계획을 관리한다. 조직은 공정무역 관계에서 굉장히 중요한 역할을 하므로, 공정무역단체들은 개개의 생산자와는 거래를 하지 않는다. 직조의 경우처럼 생산자가 가정을 작업장으로 쓰는 경우도 있지만, 그들은 보통 마을이나 공동체 단위의 조직에 속해 있다. 조직은 지역의 공정무역 생산자연합이나 협동조합의 회원일 것이다. 다른 경우 생산자는 사회적 프로젝트나 사기업이면서 공정무역의 기준을 충족하는 작업장, 또는 공장의 중소 규모 현장에서 일할 수도 있다.

공정무역은 많은 구조적 모델을 가지고 있다. 모든 모델은 보다 정의롭고 평등한 세상이라는 공정무역의 비전을 공유한다. 모든 이들은 생산자와 노동자가 공정하고 매너 있게 거래한다. 모든 이들은 외부 감사인에게 모니터링을 받을 수 있다.

디자인은 성공을 위한 필수요소지만……

공정무역 수공예품에 관계된 모든 조직은 생산자의 수입을 늘리고, 공정무역조건 하에서 판매되는 수공예품의 수량을 늘릴 방법을 찾고 싶어 한다. 현재 대다수의 생산자는 그들의 생산품의 일부만을 공정무역조직에 팔고 있다. 많은 경우 공정무역단체와의 관계는 그들의 생존에 필수적이다.

수입을 늘리는 가장 좋은 방법은 생산품 개발과 엄격한 품질관리를 통해 생산품에 가능한 한 많은 가치를 부가하는 것이다. 소비자는 이를 알아차리고 더 높은 가격을 지불하게 된다. 디자인은 판매량을 늘리는 데 가장 중요한 요소다. 과거 소비자는 월드숍에서 판매되는 생산품이 오랫동안 별다른 변화가 없는 동일한 제품이라는 것을 발견하곤 했다. 그러나 오늘날은 소비자의 요구를 충족시키기 위해 계절에 따른 다양한 변화를 제품에 반영한다. 이것은 효율적인 경영과 빠른 대응이 필요한 일이다. 수입업자는 다음 계절의 유행을 파악하기 위해 전문 출판물이나 정보자료를 구독한다. 때로는 수입업자 스스로 그들의 생산자 파트너의 새로운 제품개발을 돕기 위해 이른바 테마가 있는 스토리보드를 제작하기도 한다. 이것들로 다음 계절에 유행할 색이나 모양, 원료와 디자인에 대한 예시를 제공하는 것이다. 계절마다 4개 이상의 테마를 가질 수도 있다. 많은 수입업자가 생산자와 직접 협동하도록 전문 디자이너를 고용하기도 한다. 생산자단체도 고유의 디자이너와(방글라데시의 아롱Aarong은 40명이 넘는 디자이너를 보유하고 있다) 제품개발 부서를 두고 있다. 물론 디자이너가 창출한 아이디어는 생산자를 위한 실질적인 도움으로 전환되어야 한다. 현재 생산이 진행되는 동안 다음 계절을 위한 제품을 연구할 시간도 항상 마련되어 있어야 한다.

생산자단체는 활동의 집약체다. 생산자에게 어려운 점 한 가지는 모든 국가가 서로 다른 특정수요를 가진다는 것이다. 소비자는 고품질을 기대한다. 재단이 짧게 되었다거나 미완성이라거나 어떤 색깔의 실을 다 써서 다른 색깔의 실을 대신 썼다거나 표면이 거칠다거나 모서리가 날카롭다거나 크기가 제각각 달라서는 안 된다. 그래서 생산자에게 수출시장의 품질 요구사항과 안전수칙을 교육하는 워크숍이 필요하다. 생산자단체는 또한 구매자의 정확한 요구사항을 맞추기 위해 포장 전 모든 생산품을 검수하는 고유의 품질관리 부서를 둔다. 수공예품의 생산과 수출을 관리하는 일은 높은 수준의 기술을 요하는 어렵고 힘든 일이다.

주류시장의 소비자는 공정무역만큼이나 디자인을 중시한다. 시장에서 살아남는 유일한 방법은 변화와 선택의 여지, 고품질의 제품을 제시하는 것뿐이다. 공정무역 제품 소비자와 시장의 소비자 사이의 차이점은 헌신성과 지속성이다. 생산자 파트너와 안정적인 관계를 유지하고 기존 기술과 쓸 수 있는 원자재를 써서 시장 수요를 충족하는 제품을 만들도록 그들과 협력하는 것은 공정무역 윤리의 일부다.

디자인권 침해의 위협

공정무역에 대한 또 하나의 커다란 위협은 디자인권 침해다. 새로운 상품의 판매가 시작되면 어딘가에서 그 아이디어를 베껴 대량생산을 통해 더 싸게 재생산해내는 것이다. 이것은 특히 중국, 베트남과 대만에서 빈번히 일어나고 있다. 볼가탕가Bolgatanga와 키온도Kiondo 바구니가 그 예다. 볼가탕가는 가죽 손잡이가 달린 바구니다. 가나 북부의 볼가탕가지구에서 프라프라Fra Fra 부족이 코끼리풀을 사용해 엮은 것이다. 바구니는 흑백이나 여러 가지 밝은 색깔을 써서 제작된다. 볼가탕가 바구니는 모조품과는 달리 품질이 좋다. 그러나 오늘날에는 덜 튼튼한 풀로 만들어진 싸구려 모조품이 시장에 범람하고 있다. 이러한 모조품은 아시아 어디에선가 만들어졌지만 뻔뻔하게 '아프리카 산'이라는 표시가 달려 있다.

케냐의 마차코스지구 여성이 만드는 키온도 사이잘 바구니의 경우도 마찬가지다. 얼마 전까지만 해도 여성들은 직접 사이잘을 추수해서 섬유를 추출한 후 실로 자아내어 그들이 직접 만든 야채 염료로 그 실을 염색하고 부드럽고 깊은 바닥을 가진 그릇 모양의 바구니를 만들었다. 이 바구니는 매우 촘촘하고 강력해서 물을 담을 수 있을 정도다. 전통적인 키온도 바구니는 1964년부터 소규모 생산자 농민연합체인 마차코스지구협동조합Machakos District Cooperative Union, MDCU을 통해 시장에서 팔려왔다. 오늘날 이 조합은 국제시장을 잠식하고 있는 저품질, 저가 모조품의 위협에 직면해 있다.

공정무역단체들은 이러한 디자인권 위협에 어떻게 대응할 수 있을까? 국제 디자인특허권이 해결책이 될 수 있을까? 몇몇 공정무역단체가 특허권을 고려해본 적이 있지만 일반적으로 너무 비싸고 소모적이며 비효율적이라는 결론을 내렸다. MDCU는 중앙집권적 구매와 가공, 사이잘 염색을 통해 생산을 더 빠르고 효율적으로 해낼 방법을 찾아냈다. 이 연합은 진짜 키온도 바구니의 특성은 마케팅 방법에 있다고 강조한다. 가나의 볼가탕가 바구니 수출업체인 지트레이드Getrade 또한 마케팅에 집중하는 방법을 시도해왔다. 하지만 소규모 수공예업자에게 디자인권 침해는 중대한 위협으로 남아 있다.

파는 방법

공정무역 초기부터 관련 단체들은 소비자에게 수공예품을 잘 파는 방법을 찾아야 했다. 많은 단체가 교회와 관련이 있었고 일요일 예배 이후에 정기적인 판매를 개최하곤 했으며 이것은 지금도 마찬가지다. 어떤 단체는 카탈로그를 만들었고 지금도 계속하고 있다. 다른 단체들은 바자르나축제 등을 이용하기도 한다. 많은 수입업체가 무역정의를 위한 캠페인 활동에 적극적으로 관여했으며, 여가시간에 무언가 유용한 일을 하고자 하는 시민 모임과 강력한 유대를 형성했다. 이러한 모임은 매우 적극적이며 언제나 소비자를 끌어들일 혁신적인 방법을 찾고 있다.

이러한 많은 모임이 스스로 가게를 열었다. 초기의 가게는 보통 유행과는 거리가 먼 장소(도시의 뒷골목 같은)에 위치했으며 운영하는 열정적인 자원봉사자들 역시 전문적 소매 기술이 없는 사람들이었다.

하지만 많은 부분이 바뀌고 있다. 전 세계의 월드숍운동은 빠르게 전문화되고 있다. 많은 국가의 매우 다양한 소규모 가게들이 유럽 월드숍 네트워크로 자라나 15개국 3천 개의 가게를 포함하게 되었다. 미국과 캐나다에도 비슷하지만 좀더 작은 규모인 네트워크가 있으며, 일본, 호주, 뉴질랜드에도 그 숫자가 늘어나고 있다.

여전히 수천의 자원봉사자의 활동에 의존하고 있기는 하지만, 많은 월드숍은 이제 전문 경영인을 고용하고 있다. 더 나은 위치로 이사도 하고 디자인과 진열도 새롭게 하고 있다. 이러한 변화가 매출에 끼치는 영향은 인상적이다. 최근의 연구에 따르면 유럽 월드숍의 매출은 5년간 거의 3배 신장해 2000년 4100만 유로에서 2005년 1억 300만 유로가 되었다.[4] 이것은 공정무역에 중요한 교훈을 준다. 월드숍은 소비자가 쇼핑하고 싶어 하는 장소에 위치할 필요가 있다.

네덜란드 월드숍연합은 〈변신Transformatie〉이라는 프로그램을 통해 월드숍의 외양을 업그레이드시켜 각각의 가게 매출을 평균적으로 40퍼센트 증가시키고 있다(같은 장소에 남아 있는 경우는 20퍼센트, 장소를 바꾸는 경우는 90퍼센트까지!). 매장당 평균 투자금액은 1만 5천~2만 유로 정도이며 이것은 외교부에서 제공받은 자금으로 투자된 100만 유로에서 나온 것이다. 참가한 모든 가게의 외양은 진열과 상품관리 측면뿐 아니라 생산품 제시의 측면에서도 상당한 변화가 있었다. 이 가게들은 이제 고품질에 훌륭한 디자인을 가진 수공예품을 팔면서 보기에도 멋진 가게가 되었다. 가게 자원봉사자의 연령대는 열 살이나 낮아졌다.

공정무역 제품 수입업자들은 월드숍 운영자가 물품을 구매하기 위해 찾아오는 창고에도 변화를 주고 있다. 스위스의 까리따스 페어니스Caritas Fairness는 창고의 배치와 색깔을 바꾸고 상점 자원봉사자에게 영감을 주기 위해 각 통로의 가장자리를 본보기 상품 진열로 꾸며놓았다. 네덜란드의 페어트레이드 오리지널은 상품을 잘 진열하고 구매자가 편히 쉬면서 구매한 물품들을 논의할 수 있는 커피숍을 들여놓아 창고 자체를 쇼핑하는 곳으로 만들었다. 쿨럼버그의 센터 몬디알Centre

미국과 캐나다에서 텐사우전드빌리의 자체(왼쪽) 변신(출처 : 네덜라드 월드숍연합, 오른쪽) 월드숍 수는 점점 늘어나고 있다. 이 가게들은 전문적인 물품 확보와 진열에 중점을 두고 정기적으로 업그레이드된다. 특히 대학도시의 새로운 매장들은 매출 증진에 기여하고 있다. 생산자의 이야기와 공정무역 메시지도 진열돼 있지만, 가장 중요한 것은 수공예품들이다(출처 : 미국 텐사우전드 빌리지).

피플트리의 사피아 미니
(출처 : 피플트리)

Mondiale은 공정무역 월드숍과 니바Nivah 컨소시엄에 속하는 23개의 소규모 수입업체에게 제품 전시공간을 제공한다. 센터 몬디알은 컨소시움 회원당 섹션을 구분해서 종종 인도, 인도네시아, 네팔, 페루 등 한 국가의 생산품에 집중한다.

1990년대 후반부터 전자상거래의 성장을 이용하기 위해 많은 노력이 진행되었다. IFAT 회원인 미국 워싱턴의 피플링크PeopLink는 전 세계 수많은 공정무역 생산자단체에게 웹을 이용한 카탈로그 관리와 인터넷 마케팅에 대한 훈련을 책임져왔다. 특수 소프트웨어인 캣젠Catgen도 특별한 소프트웨어를 개발하여 이런 과정을 쉽게 해주었다. 결과는 고무적이다.

월드숍을 더 많은 종류의 구매자에게 더 매력적으로 만들고 생산품을 새롭고 흥미롭게 개발하려는 많은 노력에도 불구하고, 개발도상국의 공정무역 생산자에게 더 나은 시장 접근을 가능하게 하기 위해서는 더 많은 일들이 이루어져야 한다. 9개국 11개 수입업체가 회원으로 있는 EFTA는 서로의 경험에서 배우고 생산자에 대한 정보를 교환하며 효율성을 촉진할 공동 프로젝트를 개발하기 위해 수공예업자 전문가 모임을 연간 2회 개최한다.

다른 수입업체들은 주류시장에 직접 접근하고 있다. 피플트리(영국과 일본)는 대규모 런던 백화점인 셀프리지Selfridges에 공정무역 의류 브랜드를 출시해 주류화하는 데 성공했다. 광고 예산이 극히 제한된 상태에서 피플트리는 공정무역 제품과 생산과정을 알리기 위해 언론홍보에 주력하여 성공했다.

종이제품과 의류의 매출은 조금씩 늘어나는 반면 수공예품 매출은 저조하다. 그 이유는 무엇일까? 공정무역단체들은 서구 소비자가 훨씬 더 정교하고 기능적이며 디자인이 훌륭한 제품을 요구하고 있다고 말한다. 또 주류시장에서 토속적 스타일의 제품이 점점 구하기 쉬워지고 있다는 사실이 자기들에게는 불리하게 작용하고 있으며 그들의 전통적 판로는 그만큼 상업적이지 못하기 때문에 태생적인 한계와 가격 상한선이 생긴다고 말한다.

공정무역 수공예품 마크가 시장의 성장에 도움이 될까

공정무역 수공예품의 매출은 오늘날 한해 7천 만 유로에 이르고 있다. 전 세계 시장의 규모는 150억 유로 정도로 커질 것이라고 평가하고 있다.[5] 공정무역이 생산자의 이익을 위해 이러한 시장에 진입할 수 있는 방법은 무엇일까?

지금까지 공정무역 수공예품에 대한 마크는 국제공정무역 인증기구인 FLO에 의해 개발된 적이 없다. 그 이유는 수공예품에는 공정한 최저가격이 합의된 적이 없기 때문이다. 현재 모든 공정무역 마크를 단 생산품에 대해서는 이것에 대한 의무적 요구사항이 있다. 하지만 많은 생산자단체들이 생산품에 공정무역 마크를 붙이면 새로운 소비자를 끌어들이는 데 도움이 되리라고 생각한다. 또 북반구의 공정무역단체들도 생산자가 공정한 대우를 받았다는 것을 보증하는 공정무역 마크를 부착하는 것이 수공예품을 백화점이나 슈퍼마켓 등에 판매할 길을 개척하는 데 도움이 되리라고 생각한다. 하지만 어떤 북반구 공정무역단체들은 소비자를 안심시키기 위해 자신의 이름을 브랜드로 사용한다. 이러한 이름들은 매우 잘 알려지고 평판도 굉장히 좋기 때문에 따로 공정무역 마크가 필요하지 않다.

수공예품을 위한 공정무역 마크를 개발하고 사용하는 것이 수공예품 마케팅에 도움이 될 것인가 장애가 될 것인가를 평가하기 위해 FLO와 IFAT는 공동으로 실행가능성 연구에 들어갔다.

무역의 장애물

개발도상국의 수공예품은 북반구의 높은 수입관세에 해당되지 않지만(실제로 거의 대부분은 100퍼센트 면세) 지난 20년간 소비자 건강과 안전에 관한 법률과 규제는 점점 엄격해지고 있으며 이것은 북반구 시장에 진입하고 싶어 하는 생산자에게 영향을 미친다. 주요 이슈는 특정

물감, 염료, 니스, 유약 등에서 발견되는 해로운 물질, 기생충 감염에 대한 예방, 습기와 곰팡이, 목재품의 건조, 제품의 마무리(날카로운 모서리나 가시 등이 없어야 한다는 것), 피부에 접촉되는 제품의 경우 화학물질(동이나 납 등), 은의 순도 검증(스털링 은의 경우 순도 925), 운송 중 깨지기 쉬운 물품을 보호하고 모양을 유지하기 위한 포장, 재활용 가능한 포장, 상표와 안전규격 등이다.

식음료나 유아용 물품의 경우 유독성 등의 문제에 더 까다로운 규정을 두기도 한다. 예를 들어 음식과 접촉하는 조각 목재나 도자기 생산품은 준수해야 할 자세한 규정이 있다. 이렇게 다양한 규정을 고려하면 제품을 보내기 전에 비용이 많이 드는 품질 테스트를 해야 하는 상황이 발생할 수도 있다.

유럽에서는 또한 환경적 이슈에 대한 인식이 매우 강하다. 나무 제품인 경우에 특히 많은 영향을 미치며, 구매자들은 활엽수 목재 사용에 관해 걱정한다. 환경보호에 대한 인식은 단순한 유행이 아니며 향후 지속될 주제이고, 생산자는 이것을 고려해야 한다. 이것은 그들에게 또다른 도전과제이며 특정 시장을 지키고 싶으면 반드시 다루어야 할 문제다.

이 모든 규제가 공정무역에 갖는 의미는 무엇일까? 이것은 공급망 전체에 걸쳐 조정이 잘 이루어져야 할 필요가 있다는 것을 의미한다. 수입업체는 그들의 무역 상대자에게 변화하는 규정을 잘 알려줘야 한다. 생산자단체는 그러한 규정이 지켜지도록 해야 한다. 네덜란드 로테르담에 있는 개발도상국수입센터Centre for Imports from Developing Countries, CBI는 EU의 시장 규제에 관한 정보를 얻을 수 있는 곳 중 하나이며,[6] 정기적으로 공정무역 생산자들이 초청되는 훈련과정을 마련한다.

이것은 독일 프랑크푸르트에서 매년 열리는 암비엔테Ambiente 무역박람회에 참여하기 위한 준비다. 3년간 CBI훈련에 참가한 생산자들은 이 무역박람회에서 부스를 설치하는 것부터 잠재적 고객이 접근할 경우 어떻게 대처하는가에 이르기까지 전문가의 지원과 조언을 받는다. CBI에서의 교육을 마치면 생산자단체들은 독립적으로 움직일 수 있다. 어떤 단체는 주류시장 고객의 요구사항을 만족시킬 자신감이 생기고, 또 이런 대규모 박람회가 새로운 구매자를 만나기 위한 가장 좋은 장소라는 것을 알기 때문에 암비엔테를 비롯한 다른 대규모 유럽, 미국, 중동지역 박람회에 계속해서 참가하기도 한다.

원자재 추적은 지역시장의 도매업자에게서 원자재를 사야 하는 소규모 수공예품 생산자에게 어려운 문제지만 반드시 주의를 기울여야 할 문제기도 하다. 아무도 자연환경을 파괴하거나 인간의 건강에 해로운 원자재를 사용하고 싶어 하지는 않지만, 가난한 사람들은 원자재 구입시 별로 선택의 여지가 없다. 어떤 생산자단체는 스스로 문제를 해결하기 위해 재산림화사업을 시작하고 있다(볼가탕가 바구니 이야기에서 예를 들었던 지트레이드Getrade의 경우 오크로즈Okroase에서의 드럼 제작에 드는 나무를 공급하기 위한 계획을 1992년에 도입했으며 다른 많은 단체들도 마찬가지다). 의상이나 가정용 옷감이나 가방이나 지갑 등 소품용으로 쓰이는 면화는 공정무역에서 매우 중요한 이슈로 이 책의 다른 장에서 다루고 있다. FLO는 공정무역 면화 생산자들을 인증하며 이들이 생산하고, 공정무역 옷감이나 다른 제품에 쓰인 면화는 공정무역 마크를 달고 있다.

지역시장 개발하기

공정무역 수공예품이 유럽이나 다른 소비국에서만 판매되어야 할 이유는 전혀 없다. 점점 더 많은 생산자가 지역시장이나 인접국시장을 개발하고 있다. 그들은 스스로 가게를 차려 늘어나는 중산층과 여행자 시장을 파고든다. 에쿠아도르의 신치사차재단Foundation Sinchi Sacha은 2개의 문화센터와 박물관 내 매장인 띠안게스Tianguez와 미라도르 데 구아뽈로Mirador de Guapolo를 통해 45만 달러의 매출을 기록했다. 또다른 예로 방글라데시의 아롱 공정무역 가게들은 실내복부터 개인적인 액세서리까지 모든 것을 판매한다. 이들은 대다수 북반구 공정무역단체보다도 더 높은 매출을 기록하고 있다. 인도 콜카타의 사샤숍Sasha Shop은 전통 수제 옷감에 기반을 둔 컬렉션을 디자인하기 위해 젊은 패션 전공자들을 고용해 인기 많은 패션쇼를 열고 있다.

태국에서는 타이전통 수공예Thai Tribal Crafts가 마에 사리앙 근처의 반

전통문양의 수공예품 변신

암석조각 문양
(출처: 에쿠아도르 신치사차재단)

원시인의 암석조각 문양(꼬뚠도Cotundo에서 발견된 3천 년 된 암석조각으로 지역민에게는 '지혜의 열쇠'라고 알려짐)을 옮긴 이 동판은 아마존 우림에 거주하는 훌륭한 도예가인 께추아족 출신 여인 글로리아 낭글리아가 제조한 것이다. 이것은 에쿠아도르 키토에 있는 신치사차재단의 가게에서 판매된다.

(출처: 타이부족 수공예)

퐁숍Ban Pong Shop 개점을 도왔다. 이 가게는 31년 넘게 공예품과 옷감을 팔아왔다.

아시아 10개 IFAT 회원국으로 구성된 지역 네트워크인 AFTF(2009년 WFTO_ASIA로 명칭이 바뀌었으며 회원국은 14개국이다_옮긴이)는 엑설런스센터Centre of Excellence를 운영하며 회원들에게 경영, 기획과 전반적 효율성

향상을 위한 조직개발을 지원해 디자인과 시장접근성을 높여주고 있다. 매년 방콕 국제선물박람회의 커다란 전시관을 빌려 회원들이 각각 독립된 부스에서 잘 배색된 상품을 전문적으로 진열하며 공정무역이라는 깃발 아래에 함께 전시할 수 있도록 하고 있다. 아프리카와 남아메리카 포럼들(아프리카 공정무역협회 Cooperation for Fair Trade in Africa와 남아메리카 IFAT지부)은 이러한 경험으로부터 배우고 있으며 곧 뒤를 따를 것이다. 국가 차원의 공정무역포럼도 회원들을 지원한다. 인도의 공정무역 포럼은 2005년 4월과 9월 회원들에게 EU의 시장 수요와 전략은 물론 EU의 품질, 포장, 물류, 환경과 기업적 책임에 관한 규제 워크숍을 개최했다.[7]

수공예품 생산자가 공정무역에서 얻는 이익

공정무역 수공예품 판매가 다른 일을 하는 것보다 생산자에게 더 많은 수입을 제공해줄까? 옥스팜의 한 무역 보고서에 따르면 일용노동직 등의 다른 고용기회보다는 공정무역을 통해 높은 가격이 지불되는 수공예품 생산이 더 많은 수입을 제공해준다.[8]

'잘사는 것'은 경제적 효과(돈이나 수입)가 매우 중요하며 이것은 수공예품의 공정무역이 과연 가난을 감소하는 데 기여를 하는지 우리가 이해할 수 있도록 도와주기도 하지만 그것이 전부는 아니다. 우리는 또 생계전략이 지속가능한 것인지 고려할 필요가 있다.

최근의 가치사슬분석 연구[9]에 따르면 공정무역 수공예품 생산자는 음식, 주거, 자녀를 위한 최저 수준의 교육과 건강보험 혜택을 받고 있다. 깨끗한 물과 위생시설은 지역에 따라 달라서 어떤 생산자는 가정에 가지고 있는 반면 다른 생산자들은 여전히 공동 자원에 의존한다. 자녀 교육은 생산자들이 삶에 변화를 일으킬 수 있는 강력하고 긍정적인 요소로 남반구 공정무역단체들이 강조하는 부분이다. 하지만 이 가치사슬 연구에 따르면, 많은 공정무역 수공예업자들이 여전히 가볍지 않은 건강문제로 가계에 엄청난 영향을 받고 있고 저축이 쉽지 않은 빈곤선에 해당하는 수입 수준에서 살고 있다.

비슷한 결과가 멕시코 수공예 생산자들을 대상으로 공정무역지원 Fair Trade Assistance이 실시한 사회적 평가에서도 발견된다. 생산자는 보통 기본적 욕구(음식, 주거, 자녀교육 등)는 달성한다. 하지만 이것은 간신히 극복한 수준에 불과하며, 건강 분야에서 이러한 달성도는 겨우 기본적인 요구만 충족시키는 정도다.[10]

신용대출의 혜택

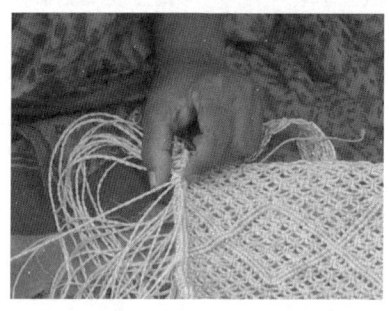

카이룬은 코어황마제작소 소규모 신용기금에서 3000타카를 대출 받았다.
"저는 어린 암소를 샀는데 그게 바로 송아지를 낳았어요. 저는 우유를 팔아서 돈을 벌 수 있었어요. 이 돈의 반으로 공동저축계획에 저금했지요. 나머지는 가족을 위해 썼어요. 저는 저축해서 모은 1만 8000타카로 양철지붕을 가진 진흙 집을 지었답니다."

여러 자료에 의하면 현금 수급력이 떨어지는 농업에 의존적인 가계가 이를 보충하기 위해 시작한 수공예품 판매로 어느 정도 생산자가 위기에 대처할 수 있는 능력이 생긴다고 한다.

공정무역 생산자들의 삶을 더 향상시키기 위해서 저축계획의 도입은 매우 중요한 일이다. 저축계획은 방글라데시에서 먼저 설립되었고 많은 생산 국가가 뒤를 따랐다. 이것은 수공예품 생산이 대안 수입을 창출함으로써 개인이나 공동체를 위한 다른 경제활동의 초석이 될 수 있다는 것을 의미한다. 공동체의 여성사업모임이 저축한 돈을 써서 마을의 소, 염소, 버팔로 은행을 설립한다든지, 마을 연못을 개발한 예는 많이 있다. 이러한 여러 예는 적은 액수지만 현명하게 투자된 돈이 어떻게 가난에서 벗어나 안정적이면서 역량을 강화할 수 있도록 하는지 보여준다. 첫 시장 진입, 정보, 노하우, 자신감 상승 등 공정무역의 질적 효과는 매우 크다. 공정무역은 국제시장 진입 초기 단계의 생산자를 지원하는 데 매우 중요한 역할을 한다.

공정무역은 긍정적인 사회적 변혁을 가져왔다. 기술개발, 역량 및 능력강화는 생산자가 느끼는 소외감을 줄이는 중요한 요소다.

수공예품 공정무역의 미래는

공정무역 생산자는 판매를 늘리고 싶어하며 수요 증가에 맞출 수 있는 생산역량을 가지고 있다. 조직 효율성과 디자인, 품질관리를 향상시키기 위해 많은 노력이 투입되었다. 판매를 늘리기 위한 방법에는 무엇이 있을까? 북반구 공정무역단체들이 조직적으로 협동해서 새로운 상품을 개발하고 공동 주문을 넣고 좀더 중앙화된 방식으로 물류 부문을 다루자는 제안이 있었다. 이것은 구매자를 끌어들이기 위해 자체적으로 특별한 상품이 필요한 수입업자에게는 어려운 제안이지만, 특히 유럽의 경우에는 고려할 만한 가치가 있다. 어떻게 각각의 수입업체의 특정한 정체성을 보존하면서 좀더 큰 규모의 경제를 도입할 수 있을까?

월드숍의 전문화는 커다란 성공을 가져왔다. 이것이 계속될 수 있을까? 더 많은 국가적 네트워크가 참여할 수 있을까? 훨씬 더 많은 가게들이 생겨날 수 있을까?

많은 생산자는 지역에 가게를 열어 소매업으로 성공을 거두었다. 어떤 전략이 가장 탁월한가? 어떤 전략이 효과적인가? 우리는 개발도상국의 공정무역가게 네트워크가 북반구의 기존 네트워크와 연결되어 함께 경험을 나누고 학습하는 것을 볼 수 있을까?

지역적, 국제적 차원의 IFAT 회의에서 효과적인 마케팅 전략에 관해 더 많은 정보가 공유될 수 있을까?

전자상거래는 많은 공정무역 생산자에게 시장에 접근할 수 있는 새로운 방법을 제공해주었지만 점점 더 정교한 웹카탈로그가 필요해지고 있다. 시장을 선도하는 기업의 활동을 열심히 연구해서 소비자에 대한 그들의 서비스와 생산자와 생산기법 관련 정보를 사용하는 방식을 배워야 한다. 기업의 방법이 공정무역을 위해 적용되어야 한다.

남반구든 북반구든 많은 공정무역단체가 공정무역과 공정무역 상품을 신문, 잡지, 텔레비전을 통해 홍보하고 있다. 어떤 단체들은 어떻게 시작해야 할지를 모르거나 필요한 시간이나 자원이 없는 경우도 있다. 이 분야에서도 좀더 학습과 자원을 공유할 수 있는 방법은 없을까?

수공예품 공정무역 시장이 어둡지는 않다. 수공예품시장의 잠재력은 어마어마하다. 소비자는 선택의 폭이 넓기를 바라며 생산자는 더 많은 매출을 원한다. 수공예품 생산은 중요한 생계 전략이다. 우리가 찾아야 하는 것은 시장으로 들어가는 새롭고 지속가능한 방법이다. 생산국의 매출이 늘어날 수 있는 잠재력은 어마어마하며, 이것은 고유한 문화 유산의 아름다움과 가치를 다시금 깨닫고 있는 중산층이 늘어나는 국가의 경우 더욱 그러하다. 북반구에서 공정무역 종사자들은 식품에서의 성공을 이어나가는 한편, 수공예품에는 디자인 지원, 기획, 물품 구매 및 가게 장소 등을 통해 어떻게 가치를 부가할 것인지 다시 생각해봐야 한다. 우리는 많은 수공예품 생산과 거래에 존재하는 착취적인 방식에 대한 인식을 제고시키는 한편 공정무역에 헌신적인 사람의 이야기를 전하고 소비자에게는 그들의 스타일, 색, 품질에 대한 요구를 충족시키는 훌륭한 생산품을 공급할 필요가 있다. 이러한 방식으로 기존 생산자는 더 많은 일거리와 더 나은 대가를 얻을 수 있고, 새로운 생산자는 공정무역 시장에 진입할 수 있는 것이다.

주석

1 장 프랑소와 리쎙Jean-Francois Rixen, Crise silencieuse du secteur de l'artisanat, Oxfam MdM, Belgium, 2005년.

2 '이카트ikat'는 인도네시아 어로 '묶다'는 뜻이며, 직조가 시작되기 전에 씨실이나 날실(혹은 둘 다)을 묶어 디자인에 따라 염색한다.

3 공정무역단체들을 위한 IFAT 기준 참조하라. 공정한 가격의 지불. www.ifat.org/ftrinciples.html

4 장 마리 크리에르, 〈유럽의 공정무역 2005: 유럽 25개국의 공정무역에 관한 사실과 숫자들〉, Fair Trade Advocacy Office, 벨기에.

5 로렌스 왓슨Laurence Watson, 〈공정무역 수공예품의 잠재적 시장Market Potential for Fair Trade Craft〉, 2003년 5월 EFTA 의회에서 발표.

6 관련 정보는 www.cbi.nl에서 찾아볼 수 있다.

7 이 프로그램은 EU-인도 민간사회 파트너십EU-India Civil Society Partnership의 지원을 받고 인도의 공정무역포럼이 네덜란드의 페어트레이드 오리지널과 영국의 트레이드크라프트와 함께 실행한 것이다.

8 라울 홉킨스Raul Hopkins, 〈옥스팜 공정무역 프로그램: 옥스팜 공정무역 효과 평가연구Oxfam Fair Trade Program: Impact assessment study of Oxfam fair trade〉, Oxford, UK: Oxfam, UK, 2000년.

9 〈저소득의 불리한 생산자들의 공정무역에 대한 접근성 향상, 수공예품 가치사슬분석Improving the access of low?income, disadvantagen producers to Fair Trade, Handicraft Value Chain Analysis〉, EFTA, FLO, IFAT 위탁, p. 54, 2005년.

10 공정무역지원Fair Trade Assistance은 네덜란드의 페어트레이드 오리지널에 속한 부서다.

9장

쌀은 생명이다

엘리자베스 피라스Elisabeth Piras

엘리자베스 피라스는 벨기에의 작은 유기농 농장에서 산다. 1999년부터 2001년에 걸쳐 EFTA의 쌀 캠페인을 진행했으며 1998년과 2001년 EFTA연감을 포함해 이 주제에 관해 많은 글을 썼다. 그녀는 20년 이상 공정무역에 헌신해왔다.

쌀, 인류를 위한 영양소

"쌀은 아시아에서 생명을 뜻한다. 쌀은 수천 년 동안 우리 음식 체제, 언어, 문화와 생계의 주춧돌이었다."[1] 쌀은 산스크리트어로 '인류를 지탱하는 것'이라는 의미처럼, 인류의 절반에 해당하는 사람들에게 생명을 뜻한다. 쌀은 삶의 근원이자 신의 영역에서 온 작물로까지 여긴다. 그러므로 여러 신화와 성스러운 의례에서 중요한 역할을 담당하고 있다. 쌀의 중요성은 언어의 쓰임새에서도 나타난다. 아시아 언어의 경우 다양한 형태의 쌀과 그 재배 가공법에 특정한 단어가 존재한다. 아시아에서 '먹다'라는 단어는 보통 '쌀을 먹다'를 의미한다. 태국에서 쓰이는 인사말은 "오늘 당신은 쌀밥 한 공기를 드셨습니까?"다.

하지만 현재 쌀은 의존, 착취, 가난과 종종 연계된다. 무엇이 문제일까? 공정무역으로 가난한 쌀 재배농민이 인간다운 생활을 하는 데 도움을 줄 수 있을까?

사실과 숫자들

| 쌀의 생산, 소비와 무역

쌀은 모든 대륙에서 재배되고 소비된다. 그것은 지금도 20억 아시아인과 몇 백 만의 아프리카와 남아메리카 사람들에게 가장 중요한 음식이다. 쌀은 수성식물이다. 물이 많이 공급될수록 잘 자란다. 많은 지역에서 비는 작물에 유일한 물 공급원이었다. 골짜기와 삼각주 지방에서의 범람과 경작은 좀더 발전된 방식이다. 수세기가 지나는 동안 농민들은 토양과 지하수를 보호하는 지역적 특색에 맞는 관개 방식을 발전시켜왔다.

오늘날 전 지구적으로 쌀이 재배되는 지역(60퍼센트 이상은 아시아다)의 절반 이상이 인공적인 관개방식을 쓴다. 현대의 기술로 물의 공급은 생산을 크게 늘릴 수 있는 정도로 조절할 수 있다. 하지만 환경적으로

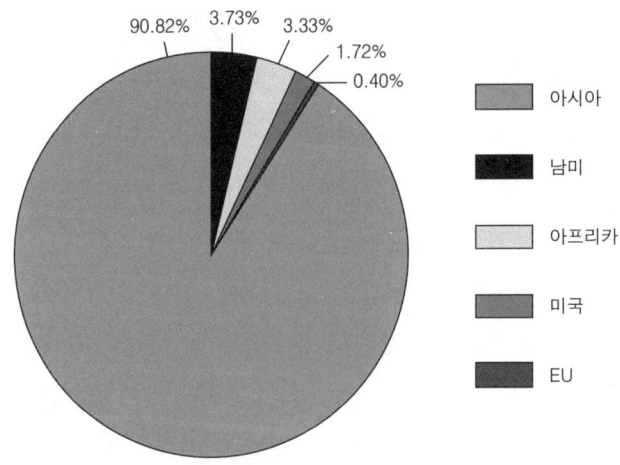

2005년 전 지구적 쌀 생산량(100만 톤 단위 : 606,7)

돌이킬 수 없는 파괴와 경제적 비용도 막대하다. 사실 복잡한 기계들을 설치하는 것은 많은 양의 물을 필요로 하며[2] 전통적 방법보다 훨씬 비싸서 소규모농민에게는 불가능하다.

아시아는 세계 쌀 생산의 91퍼센트를 차지한다. 아프리카, 미 대륙과 12개의 남유럽과 동남유럽국가가 나머지 8퍼센트를 차지한다.

10억 명 이상의 사람들, 특히 남반구의 소작농들은 생계를 거의 쌀 생산에 의존한다. 아시아와 남아메리카에서 셀 수 없는 소작농이 손이나 가축으로 경사진 땅을 경작한다. 그들은 가장 단순한 수단을 사용해 추수한다.

쌀시장의 주요 등장인물은 누구인가

남반구의 국가에서 추수한 작물은 주로 농민의 가족이나 지역에서 소비된다. 그러나 태국, 최근에는 베트남 같은 국가가 외화벌이용 수출을 목적으로 여유 작물을 생산한다. 미국에서 이루어지는 쌀 재배의 대다수는 수출을 목적으로 한 것이다. EU 회원국(쌀은 이탈리아, 스페인, 포르투갈, 프랑스, 그리스, 헝가리에서 생산된다)도 주로 수출지향적이다.[3]

1960년대 이후 전 세계적으로 쌀 생산은 꾸준히 증가해왔고 전에는 쌀이 부족했던 인도 등의 개발도상국도 이제는 자국의 수요 충족은 물론 수출을 위한 여유량까지 생산할 수 있게 되었다. 쌀을 판매하는 주요 통로는 정부 간 계약이다. 아시아에서는 모든 쌀거래의 반 정도가 이러한 방식으로 이루어진다. 동시에 국제 쌀시장은 아직도 매우 작다. 세계 쌀 생산량의 5~6퍼센트를 차지하고 있을 뿐이다.

최근까지 쌀 생산량이 높은 국가들은 주요 수출국이 아니었다. 태국은 세계 쌀의 4~5퍼센트만을 생산하지만 지난 20년간 가장 큰 수출업자였으며 세계 쌀 수출의 4분의 1 정도를 차지한다. 최근에는 미국(세계 수출량의 13퍼센트)과 베트남 등의 다른 아시아 국가들의 수출량이 증가했으며 세계 쌀 생산량의 절반쯤을 차지하는 인도와 중국도 주요 수출 6개국 대열에 합류했다.

쌀 수입 증가와 더불어 주목할 만한 새로운 경향이 등장했다. 주 구매자들은 아직도 아랍과 아시아 국가이며 그들이 세계시장에서 거래되는 쌀의 반 정도를 수입한다. 한편 아프리카도 최근 주요 쌀 수입지역이 되어 주로 미국, 일본, 태국의 보조금을 받은 쌀을 선적한다.

EU와 스위스는 주로 가공되기 전 단계의 쌀을 수입해, EU와 스위스 회사들이 흰쌀로 가공한다. 최근까지 EU는 자체적 쌀 생산과 가공산업을 보호하기 위해 관세를 부과했다.[4] 하지만 유럽 WTO 회원국은 2009년부터 시장을 개방하고 제한적 관세를 단계적으로 폐지할 의무가 있다. 그러나 거꾸로 EU는 꾸준히 비관세장벽을 늘려 자국생산과 가공보호를 지속하고 있다.

벼에서 쌀이 될 때까지

추수가 끝난 후 논에서 나온 쌀은 탈곡되지 않은 상태다. 메밀 같은 낱알은 핵을 보호하는 단단한 껍질을 가지고 있어 정제를 해야 한다. 첫 번째 가공 단계는 먹을 수 없는 껍질을 제거하는 것이다. 이 단계를 통해 쌀은 영양소가 있는 겨와 쌀눈을 포함한 현미 또는 전립미가 된다. 흰쌀을 얻기 위해서는 이러한 낱알을 씻어야 한다. 이 과정에서 쌀눈과 나머지 껍질이 제거된다. 흰쌀은 영양소가 거의 제거된 상태다. 1킬로그램의 벼는 보통 800그램의 현미와 600그램의 흰쌀을 만들어낸다.

쌀, 종의 다양성이 위협받고 있다

쌀은 수많은 유전적 형질과 다양성을 가진 곡물이다. 힌두교의 고대 성전인 베다veda는 쌀의 종류가 50만 개나 된다고 했다. 최근의 통계에 따르면 10만 종이 조금 넘는다. 국제쌀연구소International Rice Research Institute, IRRI에 수집보관된 씨앗은 현재 110개국의 10만 8천 종을 포함하고 있다. 하지만 1960년 이래 현대 농업 기술과 향상된 고생산 품종이 도입된 이후 이 범위는 급격하게 좁아졌다. 태국과 미얀마의 예를 들면 40퍼센트의 논에서 단지 5가지의 쌀이 재배될 뿐이며 캄보디아에서는 한 가지 종류가 추수량의 84퍼센트를 차지한다. 이렇게 적은 수의 품종만을 재배하는 것은 위험하다. 한 가지 형질에 곤충이나 질병으로 인해 감염이 일어나면 추수량이 급격히 감소하거나 파괴될 수 있다.

세계시장은 다양성 감소와 농민의 빈곤을 더욱 부추겼다. 세계시장에서 거래되는 모든 쌀은 장립종 인디카, 단립종 자포니카와 향기 나는 쌀(파키스탄과 인도의 바스마티 혹은 태국의 홈말리(재스민)) 이렇게 겨우 세 종류 뿐이다)이다. 흑미, 홍미, 찹쌀 등은 최근에야 유럽에서 관심을 얻고 있다.

쌀은 과잉공급 되는데, 기아가 일어나는 이유는

적절한 국내 공급을 위해 수출회사들은 대부분의 나라에서 엄격한 법 규제를 받는다. 그럼에도 불구하고 많은 쌀 수출국은 빈곤문제로 허덕인다. 이것은 국내 수요보다 훨씬 많이 생산하는 나라의 경우도 마찬가지다. 예를 들어 인도는 2003년 쌀과 밀의 연간 잉여량이 4500만 톤 이상이었다. 2004년에는 정부보조금 덕분에 약 2000만 톤을 수출 시장에 팔 수 있었고, 2000만에서 2200만 톤 사이의 곡류가 현재 비상용 창고에 저장돼 있다. 같은 기간 동안 굶어 죽거나 영양실조에 걸리는 인도인의 숫자는 꾸준히 증가했다. 어떻게 이런 일이 가능한가? 인류는 세 번째 밀레니엄의 초기만큼 풍부한 식량을 가졌던 적이 없다!

그럼에도 불구하고 전 세계적으로 빈곤으로 고통 받는 사람의 숫자는 계속 증가하고 있다. 역설적으로 유엔 산하 식량농업기구FAO에 따르면 배고픈 사람의 80퍼센트는 농촌지역에 거주한다. 8퍼센트는 가축을 치는 사람이나 어부나 사냥꾼이다. 49퍼센트는 소규모농사를 짓는 농민이다. 22퍼센트는 땅이 없는 농업 일꾼이다. 이들은 보통 자기 땅을 잃은 전직 소작농들이다.

사실 소규모 농민은 종종 잉여생산량은 물론 추수의 상당량을 생산비용 이하의 가격에 팔아 넘기도록 강요받는다. 그들이 새로 추수한 벼를 저장해두었다가 가격이 가장 좋을 때 팔아 넘길 수 있는 수단을 가지고 있는 경우는 드물다. 게다가 많은 지역에서 국내생산된 쌀을 지속가능한 가격에 파는 것은 점점 더 어려워지고 있으며, 어떤 경우 불가능하기까지 하다. WTO의 틀 안에서 협상된 무역자유화정책 때문에 미국이나 일본에서 정부보조금을 받아 생산된 쌀이 생산비용보다 낮은 가격으로 외국시장에 진출할 수 있다. 게다가 개량된 씨앗과 그와 관련된 농업용 화학품의 비용도 꾸준히 늘어나고 있다. 이러한 것을 사기 위해 농민은 대출을 해야 하며, 일단 빚을 지게 되면 빚의 악순환에서 벗어날 수 있는 사람은 거의 없다. 결국 그들은 가지고 있던 조그마한 땅마저 팔아버릴 수밖에 없다.

| 생명공학 기술이 세계를 먹여 살릴 수 있을까

배고픔은 부정의와 사회적 불평등, 착취와 의존의 결과다. 생산성

누가 식량원조로 이득을 얻는가

2003년 서아프리카의 부르키나파소는 8억 CFA(혹은 120만 유로)의 원조를 세계시장에서 쌀을 사는 데만 쓰겠다는 조건으로 받았다. 이때 부르키나파소는 이미 곡류를 잉여생산하고 있었는데도 말이다!

WTO 회원국 일본은 최소접근조항Minimum Access Clause이라는 것을 지켜야 한다. 이것은 국내 쌀 소비량의 5퍼센트는 면세 수입을 허용해야 한다는 뜻이다. 고유의 쌀 생산을 보호하고 국내시장에서 일본 쌀의 높은 가격을 유지하기 위해서 나머지 모든 쌀 수입에 대해서는 490퍼센트의 관세가 부과된다. 게다가 일본은 외국 쌀을 식량 원조로 처분하기를 선호한다. 부르키나파소 등의 많은 개발도상국에서 이 쌀은 쌀의 지역적 가격뿐 아니라 생산비용보다도 낮은 가격에 판매된다. 이러한 덤핑 관례의 결과로 대다수 소규모 농민인 지역생산자들은 쌀을 팔 수가 없고 잘해야 터무니없이 낮은 가격으로 팔 수 있을 뿐이다.

비슷한 방식으로 태국과 미국도 국내 쌀 생산을 보호하기 위한 방법을 쓰고 있다. 보조금을 받은 미국 곡류는 현재 식량 원조라는 명목으로 수출되고 있다(공공법 480). 1997년과 2002년 사이에 식량원조로 수출된 쌀의 비율은 5퍼센트에서 11퍼센트로 늘어났다.

보조금을 받은 쌀의 수출은 점점 가난한 국가의 쌀 생산자를 위협하고 있다. 서아프리카 소작농협회인 ROPPA는 현재 서아프리카 쌀 생산을 보호하기 위한 대규모 캠페인을 시작하고 있다. ROPPA는 생산자에게 공정하고 안정적인 가격을 보장하기 위해 세계시장에서 쌀 공급을 규제하라고 요구한다. 또 '부국의 보조금 농산품 수출과 덤핑 폐지'는 물론 '지역시장에서 국내 쌀의 몫을 늘리기 위한 보호세의 도입'을 요구한다.

(출처: Maurice Oudet, Vu au Sud - Vu du Sud, "Filiere Riz" (www.abcburkina.net) ROPPA, "Pour un developpement durable des filieres riz en Afrique de l'Ouest", 2005 (www.hubrural.org))

향상이 만능 해결책은 아니지만, 산업화된 수출지향적 농업이 필요하다고 주장하는 사람들은 그렇게 생각한다. 개량된 씨앗과 농장기술, 관개시설과 화학비료를 쓰는 녹색혁명Green Revolution에는 희생이 따랐다. 광범위한 사회적, 환경적 파괴와 소작농의 급격한 빈곤화가 그것이다. 현재 이 혁명의 주도자, 즉 거대 농업기업들과 유엔의 FAO나 국제쌀연구소 같은 국제기구들은 유전자변형Genetically Modified, GM 작물에 기반을 둔 두 번째 녹색혁명을 예고하고 있다. 그들은 이것이 추수는 더 많이 할 수 있고 화학비료는 덜 쓰게 될 것이라고 말한다. 하지만 중요한 것은 새로운 품종이 모두 특허권에 의해 보호되며, 그것들을 중성화시킬 기술도 마찬가지라는 것이다.[5] 농민들은 더 이상 그들이 수세기 동안

> ### 우리 그릇에 유전자변형 쌀을
>
> 지금까지 유전자변형 쌀은 실험실과 시범 경작지에만 있었다. 하지만 그러한 시범 경작지에서 자라난 쌀은 이미 오염되어 있다는 것이 밝혀지고 있다. 게다가 많은 국가가 유전자변형 쌀을 상업적으로 재배할 계획을 세우고 있다. 중국 정부가 대규모 경작지를 상업적 유전자변형 쌀 재배에 허용하려던 계획은 최근 생명안전에 대한 우려와 소비자의 불신에 밀려 무기한 연기되었다. 우리가 먹고 있는 쌀은 일단 유전적으로 변형되지는 않았지만, 유전자변형 씨앗의 사용을 명확히 금지하는 규정에 따라 유기농법으로 재배된 것도 아니다.
>
> EU법에 따르면 유전자변형 음식과 동물 사료는 이제 유전자변형 표시를 달아야 한다. 하지만 특허권을 얻은 쌀도 같은 방식으로 표시를 달아야 한다는 의무는 없다. 그러므로 당신은 텍사스 회사인 라이스텍RiceTec이 개발해 소유하고 있는 미국식 바스마티 같은 특허받은 쌀을 이미 먹었을지도 모른다.

해온 방식으로 씨앗을 사용할 수 없을 것이다. 그들은 생산에 대한 통제력을 잃고 씨앗회사에 완전히 의존하게 될 것이다. 게다가 그들은 높은 부가 간접비를 감당해야 할 것이다.

농민 중심의 농업이 해결책을 제시할까

오늘날 전 세계적으로 셀 수 없이 많은 농민조직이 식량주권과 그들의 환경적·사회적·경제적·문화적 관점에 걸맞은 특정한 조건을 가장 잘 충족시키는 노동, 식품, 토지소유권을 결정할 권리를 보호하기 위해 노력하고 있다. 이러한 맥락에서 그들은 또한 WTO가 승인한 '생물에 특허권을 부여하는' 행위에 반대하고 있다. 그러한 행위는 작물과 동물, 기타 다른 생명체에 대한 독점적인 통제를 야기할 것이고 따라서 식량 안보를 위험에 빠뜨리고 자연보호와 종 다양성을 해치고 농업공동체들의 불안정성을 심화시킬 것이다.

동시에 이러한 단체들은 작물 교배와 종 다양성의 보존에 기반을 둔 지속가능한 농민 중심 농업을 위해 캠페인을 벌이고 있다. 사실 벼강화체계(System of Rice Intensificatio, SRI)[6] 같은 새로운 재배법은 물론이고 전통적 재배법을 포함하면서 유기농법 지침을 도입하는 농업은 저절로 건강하고 다양한 식품의 공급 기반을 형성할 것이다. 골든라이스 같은 대체작물의 필요 없이 영양실조와 관련된 질병에 적절한 가격의 효율적인 해결책을 제공해줄 수 있을 것이다.

많은 년에서 유기농법으로의 전환은 소작농의 영양과 건강을 개선시켰을 뿐 아니라 그들의 생산성과 수입도 뚜렷하게 증가시켰다. 필리핀 과학자들과 소작농의 네트워크인 마시파그(Masipag)는 500여 개의 쌀 재래품종을 모아서 환경적으로 지속가능한 재배기술을 사용해 재배해

보았다. 오늘날 이 마시파그 쌀 품종은 최적의 생산량을 위해 대량의 화학비료와 물이 필요한 국제쌀연구소의 '고수확 품종'보다 평균적으로 추수량이 더 많다. 마시파그의 생산비용은 훨씬 낮으며 마시파그의 씨앗과 재고 쌀은 지역시장에서 인기가 많다.

> ### ⓖ 생명에는 특허가 없다! 쌀에는 특허가 없다!
>
> 특허는 발명의 보호를 위해 존재한다. 당연하다고? 어쩌면 당연하지 않을 수도 있다.
>
> 특허는 기술적인 발명뿐 아니라 세계의 자연적인 자산까지 적용범위가 확장되고 있다. 살아 있는 것들을 발명품으로 취급하는 것이 정말 가능한가? 새 생명의 창조는 발견으로 부르는 것이 더 적절하지는 않을까?
>
> 무역관련지적재산권협정Trade Related Aspects of Intellectual Property Rights, TRIPS 조약에 따라 WTO 회원국은 '발명'된 생물체에도 지적재산권 절차를 도입할 의무가 있다. 이것은 모든 작물이 진정한 혁신의 결과라는 게 증명될 수만 있다면 특허권을 얻을 수 있다는 것을 의미한다. 병충해에 저항력이 있는 씨앗이든, 유전자변형 작물이든, 아니면 단지 재래종을 교배시킴으로써 탄생된 새로운 형질의 쌀이든 그것은 중요치 않다. 가장 잘 알려진 예는 텍사스 회사 라이스텍의 바스마티 특허권이다. 국제적인 항의와 미국 특허청이 대다수의 특허 권리 주장은 무효라고 선언했음에도 불구하고, 라이스텍은 미국식 바스마티의 독점권을 유지하고 있다. 그것은 단지 북인도와 파키스탄의 22종의 재래 바스마티 쌀을 미국 쌀과 교배시킨 결과인데도 말이다.
>
> 특정한 쌀 품종이 특허권을 받았다고 해서 그것이 반드시 유전자 조작의 결과는 아니다. 반대로 모든 유전자변형 생명체는 예외 없이 적어도 하나 이상의 특허권 보호를 받는다. 세상에서 가장 큰 농업기업의 하나인 신젠타 Syngenta는 그들이 비타민A 결핍증을 치유하고 개발도상국에 있는 수백만의

사람을 실명에서 구할 수 있다고 주장하는 '골든라이스Golden Rice'를 보호하기 위해 70개 정도의 특허권을 소유하고 있다!

두 가지 경우 다 빙산, 아니 쌀 산의 일각이다. 1998년에는 약 160개의 쌀 관련 특허가 있는 것으로 추정되었다. 2000년 9월에는 벌써 609개다. 이제 특허 받은 쌀 유전자의 숫자는 900개를 넘는 것으로 추산된다. 90퍼센트 이상이 다국적기업과 북반구 연구소들에 귀속되어 있다. 최근 신젠타는 쌀과 다른 주요 작물의 수천 가지 유전자배열 종류에 대한 열다섯 개의 국제적 특허 신청 절차를 밟아 식량 독점기업이 되기 위한 한 걸음을 내디뎠다. 이것은 사실상 이 회사가 미래의 씨앗에 대한 접근, 연구, 재활용을 결정할 수 있게 된다는 것을 의미한다.

이러한 생명체의 변형을 막고 남반구의 셀 수 없이 많은 소작농의 생계와 전통문화를 보호하기 위해 〈우리의 쌀을 지키자Save Our Rice〉 같은 생명체 특허화에 반대하는 캠페인이 진행되고 있다(www.panap.net/ricecampaign/참조).

정미소의 중요성

수세기 동안 새로이 추수된 벼는 절구에서 타작되곤 했다. 오늘날 가장 고립된 지역에서조차 이러한 과정은 정미소에서 처리된다. 곡식은 갈지 않고 단지 먹을 수 없는 껍질만 벗겨낼 뿐이다. 농민의 가족이나 지역시장에 의해 소비되는 쌀조차도 현재의 소비자 기호에 맞추기 위해 흰쌀로 정제된다.

그러므로 벼의 성미과정은 쌀무역에서 얻어질 이익을 결정하는 데 중요한 역할을 한다. 정미소들은 주로 부농이나 중개상인, 수출업체의 소유다. 소작농연합이 가공시설을 소유하는 것은 매우 드문 경우다. 농민들은 좋든 싫든 정미소 소유자에게 의존할 수밖에 없다. 게다가 농민들은 지역시장보다 낮은 가격을 받아들이도록 강요받는다. 정미소 소유자들은 보통 한편으로는 그들 자신의 생산비용과 마진, 또 한편으로는 구매자와 수출 중개인들이 제시하는 가격을 토대로 자신들의 가격을 계산한다. 그 마진으로 정미소 소유자들이 농민들에게 돈을 지급한다. 이때 그들의 생산비용이나 노동가치는 고려해주지 않는다. 게다가 농민은 보통 가격이 어떻게 계산되는지 모른다. 그들은 정미소에서 쌀을 재는 저울이 정확한지도 확신할 수 없다. 누가 쌀의 판매와 수출과정을 책임지는지 알지 못하며, 누가 그들의 쌀을 거래함으로써 이득을 얻는지, 최종적으로 그의 쌀을 먹는 사람이 누군지 알지 못한다. 한마디로 농민은 긴 거래과정을 전체적으로 알지 못할 뿐 아니라 거기에 영향을 미칠 수도 없다.[7]

공정무역의 반응

공정무역의 초기단계에 식량의 수입은 논쟁을 일으켰다. 지역적으로 수요가 있는 식량의 수출을 장려하는 것은 남반구의 소작농들에 대한 식량공급을 개선하려는 정책과 상반되는 것으로 보였다.

하지만 식량안보는 단지 충분한 양의 음식을 가지고 있는 것 이상을 의미한다. 더욱 중요한 것은 도시나 농촌지역에 사는 사람들 모두가 기본 욕구를 충족시킬 수 있는가의 문제다. 이것은 안정적인 수입, 직업 그리고 생산품을 위한 시장과 사회보장제도에 대한 접근성이 필요하다. 한마디로 공정무역이 파트너단체의 역량강화를 통해 이루고자 하는 모든 것이다.

1980년대 후반에 이러한 고려에 기반해 스위스 공정무역단체인 클라로는 향기나는 홈말리Hom Mali(또는 자스민) 쌀과 황미인 렁온Lueng-on을 수입함으로써 태국의 수린주에 있는 소규모 쌀 재배 농민을 돕기로 결정했다. 하지만 그 전에 두 품종이 상업적 목적을 위해 재배되고 있는 반면 다른 종인 찹쌀은 농민 자신의 소비를 위해 재배되고 있는 것을 확인했다. 다른 유럽 공정무역단체도 수린 주의 홈말리 수입을 공유하거나 다른 지방의 쌀 재배 단체와 직접 연락을 취함으로써 클라로의 예를 재빠르게 따랐다.

WTO의 규정이 그들의 파트너 조직의 생계와 생존에 미치는 영향을 고려하여, 몇몇 공정무역단체들은 의식을 고취하는 캠페인을 조직하거나 보조금을 받아 생산한 쌀을 가난한 국가(273쪽의 박스 참고)에 수출하는 것과 농업기업이 그들의 씨앗을 사용할 권리를 빼앗아가는 생명체특허에 대항하는 국제적 규모의 항의에 참가했다. 1999년 NEWS!는 또한 3년 동안 진행한 '생각할 먹을거리Food for Thought' 캠페인의 구심점으로 쌀을 선택해 무역정의와 농민의 권리를 이야기했다. 동시에 EFTA는 회원들의 이니셔티브를 조정하고 다양한 유럽 차원 또는 국제적 차원의 기구들에 목소리를 내기 위해 쌀 캠페인을 시작했다.[8] 2004년 많은 공정무역단체가 세계 쌀의 해를 맞아 농민 중심의 농업을 위해 싸워나갈 필요성과 자국의 농업정책을 결정할 권리, 즉 식량주권에 대한 권리가 사람들에게 있음을 환기시켰다.

| 쌀의 FLO 마크는 주류화를 위해 중요한 요소

2000년 EFTA 회원국과 태국, 인도, 라오스 쌀 재배자조합 사이의 파트너십의 긍정적 효과와 월드숍에서 10년간 그들의 쌀에 대한 성공적

⑥ 공정무역 쌀의 선구자 그린넷

1980년대 후반 클라로(당시에는 OS3)는 태국 북동부 수린주의 가난하고 빚이 있는 소작농의 생활조건을 개선하기 위해 일하는 태국 NGO 수린 농민지원단체Surin Farmers Support, SFS와 처음 접촉했다. SFS는 유기농법의 도입과 농민 소유의 정미소와 쌀은행 설립 그리고 생산품 마케팅 등을 촉진했다. SFS와 수린주 4개의 쌀 재배그룹과 OS3 사이의 협력 덕분에 1991년 향기 나는 쌀 홈말리와 황미 렁온이 스위스로 첫 수출되었다. 1993년 자연식량조합Nature Food Cooperative의 설립은 특히 수출면허를 따서 독립하고 자급하기 위한 중요한 첫걸음이었다. 게다가 조합은 태국의 유기농 생산품을 위한 네트워크를 설립해 그린넷Green Net이라는 이름을 붙였다. 조직을 명확히 하기 위해 단체는 나중에 두 부문으로 나누었다. 이제 그린넷은 마케팅 부문을 담당하고, 훈련 및 컨설팅 서비스는 비정부단체 어스넷재단Earth Net Foundation이 담당한다.

그린넷은 태국 유기농인증기구인 ACT를 설립하고 태국과 다른 아시아 국가에서 유기농법 도입을 도왔다. 동시에 공정무역의 원칙을 실행하는 데 헌신하고 있다. "공정무역은 유기농업의 중요한 부분이다. 왜냐하면 생산자에게 공정한 가격을 보장하기 때문이다. 공정무역으로 유기농업 분야의 개발은 지속가능해질 것이다." 그린넷은 2002년 쌀을 위한 FLO 상표를 획득한 첫 쌀 재배자 단체 중의 하나가 되었다.

요즘 그린넷은 840명의 소작농이 키우는 유기농쌀을 수출하고 있으며 새로운 생산자 모임도 설립하고 있다. 수린주의 4개 협동조합에서 나는 향기 나는 흰쌀과 현미, 홈말리쌀 외에도 클라로와 다른 유럽 공정무역단체들은 차쳉사오Chachengsao와 치앙마이Chiangmai의 두 쌀 재배자조합에서 생산되는 흰 장립자쌀과 홍미 홈말리도 팔고 있다. 이 쌀은 농민이 소유한 가공시설에서 정미되어 수린주의 여성그룹이 포장한다. 두 번째 포장시설이 곧 생길 계

> 획이라서 여성을 위한 더 많은 일자리가 확보될 것으로 예상된다. 공정무역 수출은 1992년 15톤에서 2005년 500톤 가량으로 꾸준히 증가했다.
>
> (출처 : www.greennetorganic.com)

마케팅의 결과로 FLO는 쌀을 위한 공정무역 마크를 도입하고 소작농의 이익에 부합하는 시장을 열기 위한 첫걸음을 뗐다. 태국의 실행가능성 연구결과에 기반해 스위스에서는 2002년 쌀 등기부를 만들었다.[9] 스위스의 막스 하벨라르와 클라로는 빠르게 3퍼센트의 시장점유율을 달성했으며, 이것은 2004년 984톤의 매출과 함께 시장점유율이 6퍼센트로 증가했다. 이 쌀의 3분의 1 정도는 인증된 유기농 재배지에서 나온 것이다.

오늘날 태국, 인도, 이집트의 총 11개 쌀 생산자가 FLO의 인증을 받았다. 스위스 외에도 벨기에, 핀란드, 프랑스, 이탈리아, 노르웨이, 오스트리아, 스웨덴 등이 FLO 마크를 부착해 쌀을 판매하기 시작했다. FLO는 2005년 영국, 캐나다, 미국 쌀도 인증을 해주었다. 덴마크와 독일은 FLO 인증된 쌀과 쌀 관련 제품을 2006년 도입했고 아일랜드에서는 현재 관련 논의가 이루어지고 있다(아일랜드에서도 2006년부터 공정무역 인증을 받은 쌀을 판매하고 있다(www.fairtrade.ie)_옮긴이).

| FLO 인증을 받지 않은 공정무역 쌀 재배자그룹

전통적인 라오스 찹쌀을 팔고 있는 라오스농민지원단체Laos Farmer Support나 유기농 바스마티쌀을 생산하는 인도의 나브다냐Navdanya재단[10]의 경우 수년 동안 공정한 조건 하에서 쌀을 생산해왔다. 쌀 생산과

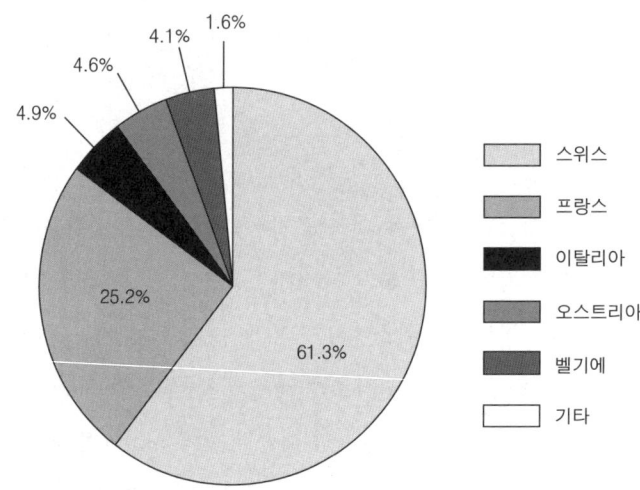

*기타에 포함되는 국가는 영국, 캐나다, 노르웨이, 스웨덴이다.
(출처: FLO)

거래는 공정무역의 '통합된 길'을 따른다. 쌀은 공정무역 기준에 따라 생산된 후 공정무역단체가 수입하여 주로 월드숍에서 팔린다. 무역사슬의 모든 파트너들이 서로 공정무역 기준에 부응하는지를 감시한다.

생산자단체는 공정무역 수입업자와 소매업자와 장기적인 무역관계를 잘 확립해왔다. 그들은 새로운 공정무역 시장에 진입하기 위해 FLO 인증을 신청할 수도 있다. FLO 인증 신청비용은 또다른 부가적 비용을 만들어내기 때문에 이것은 다른 부가적인 수입으로 커버할 필요가 있다.

| 유기농법에서 공정한 마케팅까지

유기농법은 토양비옥도, 종 다양성 보존 그리고 필요한 물의 양 감

소 등의 이유로 북반구와 남반구 모두의 소작농에게 유익하다.[11]

화학비료 없이 재배하는 것은 작물과 인간 모두의 건강을 위해 훨씬 좋다. 이것은 농민이 물이 찬 논에서 매우 오랜 시간 일해야 하는 쌀 재배의 경우 더욱 그렇다. 기존 농업에서 이것은 화학비료와 제초제, 살충제와의 직접적인 접촉을 가져왔다. 유기농 재배법에서 그러한 노출은 사라진다.

경제적 이득도 증명되었다. 모든 경우가 다 그런 것은 아니지만 많은 경우 유기농법으로 전환하는 것은 생산량의 감소를 가져온다. 하지만 대부분 일시적인 현상이다. 게다가 유기농쌀은 기존 방식으로 재배된 쌀보다 훨씬 이익이 높다. 총 생산비용은 실제로 더 낮다. 가장 중요한 투입품목은 노동이다. 이것은 보통 가족이 충당한다. 퇴비는 보통 공짜로 구할 수 있다. 많은 지역에서 자연 제초제와 살충제를 지역식물로 만들 수 있다. 지피작물과 혼합작물이 사람과 동물을 위한 식량을 다양화하는 데 도움을 준다. 수출을 위한 인증작업이 추가 비용을 발행하는 것은 사실이다. 그러나 전 세계적으로 남반구에서조차 유기농으로 재배된 음식을 위해 비용을 더 지불하려는 사람들이 늘어나고 있다. 그러므로 유기농업이 가능성 있는 대안으로 여겨지는 것은 놀라운 일이 아니다.

일반 대중의 믿음과는 반대로, 유기농 생산품이 반드시 공정한 것은 아니다. 사회적 조건은 유기농인증과정에서 체계적으로 고려되지 않았다. 1990년 이후에야 유기농운동은 사회적 조건을 도입하기 시작했다. 공정무역단체와 열심히 교섭한 끝에 1996년부터 사회정의가 기준의 하나가 되었다. 2005년 독일의 유기농 인증기관 나투르란트Naturland는 그 상표를 부착하고 싶어하는 신청자에게 환경적 기준뿐 아니라 사회적 기준도 적용하기 시작했다. 더구나 2005년 9월말 국제유기농운동연합(International Federation of Organic Agriculture Movement, IFOAM)에 의해 채택된 새로운 기준은 처음으로 공정함의 원칙을 명확하게 포함시켰다. 비록 농민 중심의 농업에 대한 직접적 언급은 없지만, 그것들은 식량주권, 빈곤감소, 공정한 생산, 분배와 무역체제 같은 주제를 다루고 있다.[12]

공정한 가격을 향해

쌀은 커피, 코코아, 설탕과는 달리 물물교환이 이루어지지 않으며 정해진 시장가격도 없다.

많은 정부가 농민의 생산비용과 도시 빈민의 구매력을 고려해 최저가격을 설정함으로써 국내생산을 보호하려고 한다. 하지만 소작농은 보통 이득을 얻지 못한다. 예를 들어 태국정부는 주 외화수입원이 되는 홈말리쌀에는 최저가격을 정한다. 하지만 이것은 적은 수의 생산자에게만 이익이 될 뿐이다.

소작농에게 생산을 유지하게 하는 기본 요건은 지역 통화를 통한 안정적인 가격과 장기적 매출 전망이다. 클라로는 1990년 초반 홈말리쌀을 처음 주문한 이후로 그린넷과 함께 공동으로 연간 최저가격을 정했다. 홈말리쌀이 기존 방법으로 재배되던 주문 초기에도, 이 최저가격은 생산비용을 충당할 수 없는 수준의 지역 내 시장가격보다 높았다. 1996년 화학재료 없이 재배된 쌀은 더 많은 금전적 이익을 가져왔다. 공정무역단체들은 마침내 유기농인증 쌀에 대해 부수적인 '유기농 프리미엄' 가격을 제시했다.

2002년 FLO가 쌀에 상표를 출시했을 때, 초기에는 최저가격이 없고 단지 구매자와 생산자 사이에 교섭된 계약가격과 FOB[13]의 10~12퍼센트에 이르는 프리미엄만이 있었다. 유기농인증 쌀에는 교섭된 계약가격에 유기농 프리미엄이 더해졌다.

물론 FLO에 등록된 거래자는 최저가격보다 더 지불할 수 있는 자유가 있고 자금도 있다. 그래서 클라로는 스위스 슈퍼마켓보다 많은 금액을 생산자에게 지불한다. 이것은 클라로에서 수입하는 쌀 품종이 연간 1회 수확된다는 사실 때문이기도 하다. 게다가 그 쌀은 좀더 소규모의 정미소에서 더 정교하게 가공된 후 수작업으로 진공포장된다. 슈퍼마켓에서 파는 FLO 인증 장립종쌀은 태국정부에서 재배되는데 여기서는 연간 2회 수확이 가능하다. 이것이 스위스에 현미 상태로 운송되어 훨씬 효율적이며 매우 현대적인 정미소에서 흰쌀로 가공된 후 기계포장된다.

2005년 12월 1일 태국의 FLO 인증을 받은 7개 재배자조합의 생산자 비용 연구결과 FLO는 생산자들과 상의해서 가격 계산을 위한 새로운 규칙을 도입하기로 했다. 최저가격은 해당지역 연간 생산가능 횟수에 따라 지역에 따라 달라질 수 있다. 생산자 요청에 따라 가격은 태국 통화인 바트로 정해질 것이다(클라로가 처음 주문할 때도 그렇게 했다). 새로운 최저가격(킬로그램당 벼의 가격)은 이전보다 꽤 높은 가격으로 설정되어 있다.

공정무역 프리미엄은 어디에 쓰이는가

시작부터 쌀 생산자조합은 공정무역으로 인해 승가된 수입을 어디에 쓸지 결정할 자유가 있었다. FLO는 한발 더 나아가 등록된 조합은 프리미엄 사용을 자유롭게 결정할 수 있기는 하지만(주로 총회를 통해 결정된다) 지불된 가격은 특정한 계좌로 들어가 농민의 조직이 선출한 위원회에 의해 관리되도록 하고 있다. 지금까지 쌀에 대한 FLO의 프리미엄으로 정미소를 짓거나 유기농법 코스를 운영하거나 품질보증을 받기 위해 사용되었다.

▮공정무역 쌀이 가치 있는 이유 1 : 특별한 품종의 시장화

지금까지 공정무역은 특별한 품종만을 주로 다루어왔다. 태국에서는 흰쌀과 홍미 홈말리, 황미 렁온, 인도에서는 바스마티, 라오스에서는 라일락 찹쌀이 그것이다. 유럽의 가게에서 색깔 있는 쌀은 이제 막 등장하기 시작했다.

이러한 품종은 흔한 장립종 쌀보다 가격이 비싸다. 이것은 부분적으로 소비자가 이들을 특별하게 인식하기 때문에 가격을 더 지불할 용의가 있는 것이다. 동시에 더 높은 가격은 생산량은 낮더라도 이러한 특별 품종을 재배하도록 하는 유인 요소가 된다.

▮공정무역 쌀이 가치 있는 이유 2 : 농민 소유의 정미소

정미소 소유권은 농민의 독립과 교섭력 강화를 위한 결정적인 요소다. 1990년 초에 공정무역 파일럿 프로젝트였던 그린넷은 태국의 수린주의 회원조합 중 하나가 고유의 정미소를 살 수 있도록 도왔다. 클라로와 유럽의 다른 공정무역단체에게 판매한 수익으로 가능해진 일이다. 동시에 유기농인증을 받은 홈말리쌀을 2002년부터 그린넷에 공급해왔던 야소톤주의 유기농쌀 재배 협동조합 2곳도 조합 소유의 정미소를 열었다. 결론적으로 수린과 야소톤주의 그린넷단체는 총 4개의 정미소를 살 수 있었다. 하지만 아직도 자신들의 벼를 가공할 설비를 가지고 있지 못한 농민조합이 많이 있다. 따라서 FLO는 현재 쌀 정미소

인증을 포함한 가공과정의 기준을 논의하고 있다.

공정무역 쌀이 가치 있는 이유 3 : (가능한 곳에 한하지만) 직접 마케팅

적절한 조언과 훈련 프로그램을 제공해줌으로써 공정무역은 파트너 조직이 생산품을 독립적으로, 그리고 직접적으로 최대한 판매할 수 있도록 역량을 강화한다. 초기에 태국의 공정무역 쌀은 민간무역회사에서 수출해야 했다. 농민조합과 수린농민지원단체 Surin Farmers Support 같은 개발기구는 시작단계부터 클라로와의 공정무역 쌀 프로젝트에 참가했고, 나중에 그린넷을 설립하는 데 큰 역할을 했다. 하지만 비상업적 주체들로서 그들은 수출허가를 받을 법적 권리가 없었다. 프로젝트 리더의 결단력과 클라로의 지원 덕에 그린넷은 1994년 공식적으로 인정받아 직접 수출할 권리를 획득했다.

하지만 인도의 나브다냐 같은 더 작은 그룹은 물류나 다른 기술적인 문제로 인해 아직도 수출에서 다른 전문인들에게 의존하고 있다.

수출이 제삼자를 통해 이뤄지든 직접 이뤄지든, 공정무역은 공급망 전체에 걸쳐 최고 수준의 투명성을 달성하기 위해 노력한다. 농민은 가격 계산에 참여하고 스스로 회계를 처리해야 한다. 그들은 가공과 운송, 수출 관련 비용과 마진에 관한 정보의 접근을 요구할 수 있다. 이러한 방식을 통해서 농민은 그들의 쌀이 어떤 경로로 이동하고 있는지 알게 되고 그 경로의 모든 어려움에도 불구하고 수출시장에 접근성을 획득한 데 대한 자신감을 가지게 될 것이다.

| 공정무역 쌀이 가치 있는 이유 4 :
국제기준에 따른 지역적 가공

공정무역은 생산자가 원자재를 생산국에서 완제품으로 정제하도록 도와줌으로써 가능한 한 최대의 부가가치를 창출할 수 있도록 노력한다. 그러므로 클라로는 처음부터 현미와 생산국에서 가공된 흰쌀만을 주문해왔다.

지역적 가공이 처음부터 쉬운 일은 아니다. 초기에는 클라로도 태국의 파트너도 필요한 행정적·기술적 경험이 없었다. 그럼에도 불구하고 수년간 노력한 결과 그린넷과 관련 쌀 재배자조합은 전문적인 품질보증을 도입할 수 있었다. 2004년 그들은 국제적으로 유효한 HACCP체제[14]도 실행했다. 스위스나 다른 유럽국가의 다양한 개발단체가 경제적 또는 전문적 조언과 훈련을 통해 이 프로젝트에 기여했다.

| 공정무역 쌀이 가치 있는 이유 5 : 수출국에서의 포장

수년 동안 그린넷의 쌀 포장과 진공밀폐과정은 수린주 여성모임의 25명에게 1년 중 9개월간 안정적인 수입원을 마련해주었다. 그리고 새로운 포장공장이 세워질 계획이다. 그것은 20~25개의 새로운 일자리를 창출할 것이다. 생산국에서의 가공과 포장은 최종 판매가격을 높일 뿐 아니라 지역발전에도 도움이 된다. 동시에 지역적 가공과 포장은 현지에서의 판매 가능성도 더 높여줄 것이다.

| 공정무역은 살기 충분할 정도로 지불하는가

공정무역 쌀 재배는 물론 자녀교육에 충분한 정도의 안정적인 수입을 제공한다. 하지만 농민은 쌀에만 생계를 의존하지는 않는다. 교차재

> ### 나브다냐재단과 거래하는 캄레쉬 데비
>
>
>
> "제 이름은 캄레쉬 데비입니다. 소작농이지요. 네 아이들이 방과 후에 저를 도와줍니다. 남편은 돈을 벌기 위해 도시에 가 있고요. 지금까지 우리는 쌀 추수 기간에는 이 부수입에만 의존해야 했지요. 하지만 이제 상황이 변하고 있어요. 나는 데라 던의 나브다냐재단과 일하고 있어요. 나브다냐는 내게 벼 1킬로그램당 19루피를 지불합니다. 바스마티 거래자가 지불하는 가격은 보통 더 낮아요. 나는 나브다냐에 판 800킬로그램의 쌀로 황소와 동물사료를 절단할 기계를 살 수 있었어요. 게다가 아이들 등록금을 내는 것도 더 쉬워졌지요. 나브다냐는 다음 모내기를 위해 특별히 더 좋은 씨앗을 내게 공급합니다. 쌀 외에도 나는 사탕수수, 삼, 겨자씨와 여러 야채를 재배하고 있습니다."
>
> (출처 : Oxfam-Wereldwinkels, 2004)

배와 순환재배를 통해 농민은 스스로 목적을 위해서나 지역시장을 위해 많은 다른 작물을 재배한다. 그들은 개별적으로 또는 조직을 통해 쌀과 물소를 위한 시설을 만들고, 저축 및 대출은행을 설립하고, 마을에 상점을 여는 등 지역사회에 필요한 공동과제를 해결함으로써 그들 스스로 삶의 조건을 향상시켜왔다. 공정무역 프리미엄에서 나오는 돈은 이런 프로젝트를 하는 데 쓰여왔다.

지역시장에서도 공정한 쌀거래를!

이름에서 알 수 있듯이 그린넷의 가장 큰 목표였고 이 단체가 이뤄낸 중요한 성과는 태국에서 '녹색 네트워크'를 형성하는 것이었다. 유기농 음식은 약 30개 가게에서 수년간 구할 수 있었다. 그린넷만이 이런 이니셔티브를 주도하는 것은 아니다. 나브다냐는 델리에 유기농 음식을 위한 가게와 정보센터를 세웠다. 인도의 오리샤주에서 활동하는 시민단체인 POKS는 유럽 공정무역단체에 쌀을 수출하려는 목표를 여러 가지 이유로 아직 달성하지 못하고 있지만[15] 벨기에 월드숍을 방문한 이후로 벌써 40개 마을에 가게를 세웠다. '공정무역 가게'의 예를 따라 그들은 쌀과 다른 농산품은 물론 다른 인도 주에서 들여온 차도 팔고 있다. 그린넷의 교환 프로그램 덕분에 스위스 원조기관인 HEKS의 지원을 받고 있는 필리핀 개발기구인 네그로스개발을 위한 포괄적이니셔티브Broad Initiative for Negros Development, BIND도 공정무역 프로그램과 공정무역 식품 가게 네트워크를 시작했다. 그들의 주요 생산품은 장립종 흰쌀이다. 2004년 그들은 클라로에 10톤을 수출했고 대부분의 수확량은 지역시장을 위해 보관되었다.

| 공정무역 쌀은 여성의 삶을 개선시킨다

남반구 대다수 지역에서 쌀을 재배하는 것은 가족의 일이다. 성수기에는 학교를 다니는 아이들의 여가시간을 포함해 가족 전체가 논에서 일을 한다. 주로 일의 가장 중요한 부분을 담당하는 것은 여성이다. 수린주에서 여성은 일의 65퍼센트 이상을 담당한다. 그린넷은 1993년 수린농민지원단체Surin Farmers Support와 협동해 성 연구를 의뢰했다. 결과는 '성역할과 대안농업'이란 제목으로 1996년 출판되었다(태국어 출간). 그후 그린넷은 여성을 모든 프로젝트에 참여시키고 더 큰 자율성을 획득하도록 역량을 강화해주려는 노력을 배가해왔다. 그린넷의 수장은 이

"모든 측면에서 우리가 승자입니다!"

필리핀 개발기구 BIND와 스위스 원조기구 HEKS의 도움으로 필리핀 네그로스 섬의 많은 소작농은 수년간 유기농법으로 논을 경작해왔다. 게다가 그들은 공정무역 기준도 충족시킨다. 그들은 민주적 조직구조를 가지고 있고 이익을 어디에 쓸 것인가를 조직적으로 결정한다(지금까지 이익은 언제나 생산성 향상을 위한 투자에 쓰여왔다). 그들에게 없는 것은 단지 공정무역 마크와 수출시장에 대한 경험뿐이다.

그럼에도 불구하고 클라로의 도움으로 10톤의 쌀이 2004년 9월 처음으로 스위스로 보내졌다. 스위스 공정무역단체는 네그로스 농민의 노력을 인정해 공정무역 마크 없이도 그들의 쌀을 홍보하고 있다.

이 프로젝트의 시작은 1990년대로 거슬러 올라간다. 그 당시 BIND는 현장 농민학교Field Farmer Schools에서 농민에게 유기농 재배기술 훈련을 시작했다. 동시에 가족들은 소규모 대출을 받아 유기농법으로 전환하고 품종을 다양화할 수 있었다. 이제 쌀 외에도 그들은 과일, 야채, 약초와 다른 작물들도 재배한다. BIND의 농업연구소인 깜뽀 베르데에서 그들은 전통적 방법을 개량하고 자연적 병충해 통제법을 개발하며, 농민과 함께 보급과 보존을 늘리기 위해 지역적 쌀 변종을 수집하고 있다. 깜뽀 베르데는 이제 몇백 종류를 포함하는 쌀 은행을 가지고 있다.

시간이 흐르면서 유기농쌀 생산은 지역적 수요를 훨씬 웃돌게 되었다. 하지만 이러한 잉여량이 어떻게 농민의 노동을 적절히 보상하는 가격에 팔릴 수 있을까? 태국 공정무역 파트너인 그린넷을 방문한 후 BIND는 자체적인 유기농 식품가게 그린숍Green Shoppe을 열었다. 오늘날 이것은 모범적인 사업과 훈련 장소로 기능하고 있다. 네그로스에는 6개의 유기농 식품가게가 문을 더 열었다. 그들의 생산품은 FLO의 기준을 충족하지만 인증은 받지 않았다. 꾸준히 증가하는 공정무역의 지역 소비자에도 불구하고, FLO 마크는 현

> 재 국내시장에서 특별한 이점이 없다. 수출을 위한 자격증은 비싸서 수출이 매출을 크게 늘릴 것이며, 이것이 장기적으로 계속될 것이라는 보장이 있을 때에나 가치가 있다. 스위스의 공정무역은 아직 이 두 가지 조건을 하나도 만족시켜줄 수 없는 상황이다.
> 다른 수출이 없을지라도 위험을 감수한 용기와 준비성은 이미 그 가치를 증명했다. BIND 쌀의 수출은 필리핀에서 큰 반향을 불러일으켰다. 미디어는 쌀의 여행과정을 보도했고 대통령 글로리아 아로요 마카파갈도 관심을 표명했으며 잠재적 외국 구매자들이 BIND에 연락해왔다.
> 그리고 마지막으로 가장 중요한 것은 소작농과 그 가족이 좀더 존중받고 있다는 것이다. 사람들은 그들의 성과에 감탄한다. 이것이 공정무역의 잴 수 없는 진정한 이익이다!
>
> (출처: 필리핀 HEKS프로그램 코디네이터 Maya Doetzkies, 〈모든 측면에서 우리가 승자입니다〉, 《Magazin Realprodukt》, 가을호, 2005)

제 여성이며 방콕에서 일하는 사람의 대부분도 여성이다.

이제 태국의 여성 농민 중 자기 땅을 소유하고 있는 이도 있으며, 농장 전체를 소유하는 이도 있다. 공정무역은 여성이 그들의 일과 사회적 지위를 좀더 넓게 인정받는 데 기여했다. 그린넷은 여성에게 완제품을 포장하는 일뿐 아니라 유기농법과 다른 분야에서도 교육받을 기회를 제공하고 있다. 쌀이 자라는 지역에서 작은 쌀공장을 설립하는 등, 여성에게 특별히 맞춰진 프로젝트들이 계획되고 있다. 이것이 실현되면 여성에게 부가적인 수입의 기회를 제공하게 될 것이다.

전망

공정무역의 지원을 통해 수많은 소작농 쌀 경작자가 오늘날 인간다운 생활을 향유하고 있다. 하지만 아직도 과제가 많이 남아 있다. 새로 형성된 소규모 쌀 경작자연합은 공정무역 기준을 충족시키기 위해 역량을 강화할 필요가 있다. 많은 경우 쌀의 공급망은 지역적 차원에서 더 나은 부가가치를 이루어내야 한다. 동시에 무역정의와 식량주권을 보호하는 농민단체의 요구를 실현하기 위한 캠페인의 지원이 시급하다.

주석

1 "쌀에는 특허가 없다! 생명에는 특허가 없다!" 아시아 인민운동과 NGO들의 성명서에서 인용.

2 인공관개를 사용한 쌀의 재배는 1킬로그램당 5천 리터의 물을 필요로 한다.

3 유럽의 쌀 재배 지역에서는 주로 유럽토양과 기후조건에 더 잘 맞는 단립종인 자포니카 쌀을 재배한다. 하지만 소비자는 장립종인 인디카 쌀을 더 선호하기 때문에 EU는 자포니카 쌀의 여유량을 수출하고 인기 있는 인디카 쌀을 수입해야 한다.

4 탈곡하지 않은 벼는 211유로, 현미는 264유로, 흰쌀은 416유로(톤당)다.

5 중성화된 씨앗의 반대자들은 그것을 '터미네이터'라고 부른다. 이것은 매년 구입해야 하며 따라서 자연적인 씨앗 저장법을 없앨 것이다. 터미네이터 공법의 도입은 FAO를 포함 전 세계적인 반대에 부딪혀 제약을 받아왔다. 더 많은 정보를 위해서는 (특히 현재 진행중인 캠페인에 관해서) www.banterminator.org 참고.

6 이 완전히 자연적인 재배방법은 1960년대 마다가스카르에서 예수회 신부에 의해 개발되었다. 이것은 지난 20년간 많은 국가에서 뚜렷한 생산력의 신장을 가져왔다. 더 많은 정보는 http://ciifad.cornell.edu/sri/ 참고.

7 다음을 참고하라. 눈타나 우돔킷Nuntana Udomkit, 〈유기농 쌀 공정무역: 태국의 사례Fair Trade in Organic Rice: A Case Study from Thailand〉(2001)과 히보스HIVOS, 〈쌀 사슬분석Rice chain analysis〉(www.dgroups.org/groups/hivos/ppp-rice/).

8 다음을 참고하라. www.eftafairtrade.org, 'observatory rice'.

9 더 많은 정보는 다음을 참고하라. www.fairtrade.net, '소작농을 위한 쌀 관련 공정무역 기준Fairtrade standards for rice for small farmer's organistions'.

10 나브다냐는 종 다양성 보존과 농민의 권리를 위한 운동으로 반다나 시바에 의해 시작되었다. www.vshiva.net 참고.

11 HIVOS, 〈유기농 쌀과 기존 쌀 마케팅 사슬분석Analysis of marketing chains of organic and conventional rice(Central Java)〉(www.dgroups.org/groups/hivos/ppp-rice/, 2003)과 니콜라스 패럿Nicolas Parrot과 테리 마슨Terry Marsden, 〈진정한 녹색혁명: 남반구의 유기농과 농업생태학적 농업The real Green Revolution: Organic and agroecological farming in the South〉(Greenpeace, www.greenpeace.org.uk, 2002).

12   www.ifoam.org/organic_facts/principles/pdfs/Principles_Organic_Agriculture.pdf

13   FOB 가격이란 물품을 수출하거나 수입할 때 일괄 평가시점에서의 물품의 시장가치다.

14   위해 분석 중요 관리점Hazard Analysis Critical Control Point, HACCP은 식량의 안전을 보증하기 위한 식량안전 경영 시스템을 말한다.

15   다음을 참조. EFTA yearbook 2001-2003, chapter 9, pp. 154-155: '정의의 이름으로In the Name of Justice'.

맺는말

　지금까지 공정무역이 현실에서 어떻게 이루어지는지 알아보았다. 공정무역단체들은 지속가능한 개발을 중심에 두는 목적지향적 회사다. 공정무역 덕분에 소외된 수십만의 생산자와 가난한 노동자가 인간답게 살며 일할 수 있다. 이것은 단지 일일노동에 대한 공정한 대가를 받기 때문이 아니라, 훈련과 교육을 받고 정보에 접근할 수 있을 뿐 아니라, 스스로의 권리를 인지하고 결정과정에 참여할 수 있기 때문이다.
　공정무역의 이득은 개발도상국에만 국한되지 않는다. 공정무역은 20퍼센트 혹은 그 이상의 연간성장률로 유럽과 북미에서 가장 성공적인 경제분야 중 하나다. 공정무역은 개발도상국과 선진국 모두에서 일자리를 창출하며 공급망 전체에 걸쳐 기업이 책임감을 가지게 한다. 이것은 다른 회사에게도 기업관행을 재검토해 좀더 책임감 있는 방식으로 행동하도록 압력을 가하고 있다. 소비자는 비상식적인 방법으로 제조되는 제품에 대해 점점 더 많은 관심을 가지게 되었고, 더 많은 사람이 공정하게 생산된 초콜릿, 수공예품과 옷감을 사고 싶어 한다.

계속적인 성공에도 불구하고 공정무역은 세계무역의 관점에서 볼 때 아직 비중이 크지 않다. 많은 공정무역 농민은 생산량의 소량만을 공정한 조건에 팔 수 있으며, 여전히 수백만의 생산자와 노동자가 공정무역체제에 참가하고 싶어 한다. 공정무역운동의 가장 큰 과제 중 하나는 새로운 시장을 찾아 더 성장하는 것이다. 공정무역이 잘 확립된 나라에서는 새로운 소비자그룹을 찾아 혁신적인 캠페인으로 접근해야 한다. 북반구시장은 아직도 더 개척해야 한다. 하지만 생산국도 지역적인 거래와 남-남 거래를 통해 기회를 가질 수 있다. 이 책에서 소개된 에콰도르, 케냐, 인도 등의 나라의 성공적인 사례와 혁신적인 아이디어는 좀더 발전해야 한다.

공정무역의 또다른 중요한 목표는 가능한 한 생산국에서 가공을 늘림으로써 농산품 수출업체로서의 위치를 넘어서는 것이다. 커피콩을 로스팅된 커피로 가공하는 것이나 면화를 옷감으로 만드는 과정은 생산자에게 수입을 늘려줄 뿐 아니라 그들의 기술과 능력, 자신감과 세계시장에서의 그들의 위치를 향상시킨다. 하지만 높아지는 관세와 북반구 국가들이 부과하는 복잡한 생산국 관련 규정은 생산국에서 가치를 부가하는 일을 어렵게 한다. 이러한 장애요소를 극복하기 위한 새로운 노력도 필요하다.

기존의 공식적인 무역업자들이 공정무역을 수년간 해왔다고 주장하지만, 사실은 실패한 것을 실행에 옮기고 있는 것이다. 무역을 통한 개발과 빈곤감소가 그것이다. WTO 산하의 다사간무역협상이 고착되고 개발도상국의 수백만의 사람이 극심한 빈곤에 시달리고 있는 것이 현실이다. 반면 참된 공정무역 모델은 무역이 올바른 조건 하에서 이뤄진다면 가난과 소외를 극복할 수 있다는 것을 보여준다. 생산의 사회적·환경적 조건이 무역협상에 체계적으로 고려될 때만이 무역은 지속가능한 개발을 달성하기 위한 효과적인 수단이 될 수 있다.

공정무역의 성공은 2가지 다른 접근법의 결합으로 가능해졌다. 하나는 직접적인 통합이다. 공정무역단체들이 소규모 생산자로부터 물건을 수입해서 이런 물품을 소매업자로서 월드숍을 통해 파는 것이다. 1980년대에 도입된 공정무역 마크는 이런 제품을 슈퍼마켓에서도 쉽게 접할 수 있게 하기 위해 개발되었다. 오늘날 마크 부착은 국제 FLO 인증마크를 사용하도록 허가를 받은 공급자인 대농장과 공장은 물론 도·소매업자인 다국적기업도 포함시킨다. 이 책은 이 두 가지 방식(통합과 상표)이 상호보완적이기도 하지만 몇 가지 문제를 야기하기도 한다. 가장 중요한 과제 중 하나는 이 두 가지 체제를 조화시켜 각각의 단점을 극복해 높은 수준의 신뢰와 투명성을 지속시키는 것이다.

윤리적 소비에 대한 소비자의 관심 증가로 다른 지속가능한, 또는 윤리적인 무역 이니셔티브가 설립될 수 있었다. 이것은 가난한 생산자의 생활조건과 근로조건을 향상시키고 환경을 보호하는 데 기여하는 이상 환영받아 마땅하다. 그러나 불행하게도 이중 일부는 말과 행동이 다르며, 소비자는 점점 혼잡해지는 윤리적 시장에서 혼란을 느끼고 있다. 윤리적 소비운동이 제대로 확립된 국가의 활동가들은 기업이 공정무역이란 단어를 남용하는 것을 막기 위해 법적 규제가 필요하다고 본다. 하지만 모든 법적 절차는 과도한 규제와 생산자에게 의도되지 않은 부정적인 영향을 피하기 위해 조심스럽게 진행되어야 한다. 법은 근본원칙에서 크게 벗어나지 않기 위해 정확해야 하는 동시에 생산자의 필요에 적용시킬 수 있을 만큼 유연해야 한다.

지난 60년간 공정무역운동은 대화와 투명성, 존경심을 기반으로 한 대안적인 방식의 무역이 가능하다는 것을 보여줬다. 앞으로의 60년은 이 모델이 어느 정도 주류화될 수 있는지 보여줄 것이다. 이것을 달성하기 위해서는 소비자의 역할이 매우 중요하다. 책임 있는 구매습관이 당연한 것이 될 때만이 기업은 사업 관행을 변화시킬 수 있다.

공정무역은 예외적인 것이 아니라 기준이 되어야 한다.

공정무역운동은 이 도전을 위한 준비가 되어 있다.

편집위원회를 대표하여
아냐 오스터하우스(페이트레이드 어드보카시 사무소 코디네이터)

약어

- ACP, African, Caribbean, and the Pacific 아프리카·카리브해·태평양의 79개국
- CBI, Centre for the Promotion of Imports from Developing Countries 개발도상국 수입촉진센터
- CCC, Clean Clothes Campaign 깨끗한 옷 입기 캠페인
- CSR, Corporate Social Responsibility 기업의 사회적 책임
- EBA, "Everything But Arms" Initiative '무기를 제외한 모든 것' 이니셔티브
- EFTA, European Fair Trade Association 유럽 공정무역연합
- EPAs, Economic Partnership Agreements 경제적 파트너십 협정
- ETI, Ethical Trading Initiative 윤리적무역 이니셔티브
- EU, European Union 유럽연합
- EUREP-GAP, Euro-Retailer Good Agricultural Practices Initiative 유럽소매자 우수농산물관리제도
- FAO, Food and Agricultural Organisation 식량농업기구
- FLA, Fair Labor Association 공정노동연합
- FLO, Fairtrade Labelling Organization International 국제공정무역 인증기구
- FOB Free on board
- GATT, General Agreement on Tariffs and Trade 관세일반무역협정
- GDP, Gross Domestic Product 국내총생산
- GSP, Generalised System of Preferences 일반특혜관세제도
- ICA, International Coffee Agreement 국제커피협약
- ICO, International Coffee Organisation 국제커피협회
- IFAT, International Federation for Alternative Trade 국제공정무역연합
- IFOAM, International Federation of Organic Agriculture Movements 국제유기농운동연합
- IMF, International Monetary Fund 국제통화기금
- ILO, International Labour Organisation 국제노동기구
- IRRI, International Rice Research Institute 국제쌀연구소

- ISO, International Standards Organisation 국제표준화기구
- LDC, Least developed country 저개발국
- MFA, MultiFibre Arrangement 다자간섬유협상
- MT, Metric tonne 미터톤
- NEWS!, Network of European Worldshops 유럽월드숍네트워크
- NGO, Non-Government Organisation 비정부단체
- OECD, Organisation for Economic Cooperation and Development 경제협력개발기구
- OPEC, Organization of Petroleum Exporting Countries 석유수출국기구
- PPM, Process and Production Method 제조공정방법
- RTA, Regional trade agreement 지역무역협정
- SIA, Sustainability Impact Assessment 지속가능성영향평가
- SRI, System of Rice Intensification 벼강화체계
- TNC, Transnational company 다국적기업
- TRIPS, Trade Related Aspects of Intellectual Property Rights 무역관련지적재산권협정
- UK, United Kingdom 영국
- UN, United Nations 유엔
- UNCTAD, United Nations Conference for Trade and Development 국제연합무역개발회의
- UNDP, United Nations Development Program 유엔개발기구
- USA, United States of America 미국
- WTO, World Trade Organisation 세계무역기구

용어사전

- ACP 국가Carribean and Pacific, African: 79개의 아프리카, 카리브해, 태평양 국가의 모임으로 EU와의 파트너십이 로메협약부터 코토누협정까지 연속적으로 규정됨.

- 관세일반무역협정General Agreement on Tariffs and Trade, GATT: 1947년 설립된 무역협상과 관련 논의를 위한 다자간 포럼. 회원국 간 무역장벽을 줄여 무역을 활성화하는 데 목적이 있다. WTO가 1995년 GATT를 대체함.

- 가치사슬value chain: 합해서 사업의 과정이 되는 일련의 활동양태. 산업공급망을 규정하는, 생산자로부터 소매가게까지의 과정에서 일어나는 일련의 활동들.

- 공동농업정책Common Agricultural Policy, CAP: 농업분야에서 EU 회원국들에 의해 채택된 일련의 정책 원칙, 규제와 보조금제도.

- 관세증대tariff escalation: 상품이 가공되면서 관세가 더 늘어나는 현상으로 원료와 덜 가공된 상품에는 낮은 관세가 부과되지만 똑같은 상품이 더 가공될수록 높은 관세가 부과된다. 예를 들어 신선한 토마토에는 낮은 관세가 부과되지만 캔에 든 토마토나 케첩에는 더 높은 관세가 부과된다.

- 관세tariff: 정부가 수입품에 부과하는 세금.

- 구조조정정책structural adjustment policies: IMF 등의 다자기구가 기금을 빌려주는 조건으로 내세우는 자유시장과 공급자 개혁에 기반을 둔 프로그램.

- 국내총생산Gross domestic product: 한 국가가 국내에 소유한 생산요소에 의해 한 해 생산한 새로운 상품과 서비스의 총가치.

- 기호통계학Semiometrie: 대상그룹에 대한 질적 묘사를 위한 방법. 사람들의 가치체계가 특정한 단어를 평가하는 방식으로 알려질 수 있다는 가정에 기초한다. 사용되는 기준은 근원적 텍스트들을 분석해 얻어진 210가지 단어들로 다양한 인간 감정을 포함한다.

- 노동자착취업소sweatshop: 과도한 노동시간, 낮은 임금, 비인간적 근로조건 등으

로 고용자의 인권이 침해되는 공장들.

- **다자간섬유협상**MultiFibre Arrangement, MFA: 1974년부터 2004년까지 MFA는 세계 직물과 옷산업을 규제했다. MFA는 산업국(미국, 유럽)이 개발도상국의 수입을 제한할 수 있는 기초가 되었다. 할당량은 국가 대 국가 방식으로 매년 협상되었고, 이에 따라 특정 물품이 개발도상국에서 선진국으로 수출될 수 있는 양이 정해졌다.

- **덤핑**Dumping: 상품이 원래 가치보다 낮은 가격으로 수출될 때 일어난다. 보통 국내시장이나 제3국 시장가격보다 낮은 가격, 또는 생산비용보다도 낮은 가격으로 수출되는 상품을 의미한다.

- **도하개발어젠다**Doha Development Agenda: 2001년 11월 카타르 도하에서 시작된 세계무역기구의 다자간 무역협상. 이 협상은 개발도상국들의 우려를 고려해야 한다는 중요성을 강조하기 위해서 '개발어젠다'라는 이름이 붙음.

- **로메협약**Lome Convention: EU과 ACP 국가 사이에 1971년 체결된 협정으로 2000년 코토누협정으로 대체됨.

- **마셜플랜**Marshall Plan: 마셜플랜의 공식 명칭은 유럽회복프로그램European Recovery Program. 제2차 세계대전 후 파괴된 유럽의 경제를 재건하기 위한 미국의 금융계획이다. 미국 외무장관 조지 마셜(1953년 노벨평화상 수상)의 이름을 따서 붙였다. 유럽의 재건은 경제적 힘을 기르고 소련의 사회주의를 봉쇄하는데 목표를 두었다.

- **'무기를 제외한 모든 것' 이니셔티브**"Everything But Arms" initiative, EBA: EU가 2001년 저개발국에 제안한 패키지 이름. 무기와 다른 몇 가지 민감한 품목(쌀, 설탕과 바나나)을 제외한 모든 수입품에 할당량과 관세를 폐지.

- **무역관련지적재산권협정**Trade Related Aspects of Intellectual Property Rights, TRIPS: WTO 협정으로 모든 상품과 서비스에 대한 지적재산권 보호의 최소기준을 확립하는데 목적을 둔다. 저작권, 상표, 지리적 위치표시, 산업 디자인, 통합 써킷, 특허권과 무역 기밀 등의 분야에 적용된다.

- **무역조건**terms of trade: 한 국가의 수출품가격은 수입품가격에 대해 상대적이다. 또 외국 원자재 공급에 대한 의존성과 생산에서의 상대적 경쟁력 등 한 국가의 상품과 서비스에 대한 국제거래에 영향을 미치는 경제적 요소를 의미하기도 한다.

- **보조금**subsidy(production): 정부가 때로는 암묵적으로 더 낮은 가격에 생산하거나 시장가격보다 낮은 가격으로 팔 수 있도록 생산자들을 장려하고 돕는 돈.

- **보호주의**protectionism: 외국 경쟁자로부터 국내시장을 보호하려는 정책. 수입관

세, 보조금 그리고 긴 통관절차와 수입품에 대한 고의적으로 정교한 검역 등의 기술적인 무역장벽과 방해 등이 있다.

- **본선인도조건**Free on board, FOB: 공급자가 생산지점에서 지정된 장소까지 운송비용을 부담한다는 뜻의 운송업계 용어. 지정된 장소부터는 구매자가 책임을 넘겨받는다.

- **부가가치**value added: 마지막 상품의 가치에서 생산과정에서 투입된 모든 가치를 뺀 것. 이 단어는 종종 원자재를 파는 대신 상품을 가공함으로써 얻어진 생산품의 가치 증가를 설명하기 위해 사용된다. 예를 들어, 생산품의 로스팅과 포장을 직접하는 커피 생산자는 가공되지 않은 커피보다 가치와 가격을 중대시켜 관련 수입도 증가한다.

- **비교우위**Comparative advantage: 한 국가가 다른 국가와 비교해 다른 상품에 대해 상대적으로 한 가지 상품을 더 낮은 가격에 생산할 수 있는 능력. 완전한 경쟁과 왜곡되지 않은 시장의 조건 하에서 국가들은 비교우위가 있는 상품을 수출하고 스스로 효율적으로 생산할 수 없는 상품은 수입한다.

- **새천년개발계획**Millennium Development Goals: 2000년 유엔 총회에서 각 정부는 2015년까지 달성할 목표를 정했다. 그 목표는 절대빈곤과 기아퇴치, 보편적 초등교육, 성평등 촉진과 여성 역량강화, 유아 사망률 감소, 임산부 건강 향상, HIV/AIDS와 말라리아 등 기타 질병 퇴치, 환경적 지속가능성 보장과 개발을 위한 전 지구적 파트너십 계발 등이다.

- **우루과이라운드**Uruguay Round: GATT체제 하의 마지막 라운드로 1986년 우루과이에서 시작되어 1994년 종료됨. 기존 무역분야인 농업, 직물, 의류 외에도 무역 관련 지적재산권과 서비스에 관한 협정을 최초로 포함했다. 이것의 종료는 WTO의 출범으로 이어졌다.

- **유기농**organic: 가축의 생산과 동물 복지를 고려하며 환경보호를 크게 강조하는 생산방법. 비료, 제초제, 염료, 의약품 등에서 합성화학물질의 사용을 없애거나 크게 감소시킨다.

- **유럽소매자 우수농산물관리제도**Euro-Retailer Good Agricultural Practices initiative, EUREP-GAP: 농업 생산자와 소매상 고객 사이의 파트너십으로, 식량의 생산과 거래에서 우수한 농산물관리에 대한 전 지구적 인증제도 기준과 절차 개발을 목적으로 함. 이것은 종종 건강과 위생문제를 포함하며, 민간 생산자에게 무역장벽으로 작용할 수 있음.

- **윤리적무역 이니셔티브**Ethical Trading Initiative, ETI: 영국에서 공급망의 노동조건에 대한 기업 행동강령 향상과 실행을 촉진하기 위해 시작된 기업, 비정부단체, 무역조합의 연합체. 최종 목표는 영국시장을 위해 생산하는 노동자의 근로조건이 국제노동기준

에 부합하거나 상회하는 것이다.

- **일반특혜관세제도**Generalised System of Preferences, GSP: 고소득 국가들이 개발도상국에게 특혜관세를 부과하는 체제.

- **제조공정방법**process and production method, PPM: 한 국가의 수입품이 국내외 제조공정 기준에 맞는 방식으로 생산되었다는 것을 보장받기 위해 무역정책을 결정될 때 사용된다. 기준은 보통 환경 관련이다.

- **지속가능성영향평가**Sustainability Impact Assessment, SIA: 어떤 결정에 대한 경제적·사회적·환경적 영향을 평가하는 절차. 협상자에게 가능한 사회적·환경적·경제적 결과를 알려줌으로써 지속가능성을 통합시킨다.

- **지속가능한 개발**sustainable development: 지속가능한 개발은 미래 세대의 필요를 방해하지 않고도 현재의 수요를 충족시킬 수 있는 형태의 개발을 뜻하며 경제적·사회적·환경적 정책을 상호 보강되는 방식으로 다룰 것을 요한다.

- **카르텔**Cartel: 기업들이 모여 명시적 또는 암묵적으로 결탁해 독점적으로 행동해 그 분야의 소규모 플레이어의 입지를 약화시키는 것. 이 단어는 보통 국제적 그룹을 의미하며 정부나 국영기업을 포함할 수 있다.

- **코토누협정**Cotonou Agreement: 2000년 6월 베닌의 코토누에서 EU와 아프리카, 카리브해 및 태평양 국가 사이에 체결된 협정으로 로메협약을 대체함.

- **특허**patent: 발명된 제품이나 공정의 사용에 대해 가지는 법적 통제권으로 한정 기간 동안 보장됨(보통 20년).

- **프리미엄**premium: 공정무역 인증을 받은 생산자단체는 공정한 가격 외에도 개발에 투자하도록 프리미엄을 받는다. 이 가외 수익은 생산자 개인에게 돌아가는 것이 아니고 집단적 사회적 이니셔티브를 위해 조직에게 돌아간다.

국제 공정무역 네트워크 정보

FLO-I: Fairtrade Labelling Organisation International
Bonner Talweg 177
D-53129 Bonn
Germany
Tel: +49 (0) 228 949230
Fax: +49 (0) 228 2421713
E-mail FLO: infor@fairtrade.net
www.fairtrade.net

WFTO: World Fair Trade Organization
Prijssestraat 24
NL-4101 CR Culemborg
The Netherlands
Tel: +31 (0) 3 45 53 59 14
Fax: +31 (0) 8 47 47 44 01
E-mail: info@ifat.org

NEWS!: Network of European Worldshops
Christofsstrasse 13
D-55116 Mainz
Germany
Tel: +49 (0) 6131 9066 410
E-mail: office@worldshops.org
www.worldshops.org

EFTA: European Fair Trade Association
Kerkewegje 1
NL-6305 BC Schin op Geul
The Netherlands
Tel: +31 (0) 43 325 69 17
Fax: +31 (0) 43 325 84 33
E-mail: efta@antenna.nl
www.european-fair-trade-association.org

FTF: Fair Trade Federation
Fair Trade Federation, Inc.
1612 K Street NW, Suite 600
Washington, DC 20006
United States
Tel: +1 202 872 5338
E-mail: info@fairtradefederation.org
www.fairtradefederation.org

독자를 먼저 생각하는 정직한 출판

시대의창이 **'좋은 원고'** 와 **'참신한 기획'** 을 찾습니다

쓰는 사람도 무엇을 쓰는지 모르고 쓰는,
그런 '차원 높은(?)' 원고 말고
여기저기서 한 줌씩 뜯어다가 오려 붙인,
그런 '누더기' 말고

마음의 창을 열고 읽으면
낡은 생각이 오래 묵은 껍질을 벗고 새롭게 열리는,
너와 나, 마침내 우리를 더불어 기쁘게 하는

땀으로 촉촉히 젖은 그런 정직한 원고,
그리고 그런 기획을 찾습니다.

시대의창은 모든 '정직한' 것들을 받들어 모십니다.

시대의창 WINDOW OF TIMES 분야 / 경제·경영 / 역사·문화 / 정치·사회
서울시 마포구 연희로 19-1(4층) (우)121-816
Tel : 335-6125 Fax : 325-5607